基金资助：四川省哲学社会科学研究“十三五”规划项目
“混合所有制改革视阈下深化四川国有企业改革路径研究”（SC20B062）以及
四川农业大学学科建设双支计划重点项目“人工智能视阈下的马克思劳动价值论”（2021ZDM04）

混合所有制改革视阈下

深化四川国有企业改革路径研究

王继翔　张　剑／著

西南财经大学出版社
中国·成都

图书在版编目(CIP)数据

混合所有制改革视阈下深化四川国有企业改革路径研究/王继翔,张剑著.--成都:西南财经大学出版社,2025. 7.
ISBN 978-7-5504-6073-7

Ⅰ. ①混… Ⅱ. ①王…②张… Ⅲ. ①国企改革—研究—四川
Ⅳ. ①F279. 277. 1

中国国家版本馆 CIP 数据核字(2024)第 029884 号

混合所有制改革视阈下深化四川国有企业改革路径研究
HUNHE SUOYOUZHI GAIGE SHIYUXIA SHENHUA SICHUAN GUOYOU QIYE GAIGE LUJING YANJIU
王继翔 张 剑 著

责任编辑:廖术涵
责任校对:张 岚
封面设计:墨创文化
责任印制:朱曼丽

出版发行	西南财经大学出版社(四川省成都市光华村街 55 号)
网 址	http://cbs. swufe. edu. cn
电子邮件	bookcj@ swufe. edu. cn
邮政编码	610074
电 话	028-87353785
照 排	四川胜翔数码印务设计有限公司
印 刷	四川五洲彩印有限责任公司
成品尺寸	170 mm×240 mm
印 张	23. 75
字 数	219 千字
版 次	2025 年 7 月第 1 版
印 次	2025 年 7 月第 1 次印刷
书 号	ISBN 978-7-5504-6073-7
定 价	79. 80 元

序

党的十九届四中全会提出，要坚持和完善社会主义基本经济制度，坚持和完善以公有制为主体、多种所有制经济共同发展的所有制结构；党的十九届五中全会进一步提出，要做强做优做大国有资本和国有企业；党的二十届三中全会继续强调，要推动国有资本和国有企业做强做优做大，增强核心功能，提升核心竞争力。完成这些改革目标和任务，需要以“深化国有企业改革，完善中国特色现代企业制度”为基础。

多年来，一批国有企业通过改制发展成为混合所有制企业，但治理机制和监管体制还需要进一步完善，需要通过深化国有企业混合所有制改革，推动完善现代企业制度，健全企业法人治理结构，提升国有资本配置和运行效率，促进国有企业转换经营机制，放大国有资本功能，实现国有资产保值增值，实现各种所有制资本取长补短、相互促进、共同发展，夯实社会主义基本经济制度的微观基础。将深化国有企业混合所有制改革作为“十四五”时期的主要目标任务，是以中国式现代化全面推进强国建设进一步全面深化改革的重要举措，是新形势下坚持公有制主体地位、发挥国有经济的主导作用的有效途径和必然选择，是优化国有经济和民营经济布局、引导非公有制经济沿着社会主义方向发展的重要路径。打好“十四五”国有企业混合所有制改革计划的开局之战，需要把握国有企业混合所有制改革的主要方向，尽快解决当前制约国有企业混合所有制改革推进的关键和难点问题，由此带动其他问题的解决。

在全面建设社会主义现代化国家、向第二个百年奋斗目标进军的新发展阶段，国有企业混合所有制改革面临着新形势、新任务、新要求，迫切需要有与之相适应的理论予以指导或支持。基于“两会”对国企改革作出的重大部署以及习近平总书记对国有企业改革的一系列新重要指示，本书从深化国有企业混合所有制改革的核心任务出发，聚焦目前亟须重视和解决国有企业混合所有制改革实现路径的基本理论问题，尝试廓清关于新发展阶段国有企业混合所有制改革“为何混”“混什么”“如何混”的一些理论迷雾，以促使国有企业改革积极推进、加速破局。

从理论体系的构建角度来看，在我国构建社会主义市场经济理论和国有企业改革中，初始引进并长期应用的是以新自由主义为核心的西方经济学理论，政治经济学长期缺乏对发展中国家现代化和发展问题的理论解释。我国的国有经济是社会主义基本制度的经济基础，中国改革理应构建中国特色的理论体系，并拥有与之相匹配的话语权。中国改革的独特实践为我们提供了重要的理论基础，提出了在社会主义基本经济制度下政府可能失灵、市场可能失灵以及国家、国有企业、非国有企业和居民之间各种关系治理等重大理论问题。“这些重大问题的政治经济学分析正是社会主义市场经济中政府与市场的关系的理论，其实践基础（案例）是中国经验，它的构建将挑战西方经济学的‘经济自由主义’和‘凯恩斯主义’”。本书试图构建一个以中国实践为主线、系统化的社会主义公有制理论，构建起马克思主义政治经济学范式的企业理论及国有企业理论，因而具有重要的学术价值和实践意义。

本书从马克思主义政治经济学的视角出发，立足坚持和完善社会主义基本经济制度与发挥社会主义公有制的基础性作用，在总结中国特色社会主义改革实践的历程及经验基础上，将中国经验上升为系统化的社会主义公有制理论，通过对国有企业混合所有制改革进行理论和实践的深入研究，以四川国有企业改革为突破口，探索发展混合所有制经济、将国有资本做强做优做大的低成本路径，对中国国有企业混合所有制改革实践具有重要应用价值。同时，其研究对于优化资源配置、推动国有企业转型升级、增强企业的活力和竞争力、促进国有资产保值增值、推动经济高质量发展亦具有重大意义。

刘灿

2024 年 9 月 10 日

前　言

党的二十大吹响了以中国式现代化全面推进中华民族伟大复兴的号角，党中央所绘制的宏伟蓝图为我国各地区的现代化建设指明了发展方向。在中国式现代化的总篇章中，四川现代化是其中的一个重要篇章。“四川是西部地区重要大省，在全国发展大局中占有重要地位”，承载着服务国家全局这一十分重要的使命。如何立足省情、紧扣四川实际，找到制约四川当前发展最大的问题，让问题导向与目标导向相结合，使四川从经济大省加快向经济强省跨越，是实现四川现代化的关键点。

在实现四川现代化这一浩大工程中，国有企业无疑是排头兵。提高国有企业的核心竞争力和盈利能力，让国有资本不断做强做大，无疑对国有企业的管理和治理提出了更高要求，都需要以“深化国有企业改革，完善中国特色现代企业制度”为基础。

由于受疫情等因素的影响，四川当前面临的经济形势严峻，存在国资国企普遍面临效益下滑、现金流紧张、刚性成本增加等经营困难。同时受历史原因及之前遗留问题的影响，四川国有企业面临着改革进展缓慢，市场机制及环境不够成熟等困难，完善法人治理、健全市场化经营机制等重点改革有待突破，不少混合所有制企业改革的效果不尽如人意。目前，四川省国资系统拟打造一批国内领先、国际一流的大企业大集团，这在客观上要求国有企业必须深化改革，以提升企业管理水平和经济效率。

本书基于马克思主义辩证唯物主义和历史唯物主义的方法论，立足中国特色社会主义理论体系的政治经济学基本理论研究，借鉴现代企业理论研究的积极成果，结合四川省情，对四川国有企业进行了深入分析，探析了四川国有企业混合所有制改革路径，提出了深化与完善四川国有企业混合所有制改革的路径，为全国国有企业改革探索了新路。

基于中国改革实践的需要，本书用了7章来阐述相关问题。具体安排如下：

第1章是导论部分，主要介绍混合所有制改革的时代背景、探索进程和战略意义，以及研究四川国有企业改革的目的与意义、实现改革目标面临的问题和需要研究的问题，为全书作铺垫。

第 2 章是本书的文献综述，介绍了国内外相关研究情况。国内外关于国有企业及其混合所有制改革研究的丰硕成果为本书奠定了坚实基础，同时给了本书以启迪和反思。

第 3 章是本书的理论基础，提出了核心概念及国有企业混合所有制改革的相关理论，为国有企业混合所有制改革的研究提供了理论依据。

第 4 章通过来自资本市场的数据，对我国混合所有制改革总体情况进行了研究，系统梳理了现有主流的混合所有制改革的主要模式，对已有研究如何测度混合所有制改革的方式进行了归纳总结，并提出了后续实证的主要测度方法。同时，针对企业是否应该多元化经营存在的分歧，探索了混合所有制企业到底是否适合多元化经营以及混合所有制改革企业多元化经营的约束条件，以期为混合所有制企业是否开展多元化经营提供参考借鉴。

第 5 章从国有企业绩效和创新影响双重视角考察了“正向混改”对其的影响效果及作用路径，并利用我国 A 股制造业板块上市公司 2010—2020 年的相关数据，提高企业全要素生产率（TFP），将其作为衡量企业绩效的重要指标，构建了多重指标来衡量企业表现。

第 6 章重点分析了四川省国有企业混合所有制改革

的不同模式及其效果，分别选取了四川国有企业混合所有制改革的成功与失败案例，从正反两方面分析了四川国有企业混合所有制改革的经验和教训。

第7章对四川国有企业混合所有制改革的路径进行了深化研究，分别从产权制度改革、企业治理结构改革、激励机制改革、混合所有制改革企业控制权的归属、混合所有制企业改革中如何发挥党的领导作用五个方面进行了分析并提出了相关建议。

第8章对人工智能时代企业生产模式引发的劳动价值论争议这一热点问题进行了探讨，分析了人工智能时代AI机器取代人力假象的原因，指出AI机器生产的实质，并对人工智能能否创造新价值进行了解答。

本书编写分工具体如下：第1、2、7、8章由王继翔撰写，第4、5章由张剑撰写，第3、6章由王继翔、张剑合写，全书由王继翔统稿。

由于时间和水平有限，本书可能存在疏漏之处，欢迎大家批评指正！

王继翔　张剑

2024年9月15日

目 录

1 导论

1.1 推进国有企业混合所有制改革的时代背景、探索进程和战略意义

国有企业作为国民经济的主要载体，是中国特色社会主义的重要物质基础和政治基础，是我们党执政兴国的重要支柱和依靠力量。国有企业在落实国家重大战略、实现国家整体意志方面的意义重大。国有企业既是企业和市场主体，也是党对经济行使领导的体制支撑。2021 年全国两会以及党的十九届四中全会、五中全会提出，要深化国资国企改革，做强做优做大国有资本和国有企业。同时，将深化国有企业混合所有制改革作为新时代新发展阶段的主要目标任务，既是新形势下坚持社会主义公有制的主体地位、发挥国有经济的主导作用的

有效途径和必然选择，也是优化国有经济和民营经济的布局、引导非公有制经济沿着社会主义方向发展的重要路径。打好“十四五”国有企业混合所有制改革计划的开局之战，需要把握国有企业混合所有制改革的主要方向，尽快解决当前制约国有企业混合所有制改革推进的关键难点问题，由此带动其他问题的解决。在全面建设社会主义现代化国家、向第二个百年奋斗目标进军的新发展阶段，国有企业改革面临着新形势、新任务、新要求。

2016 年 12 月，习近平总书记在中央经济工作会议上强调，混合所有制改革是国企改革的重要突破口。深化国有企业混合所有制改革是坚持公有制主体地位、发挥国有经济的主导作用的有效途径和必然选择。国有企业混合所有制改革成功与否关系到新发展阶段的全面建设社会主义现代化国家目标能否实现。在所有国有企业中，四川作为西南重镇，国有企业的数量众多、问题繁杂、地方政府干预程度比较深，对有限的资源争夺比较突出。四川国有企业的混合所有制改革成功与否关系到四川甚至西南地区的经济发展。

1.1.1 国有企业混合所有制改革的时代背景

国有企业是国民经济和我们党执政的经济基础中的支柱，是国家实体经济的强大支撑，是保障广大人民群众切身利益的重要力量，是体现国家综合实力和参与国际竞争不可或缺的部分。

早在2014年年底中央经济工作会议上，习近平总书记就指出，要敢于啃硬骨头，敢于涉险滩，敢于过深水区，加快推进经济体制改革。要围绕解决发展面临的突出问题推进改革，推进国有企业改革要奔着问题去，以增强企业活力、提高效率为中心，提高国有企业核心竞争力，建立产权清晰、权责明确、政企分开、管理科学的现代企业制度[①]。并且强调："要坚定不移把国企做强做优做大，不断增强国有经济活力、控制力、影响力、抗风险能力"；2016年7月，习近平总书记作出重要指示强调：国有企业是壮大国家综合实力、保障人民共同利益的重要力量，必须理直气壮做强做优做大，不断增强活力、影响力、抗风险能力，实现国有资产保值增值。2016年10月，习近平在全国国有企业党的建设工作会议上发表重要讲话并强调：坚定不移把国有企业做强做优做大[②]。

此外，党的二十大的胜利召开，为中国新时代发展作出了新的完整战略部署。党的二十大报告提出，全面建成社会主义现代化强国，总的战略安排是分两步走：

---

① 中央经济工作会议在京举行[EB/OL].(2014-12-11).https://news.12371.cn/2014/12/11/ARTI1418295777211338.shtml.

② 程恩富.新时代为什么要做强做优做大国有企业[J].世界社会主义研究，2018(3)：35.

“从二〇二〇年到二〇三五年基本实现社会主义现代化；从二〇三五年到本世纪中叶把我国建成富强民主文明和谐美丽的社会主义现代化强国”①。这是中国共产党从现在起的奋斗目标和中心任务。通过改革开放以来长期的摸索和实践，我们党探索出了一条全面建成社会主义现代化强国、实现中华民族伟大复兴的中国梦的道路，那就是不照抄照搬西方模式、以中国式现代化推进中华民族的伟大复兴。以中国式现代化建设社会主义现代化强国，没有现成模式可模仿，是一项开创性的艰苦卓绝的事业，任重道远。世界百年未有之大变局对中国而言，是机遇但更多的是风险和挑战，需要通过高质量发展尽快增加国家实力以应对国际风云变幻，高质量发展是全面建设社会主义现代化国家的首要任务。在前进道路上，必须把握的一个重大原则是坚持中国特色社会主义道路，坚持社会主义市场经济改革方向。

党的二十大强调：要坚持和完善社会主义基本经济制度，毫不动摇巩固和发展公有制经济，毫不动摇鼓励、支持、引导非公有制经济发展；深化国资国企改革，加快国有经济布局优化和结构调整，推动国有资本和国有企业做强做优做大，提升企业核心竞争力；完善

---

① 习近平．高举中国特色社会主义伟大旗帜 为全面建设社会主义现代化国家而团结奋斗：在中国共产党第二十次全国代表大会上的报告［EB/OL］．（2022-10-16）．cpc. people. com. cn/n1/2022/1025/c64094-32551583. html.

中国特色现代企业制度，加快建设世界一流企业。党的二十大提出，中国式现代化要构建的是高水平社会主义市场经济体制。今后五年是全面建设社会主义现代化国家开局起步的关键时期，坚持问题导向，补齐发展短板，是实现中国式现代化的必要条件。中国式现代化不是个别地区或发达城市的现代化，是全国一盘棋的现代化，需要各地区、各领域、各行业共同努力协同发展。只有全面实现现代化，中国各地区都走上共同富裕道路，才是真正的中国式现代化。

1.1.2 国有企业混合所有制改革的探索进程

在我国市场经济体制改革中，国有企业是重要组成部分，国有企业改革大致经历了以下几个阶段：

（1）放权且承包经营阶段——1978—1992 年

中国改革开放初期，国有企业缺乏活力，经济体制存在问题，因此需要进行深化改革。1978 年，党的十一届三中全会提出了国有企业产权改革的要求，以激发企业活力并提高经济效益。政府开始进行扩权让利的试点改革，标志着国企产权改革放权阶段的开始。1984 年，《中共中央关于经济体制改革的决定》强调了职工的主体地位，并赋予企业负责人和职工更多的权利和福利，推动国有企业改革进程。

1986 年，国务院提出了经营承包责任制。这一制度赋予企业经营者充分的经营自主权，以推动国有企业的改革和发展。两年后，国务院发布了《全民所有制工业企业承包经营责任制暂行条例》，对承包经营责任制进行了明确规定，以保障企业经营者的合法权益。承包制度的实施效果也逐渐显著，截至 1988 年年底，全国预算内工业企业实行承包制的比例已经达到了 3%，其中大中型企业的实施比例已经达到了 95%。依靠承包制度，国有企业得以让渡部分管理和运营权力，进一步激发了企业经营者的积极性和创造力，同时也为企业的市场化改革和提高经济效益打下了坚实基础。

（2）改革攻坚阶段——1993—2002 年

这一阶段是改革力度最大、推行措施最多，也是难度最高的阶段。在这一阶段，经过 20 多年的努力，我国国有企业改革取得了突破性进展。1994 年提出按照建立现代企业制度的要求，进行政企分开。企业应实行独立经营、自负盈亏，自主经营、自担风险，并建立符合现代所有权经济要求的有效约束机制和激励机制等；积极探索以产权为纽带的政企分开和多种形式公司法人治理结构及管理形式，完善国有资产监管体制，进一步加大了改革的力度和难度。这一时期，国企改革主要在于进一步深化产权制度改革。“抓大放小”是国有企业体制改革的主要目标。这一时期，通过以产权为纽带实行政企分开、公司法人治理结构以及剥离企业办社会职能等一系列手段使国企焕发出了新的活力，比如：宝钢集团由中央直属改为地方控股后很快步入良性发展轨道；中国铝业公司改组为中铝集团控股后迅速走出困境；中国铝业公司兼并了原冶铝厂后改组为中铝公司有色金属分公司；中国移动等三大电信集团也开始进行产权转让工作。

（3）迅猛推进阶段——2003 年至今

这一时期，国企改革从产权制度改革走向混合所有制改革。2003 年 10 月，《中共中央 国务院关于进一步推进国有企业改革和发展的若干意见》明确提出，探索以资本为纽带、资产重组的新机制，发展混合所有制经济。通过兼并重组，形成几家实力较强的大型企业集团。2003 年 1 月召开的中央经济工作会议提出："加大企业改组改制力度，使部分国有大中型企业进行股份制改造，并积极发展混合所有制经济，鼓励有条件的企业上市。鼓励和引导社会资本投向关系国家安全、国民经济命脉的重要行业和关键领域，提高国有资本配置和运营效率"[①]，政府开始对一些大型集团公司实行由"国家所有、多元投资、统一管理、联合经营"改组为"国家控股的特大型股份制公司"方式来改造国有大中型企业。从 2010 年开始，产权制度改革向混合所有制改革

① 孙志明. 三十年国企改革的阶段特征［J］. 社会科学战线，2009（3）：15-22；习近平. 高举中国特色社会主义伟大旗帜 为全面建设社会主义现代化国家而团结奋斗：在中国共产党第二十次全国代表大会上的报告［EB/OL］. （2022-10-16）. cpc. people. com. cn/n1/2022/1025/c64094-32551583. html.

迈出实质性步伐，混合所有制公司形式更加多样。在股权结构上，除国有独资公司外，还有国有独资、国有资本参股以及有限责任、股份有限公司以及股份公司（包括上市地）等方式。同时在组织形式上则更加灵活多样，比如以公司为单位的集团公司、以资本为纽带建立混合制企业、以有限责任公司为主体的公司制企业、以股份公司及上市地为主体的股份制企业等形式。

1.1.3 国有企业混合所有制改革的战略意义

如何探索基本经济制度的有效实现形式是一个重大课题。习近平总书记在《关于〈中共中央关于全面深化改革若干重大问题的决定〉的说明》中指出，“必须毫不动摇巩固和发展公有制经济，坚持公有制的主体地位，发挥国有经济主导作用，不断增强国有经济活力、控制力、影响力”[①]。坚持公有制的主体地位离不开国有企业的强有力支撑，在历经几个探索、发展阶段后，进入攻坚阶段的国有企业如何改革才能做强做大？

党的十八届三中全会对此作出了重大决策，也就是发展混合所有制经济。党的十九届四中全会进一步提出，要坚持和完善社会主义基本经济制度，坚持和完善以公有制为主体、多种所有制经济共同发展的所有制结构。习近

---

① 关于《中共中央关于全面深化改革若干重大问题的决定》的说明［N］. 人民日报，2013-11-16.

平总书记在《关于〈中共中央关于全面深化改革若干重大问题的决定〉的说明》中指明了我国国有企业进行混合所有制改革的目的和方向，旨在通过发展混合所有制经济来完善和发展我国的基本经济制度，并明确指出，推行混合所有制是为了坚持公有制主体地位，发挥国有经济的主导作用。其实，无论是资本主义国家，还是社会主义国家都可以搞混合所有制，但是不同社会制度推行混合所有制的目的、任务和做法是不一样的。在社会主义中国，我们推行混合所有制经济，理应为巩固和完善社会主义制度服务[①]，巩固和加强社会主义经济基础。

“混合所有制经济，是基本经济制度的重要实现形式，有利于国有资本放大功能、保值增值、提高竞争力”[②③]。混合所有制改革是国有企业改革的重要组成部分，是公有制多种实现形式的积极探索，更是国有经济与市场经济交融模式的重大突破[④]，对国家战略以及发挥国有经济支撑作用进而实现中国式现代化具有重要意义，对全面建成社会主义现代化强国、实现中华民族伟大复兴的中国梦具有战略意义。

---

① 周新城. 谨防以推行混合所有制为名削弱国有经济［J］. 马克思主义研究，2016（12）：145.

② 关于《中共中央关于全面深化改革若干重大问题的决定》的说明［N］. 人民日报，2013-11-16.

③ 宋方敏. 习近平国有经济思想研究略论［J］. 政治经济学评论，2017，8（1）：3-24.

④ 何瑛，杨琳. 改革开放以来国有企业混合所有制改革：历程、成效与展望［J］. 管理世界，2021（7）：44.

1.2　研究四川国有企业改革的目的与意义

1.2.1　四川国有企业在国家经济建设中的重要地位和作用

截至 2023 年年底，四川经济总量突破 6 万亿元，是全国第六个、西部第一个迈上 6 万亿元台阶的省份。经济大省的背后是千万家超级企业的支撑。四川有以军工为首的央企和多家国企，国有企业资产居全国第六，贡献了全省四成生产总值。

四川省的国有企业不仅有在川的央企，也有四川省属的地方国企，比如四川华西集团有限公司、四川航空集团有限责任公司、四川省煤炭产业集团公司、四川省商业投资集团有限责任公司、四川省能源投资集团有限责任公司等多家重要企业。四川国有企业保障了全省各级地方政权正常运转和社会事业发展，提升了公共服务供给水平，在服务经济社会发展战略、构建高质量发展新格局、保障人民美好生活需要、确保安全生产稳定运行、促进企业员工和谐发展、建设绿色企业生态文明、积极参与公益慈善事业和完善社会责任治理等多方面发挥了“压舱石”的作用，为服务国家和全省经济社会发展做出了重要贡献。尤其在近些年经济形势严峻的情形下，四川国有企业强化责任担当，勇于攻坚克难，在服务交通强省建设、保障能源电力供应、实施定点帮扶和泸县抗震救灾中冲锋在前、担当在前、奉献在前，发挥了国企对地方经济社会发展的战略支撑作用，体现出新时代国资国企的勇于担当。

1.2.2 四川国有企业现状及改革状况

《关于四川省 2020 年度国有资产管理情况的综合报告》显示，2020 年，四川全省地方国有企业资产（不含金融类）、地方金融企业国有资产、行政事业性国有资产共计 15.75 万亿元。在 15.75 万亿元的家底总盘子中，全省地方国有企业资产（不含金融类）总额为 9.76 万亿元，增长 29.1%；全省地方金融企业国有资产总额为 3.54 万亿元，增长 17.38%；行政事业性国有资产总额为 2.45 万亿元，增长 50.04%[①]。不含金融类的全省地方国有企业资产占总家底比例超过 60%，为四川省国有资产贡献了重要力量。

2018 年以来，特别是国企改革三年行动实施以来，四川省国资委聚焦重点改革领域，积极推进混合所有制

① 四川家底公开，2020 年国有资产总额超 15 万亿元[N/OL].四川日报,2021-11-22[2022-03-21].https://www.sc.gov.cn/10462/10464/10797/2021/11/22/b90b7d045cae41e891d48eea57619d6f.shtml.

改革，全面放开国企二级及以下子企业混合所有制改革，稳妥推动集团层面混合所有制改革，先后在8户省属子企业开展混合所有制改革试点、10户国有企业开展员工持股试点。试点企业如华西管桩工程有限公司，其资产总额、利润总额较成立之初分别增长5倍、27倍，同时实施“上市公司+”战略，省属企业控股上市公司达到14家，总市值超2 000亿元[①]。

四川省国有资产监督管理委员会（简称“四川省国资委”）推进混合所有制改革工作是从深化改革、推进资产证券化、发挥产权交易平台作用三个方面进行的，着力点在引资本、转机制、增活力，完善公司治理，放大国有资本功能，提升企业竞争力与活力[②]。在深化混合所有制改革方面，四川省国资委完善政策体系，率先出台了《四川省国资委所出资企业混合所有制改革操作指引（试行）》。截至2021年上半年，四川省地方国有企业混合所有制改革面约40%、省属企业混合所有制改革面约57.8%。总结混合所有制改革经验后完成5户省属企业所属8户子公司混合所有制改革试点，形成华西管桩等试点经验。在产权改革方面，四川省落实股份董事会对经理层选人用人职权改革，探索建立了国有相对

① 四川省国资委. 四川省国资国企聚焦重点改革 激发企业活力释动能[EB/OL].(2021-11-16)[2022-03-21].http://www.sasac.gov.cn/n2588025/n2588129/c21778749/content.html.

② 习近平总书记关于新时代深化国有企业改革发展重要论述摘编［N］. 北京石油管理干部学院学报，2022-06-15.

控股上市公司差异化管控模式并持续推进员工持股试点，试点企业累计达到10户[①]。

1.2.3 四川国有企业混合所有制改革的重要意义：四川现代化是中国式现代化的重要篇章

党的二十大吹响了以中国式现代化全面推进中华民族伟大复兴的号角，党中央绘制的宏伟蓝图为我国各地区的现代化建设指明了方向，各地区如何将中央的擘画转化为“施工图”成为中国式现代化的组成部分，考验着地方政府的智慧和能力。四川地区如何贯彻党的二十大精神？四川省委召开的十二届二次全会明确了“到二〇三五年与全国同步基本实现社会主义现代化，到21世纪中叶全面建成社会主义现代化强省”的主要目标任务。

中国式现代化是全体人民共同富裕的现代化，四川现代化是中国式现代化的一个重要篇章。四川是西部地区重要大省，在全国发展大局中占有重要地位，承载着服务国家全局这一十分重要的使命。如何立足省情、紧扣四川实际，找到制约四川当前发展最大的问题，让问题导向与目标导向相结合，使四川从经济大省加快向经济强省跨越，是实现四川现代化的关键点。在沿着中国

① 四川省国资委积极稳妥推进混合所有制改革，持续放大国有资本功能[EB/OL].(2021-06-29)[2024-06-05].http://www.sasac.gov.cn/n2588025/n2588129/c19363652/content.html.

式现代化道路前行的过程中，四川应充分认识到四川省发展比较突出的不平衡不充分问题，以及新型工业化、信息化、城镇化、农业现代化同步开启、发展过程中的巨大困难，要对症下“药”，对标党的二十大要求和习近平总书记来川视察重要指示精神，衔接省第十二次党代会部署，力争发挥独特优势，按照既定目标实现四川现代化，更好地服务于国家发展全局。

推进四川现代化建设是经济大省推动高质量发展、加快向经济强省跨越的过程，是西部内陆省份走向开放前沿、深度融入新发展格局的过程，是多民族人口大省增进团结和谐、促进共同富裕的过程，是文化底蕴深厚省份绽放多彩人文之韵、推进文化自信自强的过程……[①]。四川现代化建设肩负着服务国家全局的时代使命，加快落实党的二十大精神，以中国式现代化引领四川现代化，谱写中国式现代化的四川篇章是一项系统工程，而找准突破口、抓住各行业各领域的“领头羊”是关键。在实现四川现代化这一浩大工程中，国有企业无疑是排头兵。提升国有企业的核心竞争力和盈利能力，让国有资本不断做强做大，需要进一步深化国资国企改革，实施新机制攻坚克难。目前，四川提出“贡嘎培优”和“珠峰攀

① 奋力写好中国式现代化的四川篇章［EB/OL］.（2022-12-13）. https：//baijiahao. baidu. com/s? id=1752054758522717573&wfr=spider&for=pc2，2022-12-13.

登”计划，欲培育一批千亿元企业和行业领军企业[①]，无疑对国有企业的管理和治理提出了更高要求，都需要以“深化国有企业改革，完善中国特色现代企业制度”为基础。

1.2.4　四川国有企业改革当前面临的主要问题

当前，四川省情是人口基数大、经济基础薄弱、发展不平衡、欠发达，如何通过四川现代化建设解决四川面临的主要矛盾和发展不平衡不充分的突出问题，找到引领是关键，而负有强国使命的国有企业理应当仁不让地承担起应有的责任。

由于受疫情等因素影响，四川经济形势严峻，存在国资国企普遍面临效益下滑、现金流紧张、刚性成本增加等经营困难。同时受历史原因及之前遗留问题的影响，国资国企的资产质量欠佳，布局结构也不够优化，同质化严重，四川地方国企80%以上都集中在市政、交通、能源等基础产业和一般性竞争领域。而且西部地区的改革进展相对缓慢，市场机制及环境不够成熟，完善法人治理、健全市场化经营机制等重点改革有待突破。尽管一些国有企业通过混合所有制改革使企业绩效有所提升，但是也有些企业混合所有制改革效果不尽如人

① 聚焦四川省人民政府工作报告［N］．四川日报，2023-01-12.

意，一些老大难问题（如国有资本的管理边界、企业控制权配置不合理导致的效率低下、多元利益主体治理结构难构建等）让不少混合所有制改革国企举步维艰，严重制约着混合所有制改革的顺利推进。

目前，四川省国资系统拟打造一批国内领先、国际一流的大企业大集团，这在客观上要求国有企业必须深化改革以提升企业管理水平和经济效率。从近年来国企改革的实际来看，其效果远未达到中央要求和社会期待。《国企改革三年行动方案（2020—2022 年）》进一步明确：积极稳妥、分层分类深化混合所有制改革，特别是要推动混合所有制企业深度转化经营机制，充分发挥非国有股东的积极作用。现国有企业包括四川国有企业混合所有制改革遇到瓶颈，存在的主要问题有：

（1）国企、政府、公民之间的产权不清晰问题

产权清晰度问题是指国有企业的产权归属不明确，存在管理混乱和决策困难的情况。产权清晰度不强对国有企业的经营管理可能产生重大影响。一是产权不清晰会导致管理权力的分散和不统一，使得企业管理难以有效进行。产权分散常常会导致管理权力的冲突和混乱，影响企业的经营管理。二是产权不清晰会影响决策的高效性和准确性。如果产权归属不明确，决策者就难以确定自己的决策范围和权限，很难果断快速做出明智的决策。此外，产权不清晰还会对企业的经营状况造成负面

影响。如果企业的产权归属不明确，将影响投资者对企业经营状况的准确评估，影响企业的融资能力和发展前景。因此，就国有企业的产权清晰度而言，首先需要明确员工与企业的关系，其次要明确企业与投资者之间的产权关系，最后是明确国企、政府、公民三者之间的关系[①]。

（2）股权分配与产权保护问题

在混合所有制改革过程中，国有企业需要吸收非国有资本，引入新的股东。股权分配是混合所有制改革过程中最重要的环节之一，但是，股权分配的合理性和公正性成为混合所有制改革过程中的瓶颈。如何保障国有资产的保值增值，如何保障非国有资本的合法权益，如何解决各投资方的利益平衡等都是股权分配需要解决的问题。

在股权确定后，还要重视产权保护问题。国有企业在经营管理过程中受到的产权侵害和侵权行为在混合所有制企业中尤其容易出现。忽略产权保护问题将严重影响国有企业的正常经营和发展。产权保护不到位会导致国有企业产权遭到侵害，影响企业经营状况，甚至可能损害企业信誉。混合所有制企业中如果产权不明晰，或者不注意保护国有企业产权，那么在企业经营管理过程

① 李少白. 高等学校资产管理与资产评估研究［D］. 广州：华南理工大学，2000.

中国有企业产权就极易受到侵害，造成国有企业财产流失的风险，从而影响到企业的发展前景。关于产权保护，应加强顶层设计，加强产权法律制度建设，提高产权保护的效率和公正性，加大对产权侵害和侵权行为的打击和惩治力度，增强企业产权保护意识等。

（3）产权配置凝固限制了国企产权流动

产权流转问题指的是国有企业产权的转移和处置存在的问题，尤为突出的是产权流转难度大，国有企业的产权流转需要经过多部门审批，并需要符合多项法律法规，流程复杂，审批时间长，从而影响到产权流转效率。这会造成资源配置的浪费，各地区和部门可能为了占用最大资产而发生不正当竞争。而且产权流转成本也比较高，国有企业产权流转需要缴纳大量的费用，如评估费、征收费、公证费等，给国有企业造成了巨大的经济压力。

（4）混合所有制改革企业深度融合困难

混合所有制改革是在原有的国有企业基础上引入非国有资本，在企业股权、管理权、盈利权等方面都有较大变化，涉及多个部门、多个利益主体的利益博弈。在混合所有制改革实践中，政策法规、政策指导、政策执行等方面尚不完善，制度安排还不够到位，导致混合所有制改革过程中出现争权、“内斗”等问题，不仅无法提升企业的竞争力和经济效益，而且可能严重影响到企业的正常经营。

（5）文化融合问题

混合所有制改革后的企业需要将国有企业文化和非国有企业文化进行融合，形成新的企业文化。但是，由于国有企业文化和非国有企业文化存在巨大的差异，文化融合是一个复杂的过程，需要进行长期的努力。

1.3 本书内容安排

本书基于马克思主义辩证唯物主义和历史唯物主义的方法论，立足中国特色社会主义理论体系的政治经济学基本理论研究，借鉴现代企业理论研究的积极成果，结合四川省情，对四川国有企业的混合所有制改革进行了较全面的分析，探析了四川国有企业混合所有制改革路径，为全国国有企业改革探索新路。

本书内容共分七章，具体安排如下：

第 1 章是导论，简要介绍了我国推进国有企业混合所有制改革的历史背景与时代背景，研究四川国有企业改革的目的与意义，以及当前为实现四川省国企改革目标所面临的主要问题，为全书作铺垫。

第 2 章是本书的文献综述，介绍了国内外相关研究情况。国内外关于国有企业及其混合所有制改革研究的丰硕成果为本书奠定了坚实基础，同时给了本书以启迪和反思，并指明了研究方向。

第 3 章是本书的理论基础，提出了核心概念及国有企业混合所有制改革的相关理论，从而为本书提供了理论依据。

第 4 章为我国混合所有制改革总体情况及分析——来自资本市场的数据，系统梳理了现有主流的混合所有制改革的主要模式，对已有研究如何测度混合所有制改革方式进行了归纳总结，并提出后续实证的主要测度方法。同时，针对企业是否应该多元化经营存在的分歧，本书探索了混合所有制企业到底是否适合多元化经营以及混合所有制改革企业多元化经营的约束条件，以期为混合所有制企业是否进行多元化经营提供参考借鉴。

第 5 章为“正向混合所有制改革”对国有企业绩效与创新影响的实证研究。通过构建双向固定效应模型，并利用我国 A 股制造业板块上市公司 2010—2020 年的相关数据，提高企业全要素生产率（TFP），将其作为衡量企业绩效的重要指标，构建了多重指标来衡量企业表现。

第 6 章为四川省国有上市公司混合所有制改革路径案例研究：经验及教训。本章分别选取了国有企业混合所有制改革成功与失败的案例，从正反两方面分析了四川国有企业混合所有制改革的经验和教训。

第 7 章为四川国有企业混合所有制改革路径的深化研究，分别从产权制度改革、企业治理结构改革、激励机制改革、混合所有制改革企业控制权的归属、混合所有制企业改革中如何发挥党的领导作用五个方面进行了分析并提出了相关建议。

2 文献综述

本章论述了与本书研究紧密相关的核心概念（所有制、产权）、国有企业制度相关理论（产权理论、企业治理理论等）和马克思主义生产力与生产关系矛盾运动规律理论，并以此作为全书的理论基础。在此基础上，介绍了国内外国有企业制度改革研究情况，从而为四川国有企业改革研究提供参考。

2.1 国外相关研究

2.1.1 国有企业存在的理论基础：新古典主义、马列主义、凯恩斯主义、新凯恩斯主义

研究国有企业可以追溯到新古典的企业理论。新古典对企业研究的贡献在于，以边际效用价值论代替了古典经济学的劳动价值论，以需求为核心代替了古典经济

学以供给为核心的分析。新古典对企业的研究建立在零交易成本、人具有完全理性、产权界定清晰的基础上，企业是追求利润最大化的企业。马歇尔运用边际效用理论说明了需求价格和需求规律，即“需求数量随着价格的下跌而增加，随着价格上涨而减少”，又运用边际生产费用理论说明了供给价格和供给规律，即“供给与需求相反，价格高则供给多，价格低则供给少”。尽管新古典是一次经济史上的革命，但新古典企业理论实际上并不算是真正的企业理论。因为它无法解释和回答有关企业的一些基本问题，比如企业为什么会出现、企业内部是如何运行的，也没有深入研究企业的内部组织结构、运行机制和制度安排等与生产和效率密切相关的因素。但是新古典企业理论很重要的一点就是强调了价格机制独一无二的作用，认为市场可以自动达到供给需求平衡，企业只是一个“黑箱”，生产要素的配置和产出的分配在其中无摩擦地进行。新古典企业理论中尚无国有企业的概念，然而它为后续的企业研究奠定了一定基础①。

国有企业最早于20世纪初在欧洲国家兴起，其理论基础的起源应该是马列主义。马克思从经济学的角度，设想通过公有制可以消灭剥削（剥削源于工人的剩

① 王继翔. 我国国防军工企业制度创新研究［D］. 成都：西南财经大学，2010.

余价值，工人依附于私有企业是因为所有制，公有制条件下剩余价值归全体公民所有，因此就不存在相互剥削，自己剥削自己不属于剥削），但是马克思在《资本论》中描述了各种各样的公有制形式，包括流行的股份制。列宁是马克思主义的实践者，在探索苏联社会主义公有制模式上，选择了国有制和集体所有制两种公有制模式，以期通过严密的需求-供给计划，避免自由市场带来的竞争浪费。公有制出发点是经济学的基本理论，也是为了降低交易成本，但是忽略了计划经济（供给-需求完全对应）的执行难度，也忽略了公有制的激励弊端。国有企业还有一个理论基础是凯恩斯主义。与新古典主义经济学的市场会出清、经济自动趋向均衡的观点不同，在凯恩斯看来，市场是有缺陷的，经济从非均衡走到充分均衡需要一个相当长的时间过程，在此期间，经济会遭受损失。因此，政府的政策干预既是必要的，也是有益的。凯恩斯主张采取赤字政策，通过国家投资拉动经济增长的政策，在美国大危机爆发后与罗斯福新政不谋而合。这两者都主张国家对经济进行干预，而这促成了国家干预经济这一新的形式的出现。国家干预在短期内缓解了资本主义大危机带来的灾难，在二战之后被更多的国家采用。这个时期，政府建立并大量接管了基础设施、能源等领域企业，国有化成为一道靓丽风景。此后，在发展中国家，国家干预也大行其道。他们几乎都相信强有力的政府干预是经济发展所必需的，因为发展中国家的市场力量所能发挥的作用是有限的，缺乏弹性的社会结构和有限的教育机会，资本市场尚未形成限制了资金的流动性，其私人经济部门不够发达无法对市场价格做出迅速反应。发展中国家出口导向战略使得对外贸易带来的是廉价资源流失和经济上的依赖，如果不建立自己独立且相对完整的工业体系，结果只能长期成为发达国家的依附。所以，发展中国家的发展不能仅靠自由市场的作用，必须同时依靠政府对经济某种程度上的计划安排和行政干预[①]。因此，国有化在发展中国家的比重高于发达国家[②]。

20世纪70年代，西方资本主义国家普遍出现了经济增长停滞、失业增加、通货膨胀等问题，“凯恩斯主义理论”受到质疑，20世纪80年代产生了新凯恩斯主义经济学，以萨缪尔森为首的新古典综合派亦称为新凯恩斯主义。最先使用“新凯恩斯主义经济学”这一称号的，是1988年发表了《新凯恩斯主义经济学和产出量——通货膨胀交替关系》一文的劳伦斯·鲍尔（LawrenceBall）、格雷戈里·曼奎（N. Gregory Mankiw）和戴维·罗默（David Romer），其代表学者还有奥利维尔·布兰查德（Olivier Blanchard）、乔治·阿克洛夫（George Akerlof）、

① 卫志民. 政府干预的理论与政策选择［M］. 北京：北京大学出版社，2006：211.

② 王继翔. 我国国防军工企业制度创新研究［D］. 成都：西南财经大学，2010.

珍妮特·耶伦（Janet Yellen）、约瑟夫·斯蒂格利茨（Joseph Stiglitz）、本·伯南克（Ben Bernank）等。新凯恩斯主义以不完全竞争和不完全信息为前提，强调劳动市场、产品市场和资本市场的各种不完美性，认为由于市场失灵特别是极度经济衰退时，确实需要政府干预，但政府可以采取相机抉择行动的程度。新凯恩斯主义中斯蒂格利茨对风险和不确定性的研究成果，对公有产权的国有企业而言是很好的分析工具。斯蒂格利茨等认为，不完全信息和非对称信息会引起委托-代理和道德风险问题，由于代理人和委托人的利益和行为动机可能不一致，代理人的行为不一定符合委托人的利益①。他和阿诺特的深刻分析，可以解释国有企业经济效率低下的人为原因。此外，对不完全竞争的分析是斯蒂格利茨的另一项重要学术贡献。斯蒂格利茨在与迪克西特合著的《垄断竞争与最优产品多样性》（1977）论文中指出，市场有不完全竞争是因为外部效应、规模经济和分配不公正，在存在规模经济的条件下，通过减少产品种类、增加产出数量，能够降低企业成本、节省社会经济资源，但由此会引起社会福利损失。他们的分析表明了市场结构对企业的影响（进入战略和退出战略等）②。

---

① 观点主要反映在《对道德风险的基本分析》（1998）、《道德风险与非市场制度》（1991）等论文之中。

② 王继翔. 我国国防军工企业制度创新研究［D］. 成都：西南财经大学，2010.

2.1.2 关于产权、市场与绩效的讨论

产权理论源自科斯1937年发表的经典之作《企业的性质》。他在1960年发表的《社会成本问题》一文中将交易成本应用于产权制度的效率分析，形成了著名的“科斯定理”。科斯认为，市场始终存在交易费用，财产权的初始分配将影响资源的最终配置；不同的权利界定将决定不同效率的资源配置，因此有必要选择产权制度；不同的产权制度下，人们从事交易活动的成本是不同的。科斯定理的实质是通过交易成本揭示产权制度与市场及绩效的关系。阿尔奇安从资源的稀缺性和利益冲突时的竞争角度阐述了产权。他说，借助产权制度，他找到了一种将权利分配给个人的方法，以便在那些不受禁止的各种商品的用途中选择某种特殊商品的任何用途，而且产权和所有权是可以共同分享的，因为“分享产权具有使我们对各种产权分割进行分类的吸引力”[①]。德姆塞茨在《关于产权的理论》一文中，开创性地提出了产权的基本功能是使有益或有害的外部性内在化，他列举了北美印第安人的狩猎边界与皮毛贸易关系的故事，说明产权制度的建立和发展不仅重要，而且反过来影响人们之间交往、合作的交易费用。德姆塞茨用这个

① 阿尔奇安. 产权经济学［M］//盛洪. 现代制度经济学. 北京：中国发展出版社，2009：75-78.

案例说明，明确了财产权边界，可以使人们的计算变得简单，从而大大降低交易费用，也就可以提高绩效[①]。

此外，西方现代产权经济学中，奈特对（企业）产权制度的制约性研究也颇具影响，他的《风险、不确定性和利润》一书，论述了企业制度的本质，认为有效的产权制度能制约不负责任的冒险和机会主义倾向，从而减少经济的不确定性。康芒斯 1934 年发表的《新制度经济学》认为产权界定十分重要，产权交易和转让是资源配置的重要基础和环节，产权制度对经济的有序运行具有调控作用。威廉姆森以交易费用为线索，写出了很有影响的《市场与科层组织》《资本主义的经济制度》。而制度变迁理论的代表学者诺思也是用产权结构的变化和交易费用的下降来解释制度变迁和社会经济绩效的关系，并且认为产权对社会经济绩效起着异常重要的作用。连西方学者自己都说“资本主义主要依靠市场和私有产权来解决稀缺资源使用上的冲突[②]”。关于市场对企业的影响，美国的迈克尔·波特在其经典著作《竞争战略》中进行了阐述，他认为外部作用力会影响产业内部的所有企业，形成竞争战略的实质就是将公司与其环境建立联系。他提出了产业结构“五力模型”，指出公司

① 王继翔. 我国国防军工企业制度创新研究［D］. 成都：西南财经大学，2010.

② 阿尔奇安，德姆塞茨. 产权范式［M］//现代制度经济学. 北京：中国发展出版社，2009：99.

战略的核心在于选择正确的行业，即选择恰当的市场策略[①]。

在产业组织理论中，贝恩（1959）初始提出了从市场结构可以推断市场运行绩效的“结构—绩效”模式，只强调了市场对绩效的决定作用。之后，谢勒（1970）提出了完整的“市场结构—市场行为—市场绩效”模式，指出市场结构首先决定企业的市场行为，继而行为又决定市场绩效。后来，随着产业组织理论对这三者之间的关系的探讨逐步深入，发现这三者之间的关系很难简单地认为是结构决定行为，行为决定绩效。因为从短期来看，可以把市场结构看成是既定的企业外部环境，其在某种程度上决定着企业的市场行为，而产业内所有企业的市场行为又决定了市场绩效。但从长期来看，市场结构也在发生变化，而这种变化正是企业行为长期作用于市场的结果，有时市场绩效的变化也会直接导致市场结构发生变化，因此，在一个较长的时间内，市场结构、企业行为和市场绩效之间是双向的因果关系。西方经济学的产权理论认为，清晰的产权可以很好地解决外部不经济，产权不清晰导致效率低下、资源配置无效，其代表学者有威廉姆森（Williamson）、斯蒂格勒（Stigler）、布坎南（Buchanan）、舒尔茨（Sehultze）等。此

① 王继翔. 我国国防军工企业制度创新研究［D］. 成都：西南财经大学，2010.

外，西方经济学的公司治理理论也经常被用于分析企业绩效问题，公司治理理论主要依托于代理理论，“委托代理理论”建立在非对称信息博弈论基础上，是现代公司治理的逻辑起点[①]。

2.1.3 国有企业改革的路径：私有化问题争论

1969年，美国学者彼得·德鲁克在《不连续的时代》一书中第一次明确提出“私有化”这个术语。在竞争性行业中，私有化是指将国有企业完全转变为私人所有；在垄断行业中，私有化是指消除市场禁入、开放市场、引入竞争，政府逐步出让、转售一部分国有股权甚至全部股权，主动变成小股东或者全面退出（周其仁，2002）[②]。

关于国有企业改革的路径是否应该私有化有几种争论，主要有：

第一，企业效率与所有制相关，私有企业最有效率，混合所有制企业次之，国有企业效率最低（Dewenter et al.，2001；Karpoff，2001），因此只有将企业完全私有化才能赢得企业效率（Boardman et al.，1989；Ehrlich et al.，1994）。中国国有企业股份和企业经济效率（绩效）间存在着一个有趣的曲线关系：起

---

① 王继翔. 我国国防军工企业制度创新研究［D］. 成都：西南财经大学，2010.
② 王继翔. 我国国防军工企业制度创新研究［D］. 成都：西南财经大学，2010.

初，企业绩效随着国有股份的增加而下降，而当国有股份增加到40%时，企业绩效则开始随着国有股份的增加而上升，但当国有股份继续增加到80%~90%时，企业绩效又呈现出下降趋势[①②]。

第二，企业效率与所有制无关，与市场结构有关。英国经济学家玛格利特·布莱尔（1997）对英国国有企业私有化后的经营绩效做了实证研究，他发现：只有在竞争比较充分的市场上，企业私有化后的平均效益才有显著提高；而在垄断市场上，企业私有化后的平均效益改善不明显。他认为，企业效益与产权的归属变化没有必然关系，而与市场竞争程度有关系，市场竞争越激烈，企业提高效率的努力程度就越高。仅靠私有化不能解决自然垄断产业规模经济与垄断福利损失之间的冲突问题，不能解决自然垄断产业的可竞争性问题，必须要依赖其他政策和制度的完善。由于国有企业与竞争是相容的，因此在某些情况下，即使不进行民营化，在有效的竞争环境下，国有企业也能提升经营效率[③]。同一时期，澳大利亚经济学教授泰腾郎（1996）研究后也发现：企业效益主要与市场结构有关，即与市场竞争程度

---

① 陈凌，熊艳艳. 从政府到市场：国外国有企业民营化文献综述［J］. 经济社会体制比较，2004（3）：59.

② 王继翔. 我国国防军工企业制度创新研究［D］. 成都：西南财经大学，2010.

③ 陆军荣. 国有企业的产业特质：国际经验及治理启示［M］. 北京：经济科学出版社，2008：75-76.

有关。这些综合研究表明，竞争才是企业治理机制往效益方面改善的根本保证条件，竞争会迫使企业改善机制、提高效益。要使企业改善自身的治理机制，基本动力是引入竞争，而变动产权只是改变机制的一种手段①。此外，斯蒂格利茨、青木昌彦等人也指出，私有化并不意味着经济效率提高，不同的信息、市场环境及产品性质决定了相同的产权制度安排下完全可能有不同的效率，即只有在既定的条件下私有化制度安排才能达到资源配置最优的状态。霍尔维茨和哈特等人则从软约束理论和不完全契约理论的角度证明，在任何企业中，激励的状况不仅取决于产权，还取决于其他因素（如剩余索取权、剩余控制权、政治声誉以及其他社会收益等）。

第三，企业效率的高低与所有制以及市场竞争程度的高低无关，而与宏观经济是否稳定、政府对企业是否实行硬约束等其他条件相关（Ehrlich et al.，1994；Kole et al.，1997）。

总之，国外对企业的研究是建立在私有制基础上的，因而更注重经济利益。他们对企业效率的研究多是从一个因素或部分因素的角度出发。其实，企业效率的高低应该与所有制、市场竞争程度、外部经济环境等多种因素相关，任何单一因素得出的相关结论都是比较片

① 刘芍佳，李骥. 超产权论与企业绩效［J］. 经济研究，1998（8）：4-5.

面的。此外，国有企业作为西方国家弥补市场失灵的一种工具，也不只是为实现经济目标而存在。尽管前英国首相撒切尔夫人执政期间极力推进英国国有企业的私有化，但是对国有企业改革是否应私有化以及政府应如何管制同样存在争议[①]。

2.2 国内相关研究

始于20世纪70年代末的中国经济改革，一开始就遇到了所有制和产权这一难题。关于中国市场化改革中的所有制问题，国内的研究基本沿着两条线进行：一是用马克思关于社会主义所有制的基本思想和理论观点来解释当代中国所有制改革中出现的新问题、新现象；二是主要接受了西方现代经济学教育的中青年学者，用现代经济学的范式和分析工具来研究当前中国改革的所有制问题。

马克思的唯物史观认为，物质生产方式（人们为获取物质生活资料而进行的生产活动的方式）是人类社会存在和发展的基础及决定力量，它是生产力和生产关系的统一体。在社会生产中，生产力决定生产关系，生产

① 王继翔. 我国国防军工企业制度创新研究［D］. 成都：西南财经大学，2010.

关系反作用于生产力；生产关系的总和构成经济基础，经济基础决定上层建筑，上层建筑反作用于经济基础，二者相互影响、相互作用。生产方式中的生产关系是人们在物质生产过程中形成的不以人的意志为转移的经济关系，是人类社会关系中最基本的关系，政治关系、家庭关系、宗教关系等各种社会关系，都受生产关系的支配和制约。分析生产关系其实就是透过“物”看到“物”后面的人与人的关系。生产关系包括生产资料所有制关系、生产中人与人的关系和产品分配关系。在生产关系中，生产资料所有制关系是最基本的、具有决定意义的方面，生产、分配、交换和消费关系在很大程度上是由它决定的，所有制反映出社会生产中人们在占有物质生产资料方面的相互关系及社会生产关系，是生产关系的核心，因而在马克思的经典著作和理论中，所有制问题始终是马克思瞩目的焦点和研究的重中之重。

1844 年，马克思写下了《黑格尔法哲学批判》，马克思把私有财产看成在社会生活中起决定作用的经济关系；《1844 年经济学哲学手稿》中马克思力图从劳动的异化角度来阐明私有制的产生，把私有财产归结为资本和劳动的关系；1846 年，马克思和恩格斯合作了《德意志意识形态》，马克思研究了生产力的社会分工的历史发展，以及与此相联系各种不同形式的所有制的发展，认为私有制是社会分工的结果，因为社会分工才出现了不平等的分配，指出所有制的本质其实是对他人劳动力的支配，是对经济利益的分配权；在《〈政治经济学批判〉（1857—1858）手稿》中，马克思第一次比较系统地阐述了关于所有制的一般概念；在《资本论》中，马克思以资本主义所有制关系研究为核心，建立了他的经济学理论体系。

马克思之后关于所有制的理论，是由列宁提出的“国家资本主义”理论（1922），他的主要观点是在无产阶级掌握政权的情况下，可以把一部分国有资产租给国内外资本家经营。列宁把“合作制”作为社会主义的经济制度，提出多种经济成分并存的所有制结构的设想。斯大林时期则把所有制本身与所有制形式简单等同起来，认为社会主义的所有制就是集体所有制和全民所有制，强调实行高度集中的国有化政策（1952）。

中国改革开放后，经济领域突破了单一公有制，理论界探讨了非公有制经济发展的实践和理论的必然性，并更多地借鉴了西方经济学理论，从股份制、产权改革等方面探讨所有制。国内国有企业改革的相关研究从20世纪80年代开始，关注点先后有放权让利和利改税、承包经营责任制两权分离、股份制试点建立现代企业制度、国有经济战略性调整抓大放小、完善公司法人治理、国有企业经营者持股、发展混合所有制等。党的十八大以后，国有企业混合所有制改革成为热点。对上述问题研究的代表学者有刘诗白（1988、1995）、白永秀（1994）、顾海良（1995）、林毅夫（1995）、逄锦聚（1999）、金碚（2001、2010）、程恩富（2004、2012、2015）、卫兴华（1995、2013、2016）、周新城（2000、2010、2016）、吴宣恭（2000、2015）、吴易风（2005）、聂辉华（2008）、赵晓雷（2009）、丁任重（2010）、黄少安（2018）、杨瑞龙（2017、2019）等。其观点认为混合所有制企业和国有企业不如私营企业有效率。

2.2.1 关于国有企业混合所有制改革的必要性、产权改革等观点的分歧

国外学术界关于国有企业改革的研究主要是用经济学理论方法，研究国有企业效率高低（Boardman，2002；Dewenter，2001）、国有企业效率损失的原因分析（Frydman，2000）、国有产权改革效果（Varouj，2005；Mohammed Omran，2004）等，疏于对改革理论体系的建构。

国内学术界关于混合所有制的研究在改革必要性、产权改革方面存在较大争议，可大体划分为两种具有代表性的观点：

一种观点是强调民营经济作用支持民企发展，力推国有企业产权改革，认为民营经济的发展有利于国有经济的发展（樊纲，2005），混合所有制改革有利于提高

中国经济的国际竞争力（程承坪，2015），提高资本利用率可促进各类所有制资本取长补短（綦好东 等，2017），提高绩效对僵尸国企具有显著效果（方明月，2019，宋波；2021，孙鲲鹏，2021），成功应对国际经济危机和贸易保护主义（李政，2018），实现我国整体竞争优势和国家意志（杨瑞龙，2018），提升国有企业的创新水平和投资效率（朱磊 等，2019；杨运杰，2020；李井林，2021）。白永秀、任保平（1994）认为，明晰产权关系是现代企业制度的一个核心问题，黄少安（2018）认同国有企业改革的核心是产权改革，聂辉华等（2008）利用面板数据回归方法检验“产权论”和“市场论”这两种观点后表明，私营产权明显好于国有产权，因此国有企业改革的重点应该是产权改革。

另一种观点是部分学者表现出对国有企业混合所有制改革的担忧，不认为产权是最佳路径。林毅夫等（1995）认为，“产权不明晰”并不是国有企业经营出现问题的根本原因，改革的核心问题是如何创造公平的竞争环境。顾海良（1995）认为，公司制不是唯一的制度创新形式，建立现代企业制度不是要求所有企业都实行公司制。周新城（2000、2016）认为，不同的所有制有不同的产权理论，不能依据西方所有制产权理论来理解我国全民所有制改革，提出引入非公资本不是让非公资本控制国有资本，谨防以推行混合所有制为名削弱国有经济；逄锦聚（1999）认为，只有私有化才能使产权明晰的观点是一种误解，私有化确实能实现产权明晰，但是产权明晰不要求生产资料私有，在公有制下一样可以产权明晰；吴易风（2005）对我国一些学者照搬西方产权清晰理论的情况进行了评价，认为我国的国有企业改革要消除西方产权理论带来的误导，坚持公有制的主体地位；程恩富（2018）批驳了国有企业混合所有制改革主要是引入非公资本和放弃国家绝对控股越多越好的观点；陈林（2021）认为，国有企业混合所有制改革不等同于国有企业改革的全部，不能简单地认为只有推进混合所有制改革才是深化国有企业改革，也不能片面地以混合所有制改革的数量、比例、进度、范围等作为国企改革的标识。程恩富等（2012）对“国有企业全面退出竞争领域”的观点进行了反驳，指出不能以西方国家国有经济比重为标准来判断和调整我国国有经济的比重。卫兴华（2016）认为，要区分社会主义国有经济和资本主义国有经济的不同处，清楚地认识到国有经济的重要地位，不能朝“国退民进”的方向发展。盖凯程（2019）认为，“国进民退”就是一个伪命题。

2.2.2 关于国有企业混合所有制改革的现状及有关问题研究

（1）一些学者认为国有企业实施混合所有制改革后

绩效显著提升（刘汉民，2018；张伟，2019；韩沚清，2019；杨万寿，2021），国有企业冗余雇员程度缓解（张伟华，2021）。

（2）国有企业混合所有制改革现状（李红娟，2017；袁惊柱，2019；马光威，2018），国有企业由单一所有权结构向产权多元化转变（杨瑞龙，2018），中国国有企业改革已进入深水区（马光威，2018）。

（3）国有企业混合所有制改革存在的问题：①改革面临的外部环境艰难（李笑一，2017）；顶层设计需完善，实操难度大（范莹霞，2021），国家混合所有制改革配套文件衔接性较差（李红娟，2017），地方政府的配套政策体系需改进（陈福中，2021），等等。②企业内部问题，如，国有企业自身运行效率低（刘小玄，2000；杨静，2021），混合所有制改革产权不明晰，公司治理机制不健全，股本架构设计不合理（林莞娟，2016；綦好东 等，2017；王绍丽，2021）；企业制度与文化难以融合（朱海强，2019；梁志杰 等，2021），企业资本性质、目的、功能、利益代表和多元企业文化的不同，决定了企业价值观的不同或对立（龙斧，2017；李红娟，2017；何瑛，2021）；国有企业去行政化以及国有企业职工身份转换问题（袁惊柱，2019）。③国有企业混合所有制改革路径不明（马光威，2018）。

（4）国有企业混合所有制改革存在国有资产流失风

险（李笑一，2017；大卫·科茨，2015）。黄群慧等（2020）通过研究发现了一个非常突出的问题是“混而未改”，即国有企业混合所有制改革从股权上完成了国有和非国有股份的混合，但是公司治理结构、国资委管理方式并没有发生根本性变化。

2.2.3 关于国有企业混合所有制改革路径的政策建议研究

国内学者对国有企业混合所有制改革路径的一个代表性观点是产权改革，如改变股权结构（厉以宁，2014；王子林，2017；刘孟晖，2018；马光威，2018；陈林，2021）；引入战略投资者（朱炜，2021）；员工持股（丁然，2018）；法人治理（郑红亮，2018；张雷声，2019；徐光伟，2019）；科学有效的公司治理结构（夏冰，2020；范玉仙，2021；郑志刚，2021）；等等。卫兴华（2015）认为混合所有制改革的关键是看控股权。国有企业混合所有制改革必须警惕国有资产流失和变相私有化问题（周新城，2014；何自力，2014），政府应加强国资监管（李政，2019；廖红伟，2021），避免出现侵吞国有资产的情况（程恩富，2015）。孟捷（2019）认为，政治权力、政治关系能够推动生产关系的改变，意识形态作为一种权力关系、即作为生产关系的建构性原则的意义体现在，一旦改变某种经济意识形态，同时也就改变了经济本身。谢富胜（2019）认为确保社会主义市场经济沿着正确方向发展必须坚持党的领导。马连福等（2013、2014）运用实证检验，证明了把党组织嵌入公司治理结构之中有积极作用。

2.3 研究述评

纵览国内外混合所有制改革的相关研究，学术界进行了深入探讨，丰硕的研究成果也为本书奠定了坚实基础。但是在一些问题上，还需要在理论上进一步研究或完善：

其一，改革开放 40 多年来，中国国有企业改革走上了一条与众不同的改革路径，取得了非凡成就，中国的改革实践需要新的理论解释。混合所有制的核心其实是生产资料的归属问题，之前国有企业混合所有制改革主要是从管理学角度或者应用经济学的模型构建、计量分析方面进行研究，没有从政治经济学生产力与生产关系这个视角来进行研究。因此，符合我国国情的国有企业混合所有制改革理论还有待补充和完善。

其二，从国企改革实践、大量调研结果来看，尽管多家国企实施了战略重组、改制上市或引入投资者等方法，但国企改革向前推进艰难，其中一个重要原因就是混合所有制改革中仍有一些难点瓶颈问题（如公司治理、不同经济主体的深度融合等）没有得到解决，表明已有的国有企业混合所有制改革路径需要创新和完善。

其三，之前有研究提出国有企业混合所有制改革公司治理有待完善，但是如何进一步完善混合所有制下的公司治理则缺乏理论层面的指导和具备可操作性的实施建议。对于推进国有企业混合所有制改革应把握的主线、难点，混合所有制改革企业中控制权的归属等重要问题，还未有探讨。

3　研究的理论基础

3.1　核心概念

3.1.1　所有制

所有制是指一定社会中因占有生产资料和劳动产品而发生的经济关系，是一个经济主体对生产资料的占有、使用和支配权。所有制反映了社会生产中人们在占有物质生产资料方面的相互关系及社会生产关系，是社会生产关系的核心和基础，它决定着人们在社会生产中的相互关系和产品分配的形式。

所有制形式主要有公有制和私有制。历史上曾依次出现过原始公社所有制、奴隶主所有制、封建等级所有制、资本主义所有制和社会主义所有制五种所有制形态。所有制包括生产资料公有制和生产资料私有制，生产资料所有制形式取决于社会生产力的性质和发展水平。所有权制度是阶级社会中所有制关系的主要法律反映，它们是上层建筑与经济基础的关系。

公有制是指国家、集体或社会组织占有生产资料的所有权，生产资料的使用和支配权也由相应的公有制主体行使。公有制的优点在于，能够调动全民的积极性，实现资源的合理配置，推动经济的长期发展。在社会主义初级阶段，公有制在国民经济中占据着主导地位。

私有制是指私人、家庭、企业等个人或组织占有生产资料的所有权，生产资料的使用和支配权由相应的非公有制主体行使。私有制的优点在于，能够比较好地发挥市场机制，增强经济活力，促进就业和创新，但同时也存在着资本主义的弊端，需要通过政策引导和法律监管来规范。

3.1.2 产权

1. 产权的定义

关于产权的定义，德姆塞茨、诺斯、菲吕博腾与配杰威齐、阿尔钦等诸多西方学者都从不同角度对产权的概念进行过诠释。其中，菲吕博腾对产权的阐述最接近本质，他认为产权不是人与物之间的关系，而是人与人之间的关系，它是一系列用来确定每个人相对于稀缺资源使用时的地位的经济和社会关系。中国的产权概念源于西方，但中国的学术界给出了不完全相同的定义。比如，“所谓财产权，就是广义的所有权，简称产权[①]”“广义的产权和广义的所有权在内涵上可以相等[②]”“产权，就是行为的选择权”等。概括起来，产权是经济所有制关系的法律表现形式，包括财产的所有权、支配权、收益权和让渡权。产权是用来巩固和规范商品经济中的财产关系，约束人的经济行为，维护商品经济秩序，保证商品经济顺利运行法权工具。现在的产权，一般是财产和权利的简称，包括财产和权利两要素[③]。产权是指人们对其财产所享有的占有、使用、收益和处分的权利，是一种财产权利，是人类在改造客观世界中为满足自己生产和生活需要而对资源进行的支配[④]。

产权理论是新制度经济学中备受关注的重要分支，该理论的核心问题在于如何界定产权内涵。经济学家们从不同的角度和表达方式出发，在产权和制度领域探讨了产权的内涵。科斯认为，产权是因财产存在和使用而形成的相互认可的行为规范，以及明确的权力、任务和责任归属。Furubotn 和 Pejovich 在 1972 年进一步指出，稀缺资源的存在和使用所引起的一系列经济和社会关系

---

① 吴宣恭．论法人财产权［J］．中国社会科学，1995（2）：26．

② 程恩富．西方产权理论评析［M］．北京：当代中国出版社，1997：74．

③ 崔培．现代产权理论建立产权明晰的国有企业制度分析［J］．活力，2022，621（8）：133-135．

④ 王继翔．我国国防军工企业制度创新研究［D］．成都：西南财经大学，2010．

是产权的本质，产权不仅划分了财产的归属，还规定了人们之间的行为规范和权利关系。

Alchian 和 Demsetz 认为，产权是指所有者在资源稀缺的情况下使用资源的规则和条件。这种权利具有社会强制性，是一种具有经济品用途选择权的权利。产权的所有者在遵循法律和道德规范的基础上，享有对经济品进行使用、转让以及获取收益的权利。Demsetz 将产权看作一种社会工具，有助于引导人们形成对未来交易的合理预期，完成外部性的内在化。综上所述，产权作为一种排他性权利，是市场交易的前提条件，规定了人们之间交易的行为规范，以确保交易公平进行。

科斯定理是产权理论的核心，认为当外部性问题在交易成本为零的完全竞争市场中时，可以得到很好的解决，而资源配置效率与产权的界定无关。然而，在现实生活中，由于存在交易成本，不同的产权界定方式会导致不同的资源配置和交易成本出现，从而影响资源的配置效率。因此，明确界定产权的权利边界非常重要，可以促进不同产权或主体之间的权利关系明确，从而实现资源配置效率的不断优化。

2. 产权的基本功能

产权是指所有者对其财产享有占有、使用、收益和处分的权利，这种权利是一种独占性的经济权利。它的基本功能包括以下几点：

第一，确定产权可以减少不确定性，提高经济活动的稳定水平。不确定性指经济活动中影响稳定性的各种随机因素。若无明确产权，则资源使用与交易存在不确定性，引起相关主体对资源的不同理解与预期，进而产生冲突。产权明确后，产权主体可依据其最大化利益目标配置与利用可支配资源。这不仅增强了产权主体对资产所有权的确定性，还可实现资源的科学合理配置。

第二，确定产权能够激励和约束产权主体，从而促进经济活动的高效和公正。通过明确产权关系，可以提高产权主体的积极性和自我调节能力。确定产权能够激励产权主体。因为产权明确，产权主体可以清晰地知道自己拥有的资源和权利，以及对资源和权利的使用和交易应满足的责任和义务。这样可以使得产权主体有更高的信心和动力，从而利用资源和权利获取更高的收益。确定产权也能够约束产权主体。因为产权明确，产权主体知道对资源和权利的使用和交易必须满足相应的法律规定和规则。这样可以使得产权主体更加自觉地去遵守这些规则，从而保证产权主体对资源和权利的使用和交易是合法和公正的。

第三，确定产权能够促进市场化的资源配置，提高资源配置效率，从而提高经济的效率和效益。市场是由产权主体的供求关系驱动的，如果产权不确定，产权主体不敢进行生产和交易，市场就不能正常运转。确定产权能够明确产权主体的权利和义务，使得产权主体可以积极参与市场活动，从而促进市场的有效配置。产权确定后，产权主体可以更加有效地利用和开发资源，因为产权主体知道对于资源的利用将会得到回报，这将激励产权主体去更加有效地利用资源。同时，确定产权也可以防止产权主体浪费和滥用资源，从而提高资源的利用效率。

总之，产权制度可以减少不确定性，激励与约束产权主体，以及促进市场资源高效配置，提高经济活动的稳定性、效率与效益。

3.2 国有企业混合所有制改革的相关理论

3.2.1 产权改革理论

1. 产权与激励

在各种制度中，产权可以说是最重要的制度安排，它是人们在追求自身利益最大化的过程中，相互博弈、协调并最终相互认可的结果。产权制度使人们的行为得到约束、规制，交易成本得以减少，人们获益的同时社会经济秩序也在客观上得到了协调。产权制度的基础是一组关于产权的法律规定，它界定了社会成员运用特别资产权利的外围。产权不仅提供了影响经济绩效的行为的激励，而且决定了谁是经济活动的主角并因此决定着社会财富的分配[①]。由于资源的稀缺性，争夺资源的行为不可避免必须被约束，因而产权的基本功能是引导在更大程度上实现外部性的内部化的动力[②]。具体来说，产权的主要功能在于降低交易成本、激励和有效配置资源，而激励是其核心[③]。

产权的激励功能体现在产权配置的效益能提供足够大的激励，因为产权关系实际上是一种物质利益分配关系，是整个利益关系的核心或基础。迄今任何社会利益关系，都受产权关系的制约。可以说，有什么样的产权关系就有什么样的利益关系。产权常常是利益分配的依据，产权的激励功能就是通过利益机制得到实现[④]，产权制度的最大意义在于能尽量使经济行为的外部性和各种利益内在化。通过法律确认和保护财产主体，使当事人谋得自身利益，从而激发当事主体的内在动力。按照哈代-格拉斯曼的新产权理论，产权更新配置后所产生的价值大于原分别控制的产权的价值时，即“1+1>2”，产权更新配置便产生效益。产权的激励作用体现在现代

---

① 周其仁. 农地产权与征地制度［M］//产权与制度变迁：中国改革的经验研究. 北京：北京大学出版社，2004：83.

② 德姆塞茨. 关于产权的理论［M］//现代制度经济学. 北京：中国发展出版社，2009：88；钱伟荣. 国有企业产权改革研究［M］. 北京：经济管理出版社，2003：42.

③ 王继翔. 我国国防军工企业制度创新研究［D］. 成都：西南财经大学，2010.

④ 钱伟荣. 国有企业产权改革研究［M］. 北京：经济管理出版社，2003：42.

公司制度中委托-代理关系的处理上。当今无论什么性质的企业，都存在委托代理问题。由于代理人与委托人目标函数不一致，信息的非对称性和道德风险等因素使代理人经常做出不利于委托人利益的决策和行为，解决代理问题的实质就是解决激励问题。激励措施有多种，最根本的其实是产权激励，因为没有任何一项管理比得上把财产归属自己管理来得更有动力①。

2. 产权与企业制度

企业制度是一个企业治理、运行的基本保障。企业制度是企业产权制度、经营管理制度和企业组织经营模式的总和。企业制度的核心是产权制度，经营管理制度和企业组织经营模式都是以产权制度为基础的。现代社会化大生产和市场经济体制要求建立现代企业制度，而现代企业制度的一个主要特征就是产权归属清晰，即清晰界定各类财产所有权的具体所有者，这就要求产权具体实现过程中各相关主体权利到位，责任落实，通过实现产权的最大收益调动相关方的积极性。

国有企业需要建立现代企业制度完善治理结构，其途径首要就是改革企业产权制度，理顺国有企业产权关系，处理好国家所有权与企业法人财产权的关系。在产权明晰的情形下，违背契约的风险成本将远高于潜在收

① 王继翔. 我国国防军工企业制度创新研究［D］. 成都：西南财经大学，2010.

益的现值，因而明晰的产权关系必然会对当事人理性的行为产生有效约束。反之，缺乏风险约束的企业可以“负盈不负亏”，把企业亏损的债务包袱推给国家或者拖欠其他企业的债务，而当事人本身却未受到市场的相应处罚，最终是国家在为亏损承担无限责任。因而，产权制度改革有必要在产权关系上明确企业承担的债务责任和破产责任。此外，为了适应现代市场经济对产权独立与产权自由转让的要求，也必须确立企业稳定运行必备的产权基础。因此，产权制度是现代企业之本，产权明晰是权责明确的基础，产权制度改革是国有企业建立现代企业制度的关键。对于产权关系长期含混不清的企业来说，产权制度创新将是其制度创新的首要环节[①]。

3.2.2 资源基础观理论

1984 年，沃纳菲尔特发表了《企业的资源基础观》，开创了资源基础观和企业核心竞争理论的新纪元。在社会生产实践中，人们发现不同企业之间存在着巨大的绩效差异，而这种差异无法很好地用现有的产业组织理论进行解释。而在资源基础观理论中，企业被视为各种不同类型资源的集合[②]。由于各种因素的影响，不同

① 王继翔. 我国国防军工企业制度创新研究［D］. 成都：西南财经大学，2010.

② 杨跃. 连锁董事网络与企业绩效关系研究：基于多元化战略选择的视角［D］. 杭州：浙江大学，2011.

企业拥有的资源并不相同，这种不同被称为资源的异质性。根据资源基础观，企业资源的异质性是造成不同企业之间竞争力差异的主要原因。

沃纳菲尔特认为企业资源是能够展现企业核心竞争力的任何事物，这些资源能够转化为企业独特的能力。然而，并非所有的资源都能成为企业竞争优势的基础。根据资源基础理论，只有当一种资源具备四个特征（VRIN）时，才能成为企业竞争优势的基础。其中，V代表价值，即这种资源具有价值，是执行企业战略、构想、提高企业效能和效率的基础。如果一种资源没有价值，那么其对企业来说就没有意义。R代表稀缺性，表明这种资源是稀有的。如果一种资源不是稀缺的而是被大量企业所持有，即使它具有价值，它也不能为企业带来独特的能力和持续的竞争优势。为了成为企业竞争优势的基础，一种资源必须具备四个特征（VRIN）中的I（imperfectly imitable），即无法被完全仿制。如果一个企业拥有无法被其他企业完全仿制的资源，则该独特性将为其带来相应的优势，这些资源被称为"非可替代资源"（non-substitutable），简称N。如果一种资源有可以复制的代替品并且不稀缺，那么这种资源对企业的意义将大大降低。当四种条件都得到满足的资源，就很有可能帮助企业实现持续的竞争优势。如果只满足VRIN中的一部分条件，那么就只能为企业提供临时的竞争优势。这种竞争优势可能会随着时间和技术的发展而被竞争对手替代，企业的竞争优势也将不复存在。根据资源基础理论的 VRIN 观点，Barney 认为企业应特别重视知识产权、组织文化和隐性知识等资源，这样才有可能实现企业的持续竞争优势[①]。

前文已阐述异质性资源对企业的重要性，那么如何进行资源管理以实现和扩大企业的竞争优势呢？根据资源基础理论，企业必须满足四个条件：资源异质性、资源流动受限、事前限制竞争和事后限制竞争。具体而言，这意味着企业必须拥有独特而非常有价值的资源，这些资源在市场上不易受到替代；这些资源必须在企业内部流动受到限制，以防止竞争对手获取这些资源；同时，企业必须采取一些事前和事后的措施来限制竞争，例如专利、技术保密、品牌宣传等，以维护自身的竞争优势。

基于资源基础观理论基本假设，生产所需的能力和资源束都是异质的。资源禀赋丰富的企业可以在竞争中保持盈亏平衡。Peteraf 认为，因为企业具有稀缺的优质资源，使得其生产成本更低，能够获得超额利润，所以获得李嘉图租金的核心在于提高企业的效率[②]。为了防

① BARNEY J，WRIGHT M，KETCHEN D J. The resource-based view of the firm：ten years after 1991 [J]. Journal of Management，2001，27 (6)：625-641.

② PETERAF M A. The cornerstones of competitive advantage：a resource-based view [J]. Strategic Management Journal，1993，14 (3)：179-191.

止竞争削减租金，企业必须要通过竞争限制来保证自己的超额利润。事前竞争限制是指在市场上开始竞争之前实施限制措施，以防止竞争者进入市场，保护创新和知识产权，确保企业有足够的时间来收回研发成本，避免事前竞争成本抵消租金。在事前竞争有限的情况下，企业才可以得到优势资源。事后竞争限制是指在市场上竞争已经存在的情况下，为了阻止或限制竞争者的行为而采取的措施，事后竞争限制能够防止租金被摊薄。资源流动性受限意味着某些可交易的资源被留存在特定企业中，因为它们在该企业内部的价值比在外部更高。这种限制的原因可能是由于资源无法交易或者机会成本过高。由于资源的机会成本低于其当前用途的价值，因此资源的流动性受到了限制。流动性受限的资源在一方面为企业所用，而在另一方面其租金则为企业所享。总之，如果企业满足这个竞争优势模型中全部四个条件，那么企业能够享有持续的超额利润回报。资源基础模型能够让企业的管理者清晰地了解到企业所拥有的各种资源的区别，更好地进行企业资源管理和战略布局。

3.2.3 公司治理理论

在公司治理理论领域，一些学者认为公司治理是为了实现企业特定目标而制定的制度安排，主要关注经济利益的实现。另一些学者则认为公司治理的主要目标在于保护外部投资者的利益，避免内部人员侵害其权益。此外，还有一些学者将公司治理定义为股东用来对管理层施加影响的工具和机制，以实现股东利益最大化。而另一些学者则强调公司治理需要关注各方利益相关者之间的相互作用，探究公司决策的实际受益者。

公司治理结构引发关注是因为所有权和经营权分离引起了代理问题，即企业决策的受益者和实际受益者不一致会产生治理问题。因此，公司治理结构主要关注企业决策的实际受益者是谁以及如何解决代理问题，这使得治理结构的优化变得至关重要。治理结构的优化还需要考虑外部制度、经济、文化等因素，以吸引股东积极投资。

公司治理机制是指为解决代理冲突而建立的一系列制度或机制。这些机制包括内部治理机制，如薪酬体系设计和董事会人员配置，以及外部治理机制，如企业控制权市场和产品竞争市场[①]。与治理结构不同，治理机制的目标是集中精力解决管理者（代理人）的激励问题，以鼓励他们对企业的经营管理认真负责。

1. 信息不对称理论

假设有一家公司 A，该公司的管理者有内部信息，例如未来预期收益情况、财务状况等，而股东没有这样

① 何. 国企改革的四个阶段 [J]. 中国记者，1999 (8)：1.

的信息。在这种情况下，管理者可能不基于公司和股东的最佳利益决策，而是根据自己的利益决策。例如，管理者可能决定在公司未来的财务状况不佳时，投资一项风险较高的项目，以提高自己的报酬。这种情况就是信息不对称，因为管理者拥有的信息多于股东，这可能导致不公平的决策和不利于公司和股东的结果。因此，公司治理中的信息透明度和公正无疑很重要。

1970 年，美国经济学家 Akerlof 提出了信息不对称理论[①]。他认为，在商品交易市场上，买卖双方，即生产者和消费者持有的产品质量信息不对等。商家拥有更多更准确的产品信息，而消费者掌握的信息有限，导致信息不对称，使得消费者降低购买价格以避免可能带来的风险损失，进而导致商家不愿意提供较高质量的产品，出现劣品驱逐良品的逆向选择问题[②]，从而给市场的有效运行带来不利影响。信息不对称的问题不仅局限于商品交易市场，还存在于劳动力市场、金融市场甚至在单个企业的运行中。在双方交易过程中，处于信息优势的一方可以通过向信息劣势方传递可靠信息来获取收益，且交易主体所拥有的信息量与其承担的风险相互关联。

---

① 韩敏．中国式融资融券与企业债务成本［D］．广州：暨南大学，2018.

② 任保显．中国省域经济高质量发展水平测度及实现路径：基于使用价值的微观视角［J］．中国软科学，2020，358（10）：175-183.

所有权和经营权分离在单个企业特别是国有企业中非常重要。管理者、控股股东、企业内部人员相对于股东、中小股东和外部债权人都更加真实地了解企业的经营状况和外部环境，这种信息不对称会导致信息优势的一方滥用其独特的信息为个人谋求利益，损害其他利益相关者的利益[①]，从而导致“逆向选择”问题。为了解决信息不对称问题，国有企业应通过混合所有制改革优化企业的内部治理机制，改善信息披露的状况，约束信息劣势方的私利行为，从而提高企业内部资源配置效率，提高外部投资者决策的有效性，并避免市场失灵问题。

2. 高管激励相容理论和高阶梯队理论

激励相容理论最初由哈维茨提出。在市场经济中，理性的经济人通常会追求自身的利益，因为个人的行为往往遵循自身的利益规则。如果能够设计一种制度或安排，使得个人追求自身利益的行为与企业追求集体利益的最大化目标相一致，那么这种制度或安排就被称为“激励相容”。现代经济学理论和实践表明，“激励相容”原则可以有效地解决个人利益与集体利益之间的冲突和矛盾。这意味着，让每个员工在为企业做出贡献的同时也实现个人事业的成就，即个人利益和集体利益的

① 董成惠. 从信息不对称看消费者知情权[J]. 海南大学学报（人文社会科学版），2006（1）：42-47.

两个目标实现一致化。实施这个理论可以让企业的集体利益最大化，同时让员工在为企业做出贡献时获得个人的成就感。

其次，激励是一个经济学和管理学中的重要概念。罗宾斯认为，激励是一种意愿，可以促使人们为实现组织目标而进行高水平的努力，但这种努力必须建立在满足个体某些需要的前提下。相比之下，李中义则认为激励可以分为正向激励和负向激励，并包括奖励和惩罚。在国有企业改革中，激励问题是一个不可回避的难题。激励约束机制主要研究的问题包括：给谁发工资、设定什么目标、如何确定工资水平以及如何发放工资。该机制是一个联动的体系，可以理解为一个多因素、多要素相互制约且在明确目标规范下的能动组合。

在高管激励方面，我国目前以薪酬激励为主。对于国有企业混合所有制改革来说，这存在一定的风险。但是如果只依靠混合所有制改革成功后的金融资产投机收益作为回报，可能会出现收益不足以弥补风险的情况。采用薪酬激励机制可以帮助解决这种失衡问题。实行较高的薪酬激励制度的企业，更有助于彰显金融化的资金蓄水池效应，从而促进国有企业混合所有制改革成功进行。

最后，再介绍一下高阶梯队理论。高阶梯队理论由 Hambrick 和 Mason 在 1984 年提出。这一理论的主要观点是：

在相同的组织环境和战略信息下，不同高管所做出的战略选择以及对信息的解读是有差异的[①]。这意味着，即使面对相同的外部环境和信息，高管们的个人经验、认知偏见和心理特征等因素也会影响他们的决策过程和结果。这些差异部分源于高管的个人经历、价值观、认知和个人特征[②]。这一点表明，高管的个人背景和经历对他们的决策和行为产生了重要的影响。例如，一个高管的文化背景和职业经历可能会导致他们更倾向于采取某种特定的管理风格或战略决策。

这个观点强调了高阶梯队内部差异的重要性，并指出这些差异可能会影响组织的战略决策和绩效。因此高阶梯队理论提醒我们需要更加关注高管团队内部成员之间的个体差异，以更好地理解和管理组织内部的决策过程和表现。

公司治理理论中的激励相容理论是指如何通过公司治理结构设计来激励公司的主体（如股东、经理和员工）在利益相关者的利益与公司长远利益相一致的前提下做出决策。公司的股东和管理层之间的利益冲突可以通过恰当的激励机制得到解决，从而保证公司的治理效率。这个理论认为，通过设计合理的激励机制，公司可

---

① 马睿. 产业政策与企业脱虚向实：内在机理与实证检验［D］. 郑州：河南财经政法大学，2020.

② 黄浩鑫. 高管海外经历、内部控制与企业绩效［D］. 广州：暨南大学，2020.

以将管理层的目标与公司股东的利益相结合，使得公司在管理层的努力下实现更优的绩效。公司治理结构中的激励相容理论强调，股东和经理等公司主体之间的关系应该是相互促进和相互约束的关系，而不是相互冲突的关系。因此，公司治理结构应该以激励主体在公司利益和利益相关者利益相一致的前提下行动为目标。例如，通过增加经理对公司股票的持股，可以使经理的利益与股东的利益更加一致，从而促进经理为公司的长远利益做出贡献。此外，通过设立员工股权激励计划，可以使员工的利益与公司的利益相一致，促使员工为公司的成功而努力工作。

3.2.4 论生产力与生产关系矛盾运动规律理论

生产力与生产关系矛盾运动规律是马克思主义政治经济学的基本理论之一，它是对人类社会发展历史的运动规律的科学概括。生产力是人类在生产实践中形成的改造和影响自然以使其适合社会需要的物质力量，包括生产者、劳动资料和劳动对象。生产关系是人们在物质生产过程中形成的不以人的意志为转移的经济关系，包括生产资料所有制关系、生产中人与人的关系和产品分配关系。

马克思指出：“为了进行生产，人们相互之间便发生一定的联系和关系；只有在这些社会联系和社会关系的范围内，才会有他们对自然界的影响，才会有生产。”[①] 生产关系是社会关系中最基本的关系，政治关系、家庭关系、宗教关系等其他社会关系，都受生产关系的支配和制约[②]。马克思在其著名的《〈政治经济学批判〉序言》中，从唯物史观的角度阐述了生产力与生产关系的对立统一关系，并指出：“人们在自己生活的社会生产中发生一定的、必然的、不以他们的意志为转移的关系，即同他们物质生产力的一定发展阶段相适应的生产关系。这些生产关系的总和构成社会的经济结构，即有法律的和政治的上层建筑竖立其上并有一定的社会意识形式与之相适应的现实基础。物质生活的生产方式制约着整个社会生活、政治生活的过程。不是人们的意识决定人们的存在，相反，是人们的社会存在决定人们的意识。社会的物质生产力发展到一定阶段，便同它们一直在其中活动的现存生产关系或财产关系（这是生产关系的法律用语）发生矛盾。于是，这些关系便由生产力的发展形式变成生产力的桎梏。那时社会革命的时代就到来了。”[③]

生产力与生产关系的相互关系是：生产力决定生产关系，而生产关系又反作用于生产力。生产力与生产关

---

① 马克思，恩格斯. 马克思恩格斯选集：第 1 卷［M］. 北京：人民出版社，2012：340.
② 本书编写组. 马克思主义基本原理［M］. 北京：高等教育出版社，2023：134.
③ 马克思，恩格斯. 马克思恩格斯文集：第 2 卷［M］. 北京：人民出版社，2009：597.

系之间的矛盾是社会发展的基本矛盾，是社会发展的动力，是社会发展的基础，是推动社会向前发展的力量。生产力状况决定生产关系的性质、决定生产关系的变化，生产关系制约着生产力的发展。当生产关系适合生产力发展的客观要求时，对生产力的发展起推动作用；当生产关系不适合生产力发展的客观要求时，就会阻碍生产力的发展，人们就要变革旧的生产关系，建立新的生产关系，以适应生产力的发展。生产力与生产关系的相互作用表现为二者的矛盾运动，这种矛盾运动存在内在的、本质的、必然的联系，就是生产关系一定要适合生产力状况的规律①。

生产力与生产关系矛盾的运动规律为我们带来了以下启示：

第一，生产力是社会发展的基础，是推动社会向前发展的力量。人类社会生产力水平的提高是一个长期的、不断推进的过程，它需要不断地改进生产技术、提高劳动生产率、创新生产方式等。

第二，生产关系对生产力有制约作用。生产力的发展需要有与之相适应的生产关系，否则就会产生矛盾，从而阻碍社会的进一步发展。生产关系的变革是生产力发展的必然要求，只有不断改进生产关系，才能更好地

① 本书编写组. 马克思主义基本原理［M］. 北京：高等教育出版社，2021：135-136.

发挥生产力的作用。但是由于生产关系的惯性和阻力，它们不可能随着生产力的发展而自然发生变化，必须进行革命性的变化。这种变化往往需要通过阶级斗争来实现。

第三，生产力与生产关系矛盾是社会发展的动力，通过生产力与生产关系之间的矛盾运动，推动社会不断向前发展。生产力与生产关系矛盾的解决是社会发展的必然趋势。生产力与生产关系之间的矛盾只有通过改革或革命才能解决，从而推动社会不断向前发展。生产力与生产关系的矛盾解决的过程，实际上就是社会发展的历史进程。

3.3 国有企业混合所有制改革政策梳理及分析

国有企业混合所有制改革是我国经济体制改革的重要组成部分，是深化国有企业改革、完善社会主义市场经济体制的重要举措。在中国特色社会主义市场经济发展进程中，国有企业的改革始终处于核心地位。混合所有制作为一种兼具国有经济与市场经济优势的所有制形式，近年来受到了理论界和实践界的高度关注。

从历史视角看，中国国有企业改革经历了放权让利、转换经营机制、建立现代企业制度等多个阶段。党的十八大以来，混合所有制改革逐渐成为国有企业改革的主要方向和重点领域。2013 年，党的十八届三中全会提出“积极发展混合所有制经济”，将混合所有制经济提升到了前所未有的战略高度。此后，中央和地方陆续出台了一系列政策文件，以推动国有企业混合所有制改革向纵深发展。

从理论层面看，混合所有制改革是对传统公有制理论的创新发展，体现了社会主义市场经济条件下所有制结构的多元化趋势。混合所有制通过引入多元化的资本和治理主体，有助于克服单一所有制的固有缺陷，优化资源配置效率，提升企业市场竞争力。同时，混合所有制也是探索国有资本保值增值和放大国有资本功能的重要途径，有助于解决国有企业效率不高、创新动力不足等问题。

从实践层面看，混合所有制改革是解决国有企业当前面临的诸多挑战的现实选择。在市场竞争日益激烈、经济结构转型升级、全球化深入发展的背景下，国有企业亟须通过改革提升自身活力和竞争力。混合所有制改革通过引入多元投资主体，可以优化企业股权结构，完善公司治理机制，转变经营机制，激发企业内生动力，提高资源配置效率和企业经营绩效。

研究国有企业混合所有制改革政策，梳理和分析中央与地方的改革政策体系，有助于把握国有企业改革的政策脉络和演进趋势，为进一步深化国有企业改革提供政策参考和实践指导。本书通过系统梳理中央层面和四川省国有企业混合所有制改革政策，比较分析政策目标、内容和实施效果的异同与协同，旨在为完善国有企业混合所有制改革政策体系、推动国有企业改革向纵深发展提供思路和建议。

3.3.1 中央层面国有企业混合所有制改革政策

3.3.1.1 《关于深化国有企业改革的指导意见》

1. 政策出台背景

（1）总体要求的理论阐释

《关于深化国有企业改革的指导意见》（以下简称《指导意见》）提出的总体要求不仅是对国有企业改革方向的宏观指引，还体现了深刻的理论内涵。“坚持社会主义市场经济改革方向”强调了改革的政治原则和制度基础，体现了以公有制为主体、多种所有制经济共同发展的基本经济制度；“适应市场化、现代化、国际化新形势”反映了改革的时代背景和国际视野，表明国有企业改革必须与全球经济一体化趋势相适应；“以解放生产力、提高竞争力为导向”则明确了改革的根本目标和价值取向，体现了马克思主义关于生产力和生产关系辩证关系的基本原理；“推动国有企业做强做优做大”

强调了改革不是弱化国有经济，而是要增强国有经济的实力和竞争力；“不断增强国有经济活力、控制力、影响力和抗风险能力”则从国民经济整体层面界定了国有企业改革的战略目标，体现了国有经济在国民经济中的主导作用。

（2）分类改革的理论基础与实践创新

国有企业分类改革是《指导意见》的重要创新点，其理论基础在于认识到不同类型国有企业在国民经济中承担着不同的功能和使命，因此需要采取差异化的改革策略。将国有企业分为商业类和公益类，并对商业类国有企业进一步细分，这种分类改革方法打破了过去“一刀切”的改革模式，体现了辩证唯物主义的具体问题具体分析方法。

商业类国有企业以市场化为导向，强调增强活力、放大功能、保值增值，符合市场经济的运行规律；公益类国有企业则以保障民生、服务社会为导向，引入市场机制提高效率，体现了社会主义制度的公平和福利取向。这种分类改革既尊重市场经济规律，又体现了社会主义制度优越性，是中国特色社会主义市场经济理论在国有企业改革中的具体运用。

2. 政策主要内容

（1）现代企业制度的理论内涵与制度创新

完善现代企业制度是国有企业改革的核心内容，其理论基础在于产权理论、委托代理理论和公司治理理论。《指导意见》强调依法落实企业法人财产权和经营自主权，健全公司治理结构，完善市场化选人用人机制和薪酬分配制度，这些内容旨在解决国有企业中存在的产权不清晰、权责不明确、激励不充分、约束不到位等问题。

制度创新方面，《指导意见》提出了与社会主义市场经济相适应的国有企业领导人员管理体制机制，强调加强企业内部监督制约，完善企业内部审计、企业法律顾问和职工民主监督等制度。这些制度创新措施针对性强，具有较强的可操作性，有助于推动国有企业建立规范的现代企业制度。

（2）国有资产管理体制改革的理论基础与实践路径

国有资产管理体制改革的理论基础在于国有资产产权理论和公共治理理论。《指导意见》提出以管资本为主加强国有资产监管，改革国有资本授权经营体制，组建若干国有资本运营公司，支持有条件的国有企业改组为国有资本投资公司。这些改革措施体现了从微观管理向宏观管理、从管企业向管资本的转变，符合政企分开、政资分开的改革方向。

实践路径上，《指导意见》强调推进国有资产监管机构职能转变，建立监管权力清单和责任清单，实施经营性国有资产集中统一监管。这些措施旨在提高国有资产监管的科学性和有效性，解决监管缺位与越位并存、监管手段单一、监管效能不高等问题。

（3）混合所有制改革的理论依据与实践探索

混合所有制改革的理论依据在于所有制结构多元化理论和产权结构优化理论。《指导意见》提出鼓励非国有资本参与国有企业混合所有制改革，鼓励国有企业通过多种方式参股非国有企业，支持集体资本参与国有企业混合所有制改革，引入外资参与国有企业重组改制，探索实行混合所有制企业员工持股。这些改革措施旨在通过所有制结构的多元化，优化企业治理结构，提高企业经营效率和市场竞争力。

实践探索方面，《指导意见》对混合所有制企业实行市场化薪酬分配制度，建立健全与劳动力市场基本适应、与企业经济效益和劳动生产率挂钩的工资决定和增长机制。这些措施体现了市场化导向，有助于激发混合所有制企业的内生动力和创造活力。

3. 政策影响与意义

（1）理论层面的突破与创新

《指导意见》在理论层面取得了重要突破，深化了对国有企业改革的理论认识，丰富了社会主义市场经济理论体系。一方面，它明确了国有企业改革的市场化方向，强调了市场在资源配置中的决定性作用，体现了市场经济的基本规律；另一方面，它注重发挥政府的引导和规范作用，体现了社会主义制度的优越性。这种结合打破了传统的所有制理论框架，为探索中国特色社会主义市场经济条件下的国有企业改革提供了新的理论视角。

（2）制度层面的系统性变革

在制度层面，《指导意见》构建了一个相对完整的国有企业改革制度体系，涵盖了企业分类、公司治理、资产管理、混合所有制等多个方面。这些制度安排相互配套、相互支撑，形成了系统性的制度变革。特别是分类改革、以管资本为主、混合所有制改革等制度创新，突破了传统国有企业改革的制度束缚，为国有企业的转型发展提供了新的制度空间。这种系统性制度变革有助于解决国有企业改革中的深层次矛盾和问题，推动国有企业改革向纵深发展。

（3）实践层面的引领与推动

在实践层面，《指导意见》为国有企业改革提供了明确的行动指南，引领着国有企业改革的实践探索。自《指导意见》出台以来，各级政府和国有企业积极落实改革要求，在企业分类、完善治理、混合所有制改革等方面取得了显著成效。一些中央企业和地方国有企业通过混合所有制改革，优化了股权结构，完善了治理机制，提高了经营效率，增强了市场竞争力。这些改革实践不仅推动了国有企业自身的转型发展，也为国民经济的转型升级提供了重要支撑。

3.3.1.2 《国务院关于国有企业发展混合所有制经济的意见》

1. 政策出台背景

（1）政策连续性与深化性分析

《国务院关于国有企业发展混合所有制经济的意见》（以下简称《混合所有制意见》）是在《关于深化国有企业改革的指导意见》基础上的进一步深化和细化。这种政策连续性体现了国有企业改革的系统性和持续性，表明混合所有制改革已经成为国有企业改革的主要方向和重点领域。从时间脉络看，《混合所有制意见》出台于 2015 年 9 月，比《指导意见》晚几个月，这种时间上的衔接反映了政策制定的逻辑性和计划性。

（2）国内外经济环境分析

《混合所有制意见》出台时，国内经济面临着较大的下行压力，经济增速持续放缓，产业结构优化升级和经济转型发展的任务十分紧迫。国际上，世界经济复苏乏力，贸易保护主义抬头，经济全球化面临挑战。在这种国内外经济环境下，推动国有企业发展混合所有制经济，既是应对经济下行压力、提升国有企业竞争力的现实需要，也是顺应国际产业分工深化、促进国有企业参与国际竞争的战略选择。

（3）理论基础与实践探索分析

《混合所有制意见》的理论基础是马克思主义政治经济学和中国特色社会主义经济理论，特别是在所有制理论和企业理论方面有所创新和发展。混合所有制理论认为，在社会主义市场经济条件下，通过不同所有制资本的交叉持股、相互融合，可以优化资源配置，提高企业效率，实现各种所有制资本的优势互补和共同发展。这种理论创新突破了传统所有制理论的局限，为国有企业改革提供了新的理论视角。

在实践层面，《混合所有制意见》出台前，已有一些地方和企业开展了混合所有制改革的实践探索，积累了一定的经验。如一些中央企业和地方国有企业通过上市、引入战略投资者等方式，实现了股权多元化，取得了良好的改革效果。这些实践经验为《混合所有制意见》的制定提供了重要参考和实践基础。

2. 政策主要内容

（1）分层分类推进混合所有制改革的深度解析

《混合所有制意见》提出分层分类推进混合所有制改革，这一改革策略体现了辩证唯物主义的具体问题具体分析方法，也体现了改革的精准性和针对性。从企业性质看，国有企业分为商业类和公益类；从行业领域看，商业类国有企业进一步分为充分竞争行业和领域的企业、关系国家安全和国民经济命脉的重要行业和关键领域的企业、主要承担重大专项任务的企业；从企业层级看，则区分了集团公司层面和子公司层面。这种多维度的分类方法，使改革更加符合不同类型和层级国有企业的特点和需求，有利于提高改革的精准性和有效性。

在改革路径上，对于不同类型和层级的国有企业，《混合所有制意见》提出了差异化的改革策略：对于充分竞争行业的商业类国有企业，鼓励引入各类资本，放开国有资本持股比例限制；对于关系国家安全和国民经济命脉的重要行业的商业类国有企业，保持国有资本控股地位，支持非国有资本参股；对于公益类国有企业，则根据不同业务特点，推进具备条件的企业实现投资主体多元化，鼓励非国有企业参与经营。这种差异化的改革策略，既符合不同类型企业的功能定位和使命要求，又能够最大程度地发挥混合所有制改革的积极效应。

（2）多元资本参与机制的理论依据与实施路径

《混合所有制意见》鼓励各类资本参与国有企业混合所有制改革，这一政策导向的理论依据在于资本优势互补和协同发展理论。不同性质的资本具有不同的特点和优势：国有资本具有规模大、实力强、公信力高等优势；民营资本具有机制灵活、创新活跃、市场反应迅速等优势；外资则具有先进技术、管理经验和国际市场网络等优势。通过多元资本的参与和融合，可以实现优势互补，提高企业的综合竞争力。

在实施路径上，《混合所有制意见》提出了多种操作方式，如出资入股、收购股权、认购可转债、股权置换等，为各类资本参与国有企业混合所有制改革提供了多样化的选择。同时，鼓励国有企业通过多种方式参股非国有企业，这种双向混合的思路，有助于促进国有资本与非国有资本的深度融合，形成良性互动的发展格局。针对集体资本和外资，《混合所有制意见》也提出了支持其参与国有企业混合所有制改革的具体措施，这种开放包容的态度，有利于吸引更多资本参与改革，扩大改革的覆盖面和影响力。

（3）治理机制创新的理论基础与制度设计

建立健全混合所有制企业治理机制的理论基础在于现代企业理论和公司治理理论。现代企业理论强调产权明晰、权责明确、政企分开、管理科学；公司治理理论则强调股东会、董事会、监事会和经理层的权责分工与制衡机制。《混合所有制意见》基于这些理论，提出了混合所有制企业治理机制的创新思路，即在坚持党的领导的前提下，建立健全现代企业制度，形成定位清晰、权责对等、运转协调、制衡有效的法人治理结构。

在制度设计上，《混合所有制意见》强调混合所有制企业要依法建立股东会、董事会、监事会和经理层，完善公司章程，明确各治理主体的权责边界和工作规则，建立规范高效的运行机制。同时，强调充分发挥企业党组织在混合所有制企业中的政治核心作用，坚持党的建设与企业改革同步谋划、同步开展，确保国有企业党组织在混合所有制企业中有效发挥作用。这种制度设计既体现了现代企业制度的基本要求，又体现了中国特色社会主义企业制度的政治优势，是对现代企业治理理论的创新发展。

（4）操作流程规范的法理依据与实施细则

建立依法合规的操作流程的法理依据在于法治原则和程序正义理念。法治原则要求改革必须在法律框架内进行，尊重法律规定的权利义务关系和程序要求；程序正义理念则强调通过公正、公开、透明的程序来保障实质公正的实现。《混合所有制意见》基于这些法理原则，提出了规范国有企业混合所有制改革操作流程的具体要求。

在实施细则上，《混合所有制意见》强调严格按照相关法律法规和制度规定，履行决策审批程序，做好清产核资、财务审计、资产评估等工作，确保改革依法合规、公开透明。同时，要求建立健全清产核资、财务审计、资产评估、产权交易等制度，防止国有资产流失。这些细则性规定旨在规范混合所有制改革的操作行为，保障改革的合法性和规范性，防范改革风险，保护各方的合法权益。

（5）政策法规完善的系统性考量与配套措施

完善相关政策法规的系统性考量在于认识到混合所有制改革是一项系统工程，需要多方面政策的协同配合和制度环境的整体优化。《混合所有制意见》从反垄断执法、员工激励机制、税收政策、社会保险体系等多个方面，提出了完善相关政策法规的具体措施，旨在为混合所有制改革创造良好的政策环境和制度条件。

在配套措施上，《混合所有制意见》强调加强反垄断执法，防止市场垄断，维护公平竞争的市场环境；建立混合所有制企业员工激励机制，鼓励员工持股，激发企业活力；明确涉及混合所有制改革的相关税收政策，减轻企业负担；完善混合所有制企业员工的社会保险关系转移接续政策，保障员工权益。这些配套措施形成了一个相互支撑、相互协调的政策体系，为混合所有制改革提供了全方位的政策支持。

3. 政策影响与意义

（1）推动国有企业战略布局优化和结构调整

《混合所有制意见》的实施，推动了国有企业战略布局的优化和结构调整。通过分层分类推进混合所有制改革，国有资本逐步从一般竞争性领域退出或减持，向关系国家安全、国民经济命脉的重要行业和关键领域、战略性新兴产业等领域集中，形成了更加合理的国有经济布局。这种战略调整有利于提高国有资本配置效率，增强国有经济的控制力和影响力，推动国民经济结构的优化升级。

具体来看，一些国有企业通过混合所有制改革，实现了产业结构的优化和业务重组，剥离了非主业资产，聚焦主业发展，提高了企业的专业化水平和核心竞争力。同时，一些国有企业通过混合所有制改革，进入了新兴产业和高科技领域，实现了产业升级和转型发展，为国民经济高质量发展提供了新的增长点。

（2）提升国有企业治理效能和市场竞争力

《混合所有制意见》强调建立健全混合所有制企业治理机制，这一政策导向推动了国有企业治理效能的提升和市场竞争力的增强。通过引入多元投资主体，特别是具有市场化基因的民营资本和具有先进管理经验的外资，混合所有制企业的公司治理结构得到了优化，治理机制更加市场化和规范化，决策效率和质量得到提高。

在市场竞争力方面，混合所有制改革通过优化资源配置、引入先进技术和管理经验、激发企业创新动力等途径，提升了国有企业的市场竞争力。一些混合所有制企业在改革后，产品质量、技术创新、市场拓展等方面取得了明显进步，企业业绩和市场份额得到提升，国际竞争力也有所增强。这种竞争力的提升，有助于国有企业在日益激烈的市场竞争中保持优势，实现可持续发展。

（3）促进各类资本协同发展和融合共进

《混合所有制意见》鼓励各类资本参与国有企业混合所有制改革，这一政策导向促进了各类资本的协同发展和融合共进。国有资本、民营资本、外资等不同性质的资本通过交叉持股、相互融合，形成了优势互补、相互促进的发展格局。国有资本的规模优势、资源优势与民营资本的创新活力、市场敏锐度相结合，产生了“1+1>2”的协同效应，推动了企业的快速发展和综合竞争力的提升。

在实践中，一些混合所有制企业通过吸收不同性质的资本参与，实现了资源共享、优势互补、互利共赢。例如，一些国有企业通过引入民营战略投资者，获得了市场拓展、技术创新等方面的支持和帮助；一些民营企业通过与国有企业合作，获得了资金支持、品牌影响力等方面的提升。这种多种所有制经济的交叉融合，有力地促进了各类资本的共同发展，为中国经济的高质量发展提供了新的动力源泉。

（4）完善社会主义市场经济体制的重要举措

从更宏观的层面看，《混合所有制意见》的出台和实施是完善社会主义市场经济体制的重要举措。混合所有制经济作为社会主义基本经济制度的重要实现形式，是公有制为主体、多种所有制经济共同发展基本经济制度的有机组成部分。《混合所有制意见》通过推动国有企业混合所有制改革，促进了不同所有制经济的融合发展，优化了社会主义市场经济的微观基础，完善了社会主义市场经济体制。

在制度创新方面，《混合所有制意见》提出的混合所有制企业治理机制、员工持股等制度安排，是对社会主义市场经济体制的丰富和完善。这些制度创新不仅有助于解决国有企业改革中的具体问题，也为社会主义市场经济体制的完善提供了新的思路和方案。从长远看，混合所有制改革的深入推进，将为构建更加完善的社会主义市场经济体制，实现经济高质量发展奠定坚实基础。

3.3.1.3 《关于深化混合所有制改革试点若干政策的意见》

1. 政策出台背景

（1）试点探索与问题导向

《关于深化混合所有制改革试点若干政策的意见》的出台背景具有鲜明的试点探索特征和问题导向。2016年，国家发展改革委会同有关部门启动了国有企业混合所有制改革试点工作，第一批试点企业包括东航物流、中国联通、中国电力等，通过试点探索积累了一定的经验。在试点过程中，也暴露出一些需要进一步明确和细化的政策问题，如土地处置、养老保险关系接续、员工持股、国资监管、党建工作等方面的具体政策需要进一步明确。针对这些问题，《关于深化混合所有制改革试点若干政策的意见》应运而生，旨在为试点企业提供更加明确和具体的政策指导。

（2）政策衔接与深化发展

《关于深化混合所有制改革试点若干政策的意见》是在《关于深化国有企业改革的指导意见》和《国务院关于国有企业发展混合所有制经济的意见》基础上的进一步细化和深化。这种政策衔接体现了国有企业混合所有制改革政策体系的逐步完善和深化发展。从时间上看，《深化混合所有制改革试点若干政策的意见》出台于2017年，比前两个政策晚一年多，这种时间序列反映了政策制定的循序渐进和实践导向。

（3）国内经济形势与改革需求

2017年，中国经济正处于转型升级的关键期，供给侧结构性改革深入推进，经济发展的内在动力和活力亟待增强。国有企业作为国民经济的重要支柱，面临着提质增效、转型升级的紧迫任务。在这一背景下，深化混合所有制改革试点，探索更加有效的改革路径和方式，对于激发国有企业活力、提升国有经济竞争力具有重要意义。《关于深化混合所有制改革试点若干政策的意见》的出台，正是为了回应这一时期国有企业改革的现实需求和挑战。

2. 政策主要内容

（1）土地处置与变更登记的政策创新与实施机制

土地处置和变更登记是混合所有制改革中的重要环节，涉及企业资产的评估作价和改革成本的控制。《关于深化混合所有制改革试点若干政策的意见》在这一方面的政策创新主要体现在：一是明确了不同类型土地的处置方式，包括国有划拨土地作价出资（入股）、授权经营土地评估作价入股或出租、出让土地处置等，为不同情况下的土地处置提供了政策依据；二是简化了土地变更登记程序，提高了变更登记效率，降低了改革的时间成本和行政成本。

在实施机制上，《关于深化混合所有制改革试点若干政策的意见》强调了部门协作和流程优化，要求国土资源部门与企业改革部门加强协调配合，简化审批手续，提高办事效率。同时，明确了土地处置中的定价原则和评估要求，确保土地处置公平、公正、透明，防止国有资产流失。这些机制安排有助于解决混合所有制改革中土地处置的难点问题，降低改革成本，提高改革效率。

（2）员工基本养老保险关系接续的政策保障与操作规范

员工基本养老保险关系接续是混合所有制改革中涉及员工切身利益的重要问题。《关于深化混合所有制改革试点若干政策的意见》在这一方面的政策保障主要体现在：一是明确了员工基本养老保险关系接续的基本原则，即确保员工的养老保险权益不受损害；二是规定了养老保险关系转移接续的具体程序和要求，为混合所有制改革中的养老保险关系接续提供了操作指南。

在操作规范上，《关于深化混合所有制改革试点若干政策的意见》要求国有企业在混合所有制改革过程中，严格按照国家有关规定，做好员工基本养老保险关系的接续工作。对于因混合所有制改革导致员工工作岗位变动的，要按照规定办理养老保险关系的转移接续手续，保证员工养老保险待遇的连续性。这些规范性要求有助于保障员工的合法权益，维护员工队伍的稳定，为混合所有制改革创造良好的内部环境。

（3）混合所有制企业员工持股的理论基础与实施指南

员工持股是混合所有制改革的重要内容，也是激发企业内生动力的有效机制。《关于深化混合所有制改革试点若干政策的意见》在这一方面的理论基础是产权激励理论和人力资本理论。产权激励理论认为，通过赋予员工所有权，可以有效地将员工的个人利益与企业的整体利益结合起来，激发员工的工作积极性和创造性；人力资本理论则强调人力资本的价值和贡献，认为员工持股是对人力资本价值的一种认可和激励。

在实施指南上，《关于深化混合所有制改革试点若干政策的意见》明确了混合所有制企业员工持股的基本原则、持有方式、入股价格、持股比例等具体政策。强调员工持股要遵循依法合规、公开透明、增量引入、利益共享、风险共担、以岗定股、动态调整等原则，建立健全员工持股的内部管理制度，规范员工持股行为。这些指南性规定为混合所有制企业实施员工持股提供了具体的操作依据，有助于规范员工持股行为，发挥员工持股的激励作用。

（4）国资监管机构职能转变的理论依据与实践路径

国资监管机构职能转变是混合所有制改革的配套措施，也是推动国有资产监管体制改革的重要内容。《关于深化混合所有制改革试点若干政策的意见》在这一方面的理论依据是现代政府治理理论和公共管理理论。现代政府治理理论强调简政放权、放管结合、优化服务，减少对市场主体的直接干预；公共管理理论则强调提高政府管理的效率和效能，优化公共资源的配置和利用。

在实践路径上，《关于深化混合所有制改革试点若干政策的意见》要求国资监管机构以管资本为主加强国有资产监管，转变监管职能和方式，优化监管流程，提高监管效率。具体而言，国资监管机构要依法履行出资人职责，加强对国有资本的监管，防止国有资产流失，同时要尊重企业的市场主体地位，减少对企业的直接干预，为企业创造良好的发展环境。这种实践路径有助于推动国资监管从“管企业”向“管资本”转变，提高国有资产监管的科学性和有效性。

（5）混合所有制企业党建工作的政治意义与实施策略

混合所有制企业党建工作是确保党的领导在企业改革中的核心地位，为企业改革提供政治保障的重要措施。《关于深化混合所有制改革试点若干政策的意见》强调党建工作在混合所有制企业中的重要性，这一政策导向的政治意义在于：一是确保党对国有企业的领导不因所有制结构的变化而弱化；二是通过党建工作，把党的政治优势转化为企业的发展优势，为企业改革发展提供强大动力。

在实施策略上，《关于深化混合所有制改革试点若干政策的意见》要求在混合所有制改革过程中，同步设置或调整党的组织，理顺党组织隶属关系，明确党组织的职责权限，充分发挥党组织在企业中的领导核心作用和党员的先锋模范作用，确保党的路线方针政策在混合所有制企业中得到贯彻执行。这些策略性安排有助于解决混合所有制企业党建工作中的具体问题，确保党建工作与企业改革同步推进、相互促进。

3. 政策影响与意义

（1）破解改革痛点难点，推动试点工作深入开展

《关于深化混合所有制改革试点若干政策的意见》

针对混合所有制改革试点中的痛点难点问题，提出了具体的解决措施和政策指导，这对推动试点工作深入开展具有重要意义。通过明确土地处置、养老保险关系接续、员工持股、国资监管、党建工作等方面的政策，解决了试点企业在改革过程中遇到的实际困难和问题，降低了改革阻力，提高了改革的可行性和操作性。

从实践效果看，《关于深化混合所有制改革试点若干政策的意见》出台后，混合所有制改革试点工作取得了明显进展。第一批试点企业基本完成了混合所有制改革，第二批、第三批试点企业也陆续启动和推进。一些试点企业通过混合所有制改革，引入了战略投资者，优化了股权结构，完善了治理机制，提高了经营效率，改革成效显著。这些成功的试点案例为全面推进混合所有制改革积累了宝贵经验，提供了有益借鉴。

（2）增强政策协同性，构建系统性改革框架

《关于深化混合所有制改革试点若干政策的意见》与前期的《关于深化国有企业改革的指导意见》和《国务院关于国有企业发展混合所有制经济的意见》形成了逻辑严密、层次清晰的政策体系，增强了政策的协同性，构建了系统性的改革框架。这三个政策文件分别从宏观、中观和微观层面，对国有企业混合所有制改革进行了全方位的政策指导，形成了从总体要求到具体操作的完整政策链条。

这种系统性的政策框架有助于各地区、各部门、各企业在推进混合所有制改革时，形成政策合力，避免政策碎片化和执行偏差。同时，也有助于改革主体全面理解和把握混合所有制改革的政策要求和操作规范，提高改革的科学性和规范性。从长远看，这种系统性的政策框架为混合所有制改革的持续深入提供了稳定的政策环境和制度保障。

（3）保障改革规范有序，防范改革风险

《关于深化混合所有制改革试点若干政策的意见》强调了混合所有制改革的规范性和合法性，要求严格遵守相关法律法规和制度规定，履行必要的程序和手续，这对于保障改革规范有序进行、防范改革风险具有重要意义。通过明确土地处置、资产评估、产权交易等环节的规范要求，建立了防止国有资产流失的制度屏障；通过规范员工持股、养老保险关系接续等方面的政策，保障了员工权益，防范了劳资纠纷风险；通过强调党建工作，确保了改革的政治方向。

这些规范性要求有助于防范混合所有制改革中可能出现的各种风险，如国有资产流失风险、劳资纠纷风险、公司治理风险等，确保改革在风险可控的前提下稳步推进。从实践来看，《关于深化混合所有制改革试点若干政策的意见》出台后，混合所有制改革的规范性和透明度有所提高，改革风险得到有效控制，改革进程更加平稳有序。

（4）丰富改革实践经验，为全面推进改革奠定基础

《关于深化混合所有制改革试点若干政策的意见》通过支持和指导混合所有制改革试点工作，丰富了改革实践经验，为全面推进混合所有制改革奠定了实践基础。试点企业在《关于深化混合所有制改革试点若干政策的意见》指导下，探索了不同类型、不同领域、不同层级国有企业的混合所有制改革路径和方式，积累了丰富的实践经验和案例，为其他企业提供了有益借鉴。

这些实践经验不仅包括改革的成功做法和经验，也包括改革中遇到的问题和解决方案，对于全面推进混合所有制改革具有重要的参考价值。从政策演进来看，《关于深化混合所有制改革试点若干政策的意见》的实施为后续的《中央企业混合所有制改革操作指引》等政策文件的制定提供了实践基础，推动了混合所有制改革政策体系的进一步完善和成熟。

3.3.1.4 《中央企业混合所有制改革操作指引》

1. 政策出台背景

（1）实践经验总结与制度化需求

《中央企业混合所有制改革操作指引》（以下简称《操作指引》）的出台是对前期混合所有制改革实践经验的总结和提炼，也是对混合所有制改革制度化、规范化需求的回应。截至 2019 年，中央企业混合所有制改

革已经取得了一定的进展，积累了丰富的实践经验。一方面，一些中央企业通过混合所有制改革，引入了战略投资者，优化了股权结构，完善了治理机制，提高了经营效率，取得了积极成效；另一方面，在改革过程中也暴露出一些问题，如操作流程不够规范、决策程序不够完善、改革风险防控不够到位等。这些实践经验和问题为《操作指引》的制定提供了现实基础和问题导向。

（2）政策体系完善与操作规范需求

《操作指引》的出台是混合所有制改革政策体系完善的重要环节，也是对混合所有制改革操作规范需求的回应。前期的《关于深化国有企业改革的指导意见》《国务院关于国有企业发展混合所有制经济的意见》《关于深化混合所有制改革试点若干政策的意见》等政策文件，从宏观到中观对混合所有制改革进行了政策指导，但在微观操作层面还需要更加具体和详细的指导。《操作指引》正是对这一需求的回应，它从操作流程、工作规范、风险防控等方面，为中央企业混合所有制改革提供了详细的操作指南，填补了政策体系中的操作性空白。

（3）深化改革形势与规范操作需求

2019 年，中国经济面临的国内外环境更加复杂严峻，经济下行压力加大，深化国有企业改革、激发市场活力的任务更加紧迫。同时，随着混合所有制改革的深入推进，改革的复杂性和难度也在增加，对改革操作的规范性和科学性提出了更高要求。在这一背景下，制定一份详细、具体、可操作的混合所有制改革操作指引，对于指导中央企业规范开展混合所有制改革，防范改革风险，提高改革质量和效果具有重要意义。

2. 政策主要内容

（1）基本原则的理论解析与实践意义

《操作指引》提出的基本原则包括依法合规、平等保护产权、同股同权、公开公平公正等，这些原则的理论基础是市场经济理论、产权理论和法治理论。市场经济理论强调市场在资源配置中的决定性作用，平等保护各类市场主体的合法权益；产权理论强调产权的明晰性和平等保护，反对所有制歧视；法治理论则强调法律面前人人平等，依法保护各类市场主体的合法权益。

这些基本原则在实践中具有重要意义：依法合规原则确保改革在法律框架内进行，防范法律风险；平等保护产权原则有助于消除非国有资本参与混合所有制改革的顾虑，提高改革的吸引力；同股同权原则保障了各类股东的平等地位，有利于形成有效的公司治理机制；公开公平公正原则则确保改革过程的透明度和公正性，防止暗箱操作和利益输送。这些原则的确立和实施，为中央企业混合所有制改革提供了基本的行为准则和价值导向。

（2）基本流程的系统设计与操作规范

《操作指引》明确了中央企业混合所有制改革的基本操作流程，包括可行性研究、制定改革方案、履行决策审批程序、开展审计评估、引进非公资本投资者、推进企业运营机制改革等基本环节。这种系统设计体现了改革的整体性和连续性，确保改革的各个环节相互衔接、相互支撑。

在操作规范上，《操作指引》对每个环节的主要工作内容、规定和要求进行了详细说明，如可行性研究要分析企业现状、明确改革目标、评估改革风险等；制定改革方案要明确改革方式、引资方向、估值定价、股权结构等；履行决策审批程序要按照"三重一大"决策制度，履行企业内部决策程序和国资监管部门审批程序等。这些操作规范的明确，有助于中央企业在推进混合所有制改革过程中，按照规定的流程和要求开展工作，提高改革的规范性和科学性。

（3）重点关注问题的深度剖析与防范措施

《操作指引》强调了在混合所有制改革过程中要重点关注的问题，如规范混合所有制改革操作流程，防止国有资产流失；优化股权结构，引入战略投资者，促进各类资本优势互补；完善公司治理结构，建立现代企业制度；深化企业内部体制机制改革，激发企业活力和创造力等。这些重点问题的提出，体现了对混合所有制改革核心目标和关键环节的准确把握。

在防范措施上，《操作指引》提出了一系列具体要求和措施，如严格履行资产评估和产权交易程序，确保资产定价公允；规范引入战略投资者的条件和程序，确保引入的投资者有利于企业发展；完善公司章程，明确各治理主体的权责边界，建立有效的制衡机制；深化内部薪酬分配制度改革，建立与市场接轨的激励约束机制等。这些防范措施有针对性地解决了混合所有制改革中的关键问题，有助于防范改革风险，提高改革质量。

（4）政策支持的多元体系与协同效应

《操作指引》对混合所有制改革涉及的相关政策进行了梳理和明确，包括财税支持政策、土地处置政策、金融支持政策等。这种多元政策支持体系体现了对混合所有制改革的全方位支持，也体现了不同政策之间的协同配合。

财税支持政策主要包括企业改制重组税收优惠、非货币性资产投资税收政策、员工持股税收政策等，这些政策有助于降低企业改革成本，提高改革积极性；土地处置政策主要包括划拨土地处置、授权经营土地使用权处置等，这些政策有助于解决企业改革中的土地问题，降低改革阻力；金融支持政策主要包括提供多元化融资渠道、支持混合所有制企业上市融资等，这些政策有助于解决企业改革中的资金问题，为改革提供资金支持。

这些政策支持措施形成了相互支撑、相互促进的政策合力，为混合所有制改革创造了良好的政策环境。

3. 政策影响与意义

（1）提升改革操作规范性，降低改革风险

《操作指引》的出台，提升了混合所有制改革的操作规范性，降低了改革风险。通过明确改革的基本原则、操作流程、重点问题和防范措施，《操作指引》为中央企业混合所有制改革提供了清晰的操作指南和规范标准，使企业在推进改革过程中有章可循、有规可依，避免了改革操作的随意性和盲目性。

在风险防控方面，《操作指引》重点强调了防止国有资产流失、规范决策程序、加强信息披露等要求，建立了多层次、全方位的风险防控体系。这种风险防控机制的建立，有助于防范混合所有制改革中可能出现的资产流失、决策失误、信息不对称等风险，确保改革在风险可控的前提下稳步推进。从实践效果看，《操作指引》出台后，中央企业混合所有制改革的规范性和安全性有所提高，改革风险得到有效控制。

（2）增强改革政策协同性，形成改革合力

《操作指引》作为混合所有制改革政策体系的重要组成部分，与前期的《关于深化国有企业改革的指导意见》《国务院关于国有企业发展混合所有制经济的意见》《关于深化混合所有制改革试点若干政策的意见》等政策文件形成了逻辑严密、层次清晰的政策体系，增强了政策的协同性，形成了改革合力。这种政策协同表现在总体要求、基本原则、改革方向等方面的一致性，也表现在宏观政策、中观政策和微观操作之间的衔接性。

政策协同的影响主要体现在两个方面：一方面，政策协同使各地区、各部门、各企业在推进混合所有制改革时，形成了统一的认识和行动，避免了政策理解和执行的偏差，提高了改革的协调性和一致性；另一方面，政策协同使改革的不同环节和不同领域之间形成了良性互动和相互支撑，提高了改革的整体效果和系统性。从长远看，这种政策协同有助于构建更加完善的混合所有制改革政策体系，为改革的深入推进提供坚实的政策保障。

（3）推动改革由试点向全面推进转变，实现规模效应

《操作指引》的出台，标志着中央企业混合所有制改革由试点探索阶段向全面推进阶段转变，开始实现规模效应。在《操作指引》出台前，中央企业混合所有制改革主要以试点方式推进，范围相对有限，影响力有限；《操作指引》出台后，为更多中央企业开展混合所有制改革提供了操作指南和政策支持，推动了改革的全面铺开和深入推进。

这种由试点向全面推进的转变，使混合所有制改革

的覆盖面和影响力显著扩大，开始实现规模效应。一方面，更多的中央企业参与到混合所有制改革中来，改革的规模和范围不断扩大；另一方面，不同企业之间的改革经验和做法相互借鉴、相互促进，形成了良性互动和示范效应。这种规模效应的实现，有助于推动中央企业混合所有制改革向纵深发展，提高改革的整体成效和影响力。

（4）完善国有企业改革制度体系，增强制度保障

从更宏观的层面看，《操作指引》的出台是完善国有企业改革制度体系、增强制度保障的重要举措。《操作指引》作为国有企业混合所有制改革的专业性操作指南，填补了混合所有制改革在操作层面的政策空白，使国有企业改革政策体系更加完整和系统。

这种制度完善的影响主要体现在三个方面：一是增强了改革的可操作性和可执行性，使改革政策从宏观指导转化为具体行动；二是提高了改革的制度化和规范化水平，使改革在制度框架内有序推进；三是增强了改革的稳定性和可持续性，为改革的长期推进提供了制度保障。从长远看，这种制度完善有助于构建更加科学、完善的国有企业改革制度体系，为国有企业的改革发展提供强有力的制度支撑。

3.3.2 四川省国有企业混合所有制改革政策

3.3.2.1《四川省省属国有企业发展混合所有制经济实施方案》

1. 政策出台背景

（1）四川省经济发展环境与国有企业现状

四川省作为西部大省，近年来经济发展势头良好，但也面临着产业结构调整、经济动能转换、区域发展不平衡等挑战。省属国有企业作为四川省经济的重要支柱，在推动经济发展、保障民生、促进区域协调发展等方面发挥着重要作用。然而，四川省省属国有企业也存在着体制机制不够灵活、创新能力不强、市场竞争力不足等问题，亟须通过深化改革激发活力，提升竞争力。

从国有企业现状看，四川省省属国有企业主要分布在能源、交通、建筑、医药、旅游等行业，行业覆盖面广，但存在着产业结构不够优化、资源配置效率不高、管理水平有待提升等问题。这些问题在一定程度上制约了省属国有企业的发展，也影响了四川省经济的转型升级和高质量发展。在这一背景下，推动省属国有企业发展混合所有制经济，成为破解发展难题、推动改革深化的重要选择。

（2）响应中央改革部署的区域化实践

《四川省省属国有企业发展混合所有制经济实施方

案》（以下简称《实施方案》）的出台，是对中央关于深化国有企业改革决策部署的积极响应和区域化实践。2015年，中共中央、国务院相继出台了《关于深化国有企业改革的指导意见》和《国务院关于国有企业发展混合所有制经济的意见》，为国有企业改革特别是混合所有制改革提供了政策指导。四川省在贯彻落实中央精神的基础上，结合省情和省属国有企业实际，制定了具有地方特色的实施方案，推动中央改革部署在四川落地生根。

（3）四川省国企改革历程与理论基础

《实施方案》的出台，建立在四川省国有企业改革历程和理论创新的基础上。自20世纪90年代以来，四川省国有企业改革经历了放权让利、转换经营机制、建立现代企业制度等多个阶段，积累了丰富的改革经验。特别是近年来，四川省在国有企业分类改革、国有资产管理体制改革、国有企业公司治理改革等方面进行了积极探索，为混合所有制改革奠定了实践基础。

在理论基础方面，该实施方案借鉴了现代企业理论、产权理论、公司治理理论等经济学理论，同时结合了四川省区域经济发展理论和国有企业管理实践，形成了具有地方特色的改革理论框架。这种理论创新为四川省推进省属国有企业混合所有制改革提供了思想指导和理论支撑。

2. 政策主要内容

（1）指导思想和基本原则的理论内涵与价值取向

《实施方案》提出的指导思想和基本原则，体现了深刻的理论内涵和鲜明的价值取向。在指导思想上，坚持以邓小平理论、“三个代表”重要思想、科学发展观为指导，深入贯彻习近平总书记系列重要讲话精神，这表明了改革的政治方向和理论基础；按照党中央、国务院和省委、省政府关于深化国有企业改革的决策部署，体现了改革的政策连续性和系统性；以解放和发展生产力、提高国有资本运营效率、实现国有资产保值增值为目标，明确了改革的根本目的和价值取向。

在基本原则上，“四个有利于”标准（有利于国有资本保值增值，有利于提高国有经济竞争力，有利于放大国有资本功能，有利于国有企业转换经营机制）体现了改革的价值判断和效果导向。这种价值取向强调了改革不是弱化国有经济，而是要通过改革增强国有经济的活力和竞争力，实现国有资本的保值增值和功能放大。同时，这种价值取向也体现了市场导向和效率优先的改革思路，强调通过转换经营机制，提高国有企业的市场竞争力和运营效率。

（2）总体目标和主要任务的战略规划与实施路径

《实施方案》明确的总体目标是到2020年，省属国有企业混合所有制经济发展的重点领域和关键环节改革取得明显进展，国有资本功能进一步放大，国有经济活力、控制力、影响力和抗风险能力明显增强。这一目标设定体现了战略规划的前瞻性和系统性，既明确了改革的时间节点，又明确了改革的质量要求和效果导向。

在主要任务方面，《实施方案》提出推进省属国有企业集团公司和子公司层面混合所有制改革，鼓励非国有资本参与省属国有企业混合所有制改革，支持省属国有企业通过多种方式参股非国有企业，探索完善优先股和国家特殊管理股制度，推动混合所有制企业建立现代企业制度等。这些任务设定体现了改革的全面性和系统性，涵盖了混合所有制改革的各个方面和环节。

在实施路径上，《实施方案》采取了分类推进、试点先行、重点突破的策略，对不同类型、不同行业、不同层级的省属国有企业采取差异化的改革措施，有针对性地解决改革中的难点问题。这种实施路径设计体现了改革的科学性和可行性，有助于推动改革的有序进行和取得实效。

（3）实施路径和方式的创新性与操作性

《实施方案》提出了省属国有企业发展混合所有制经济的多种实施路径和方式，体现了改革思路的创新性和操作的灵活性。大力推进省属国有企业改制上市，支持符合条件的省属国有企业通过首发上市、整体上市、并购重组等方式实现上市发展，这种资本市场导向的改革路径，有助于提高企业的市场化水平和治理规范性；鼓励省属国有企业通过股权转让、增资扩股、出资新设等方式引入非国有资本，这种多元化的引资方式，为不同情况的企业提供了多样化的改革选择；支持省属国有企业与非国有企业通过股权合作、合资新设等方式，共同设立和发展混合所有制企业，这种合作共赢的改革思路，有助于促进国有资本与非国有资本的优势互补和协同发展；探索实行混合所有制企业员工持股，这种激励约束机制的创新，有助于调动员工积极性，增强企业内生动力。

这些实施路径和方式的设计，既考虑了不同类型企业的实际情况和需求，又考虑了改革的可操作性和实效性，为省属国有企业推进混合所有制改革提供了多样化的选择和灵活的操作空间。同时，这些路径和方式也体现了四川省在借鉴中央政策的基础上的创新和发展，形成了具有地方特色的改革模式。

（4）政策保障和配套措施的系统性与协同性

《实施方案》提出了一系列政策保障和配套措施，体现了改革的系统性和政策的协同性。完善财政、税收、土地等政策，加大对省属国有企业发展混合所有制经济的支持力度，这些财政金融支持政策为改革提供了资金保障和政策激励；加强金融支持，拓宽混合所有制企业融资渠道，这些金融支持措施为改革提供了多元化的融资渠道和金融服务；加快推进省属国有企业分离办社会职能和解决历史遗留问题，这些配套改革措施为混合所有制改革创造了良好条件，减轻了企业的历史包袱和改革阻力；加强组织领导，落实工作责任，这些组织保障措施为改革提供了组织支持和责任保障。

这些政策保障和配套措施形成了一个相互支撑、相互协调的政策体系，为省属国有企业发展混合所有制经济提供了全方位的政策支持和保障。这种系统性的政策设计，有助于解决改革中的各种问题和困难，推动改革的顺利进行和取得实效。同时，这些政策措施也体现了四川省在落实中央政策的基础上的创新和发展，形成了具有地方特色的政策支持体系。

3. 政策影响与意义

（1）推动四川省国有经济布局优化和结构调整

《实施方案》的实施，推动了四川省国有经济布局的优化和结构调整。通过混合所有制改革，省属国有资本逐步从一般竞争性领域退出或减持，向关系国家安全、国民经济命脉的重要行业和关键领域、省内重点发展的战略性新兴产业、区域发展的重点领域等集中，形成了更加合理的省属国有经济布局。

从产业结构看，省属国有资本通过混合所有制改革，增强了在能源、交通、金融等重点领域的控制力和影响力，同时积极布局新一代信息技术、高端装备制造、新能源、新材料等战略性新兴产业，推动了省属国有经济结构的优化升级。从区域布局看，省属国有资本通过混合所有制改革，加强了对成都平原经济区、川南经济区、川东北经济区等重点区域的支持力度，同时增加了对民族地区、贫困地区的投入，促进了区域协调发展。这种国有经济布局的优化和结构调整，有助于提高国有资本配置效率，增强国有经济活力和竞争力，推动四川省经济的高质量发展。

（2）增强四川省属国有企业活力和竞争力

《实施方案》的实施，有效增强了四川省省属国有企业的活力和竞争力。通过引入非国有资本，优化股权结构，完善治理机制，转变经营机制，省属国有企业的市场化水平和经营效率得到了提高，创新能力和市场竞争力得到了增强。

具体表现在以下几个方面：一是公司治理更加规范高效，通过完善公司章程，建立规范的股东会、董事会、监事会和经理层，明确各治理主体的权责边界，提高了企业的决策效率和质量；二是经营机制更加灵活市场化，通过深化内部分配制度改革，建立健全与劳动力市场基本适应、与企业经济效益和劳动生产率挂钩的工资决定和增长机制，增强了企业的内生动力；三是创新能力得到提升，通过混合所有制改革，引入了创新要素和机制，促进了企业的技术创新和管理创新；四是市场竞争力明显增强，通过混合所有制改革，企业的资源整合能力、市场开拓能力和风险应对能力得到提高，市场份额和行业影响力有所扩大。这些变化使省属国有企业在市场竞争中的地位得到巩固和提升，为四川省经济发展提供了更加强有力的支撑。

（3）促进四川省各类所有制经济融合发展

《实施方案》的实施，促进了四川省各类所有制经济的融合发展。通过推动省属国有企业发展混合所有制经济，国有资本、集体资本、非公有资本等不同所有制资本实现了相互渗透、相互融合，形成了优势互补、相互促进的发展格局。

一方面，非公有资本通过参与省属国有企业混合所有制改革，获得了更多的发展机会和资源支持，拓展了发展空间，提升了市场竞争力。另一方面，国有资本通过与非公有资本的融合发展，吸收了市场化的经营理念和管理方式，提高了资本运营效率，放大了国有资本功能。这种所有制融合发展的格局，打破了过去所有制之间的壁垒和隔阂，形成了更加开放包容的经济体系，为四川省经济的持续健康发展提供了新的动力源泉。

从更宏观的层面看，所有制融合发展有助于构建更加完善的社会主义市场经济体制，在坚持公有制为主体的基础上，实现各种所有制经济的共同发展，形成更加充满活力的微观经济主体，为四川省经济的高质量发展提供制度支撑。

（4）探索地方国企改革的“四川模式”

《实施方案》的实施，为地方国有企业改革探索了具有四川特色的改革模式。四川省在推进省属国有企业混合所有制改革过程中，坚持从省情出发，结合省属国有企业的实际情况，探索形成了一系列具有地方特色的改革做法和经验。

这些特色主要体现在以下几个方面：一是注重顶层设计与基层探索相结合，既有省级层面的政策指导和制度安排，又鼓励企业根据自身情况进行改革创新；二是注重改革的分类分层推进，根据不同行业、不同企业的特点，采取差异化的改革策略和措施；三是注重政策的协同配套，形成了财政、税收、金融、土地等多方面政策支持的综合体系；四是注重改革的风险防控，建立了严格的决策程序和监督机制，防止国有资产流失。这些特色做法和经验，构成了地方国有企业改革的“四川模式”，为其他省份的国有企业改革提供了有益借鉴。

从更广泛的意义上看，“四川模式”的探索也是中国特色社会主义市场经济理论在地方实践中的具体运用和创新发展，为丰富和发展中国特色社会主义经济理论做出了贡献。

3.3.2.2 《四川省属国有企业混合所有制改革操作指引》

1. 政策出台背景

（1）四川省混合所有制改革实践与经验总结

《四川省属国有企业混合所有制改革操作指引》（以下简称《操作指引》）的出台建立在四川省混合所有制改革实践和经验总结的基础上。自《四川省省属国有企业发展混合所有制经济实施方案》出台以来，四川省积极推进省属国有企业混合所有制改革，在能源、交通、建筑、医药、旅游等多个领域取得了一定的成效。一些省属国有企业通过混合所有制改革，引入了民营资本和外资，优化了股权结构，完善了治理机制，提高了经营效率，增强了市场竞争力。

这些改革实践积累了丰富的经验，也暴露出一些问题和不足，如操作流程不够规范、决策程序不够完善、改革风险防控不够到位等。《操作指引》正是在总结这些经验和教训的基础上，针对性地提出了规范混合所有制改革操作的具体要求和指导意见，旨在提高改革的规范性和科学性，防范改革风险，提高改革质量和效果。

（2）中央政策落地的地方化转化

《操作指引》的出台是中央政策落地的地方化转化过程。2019 年，国务院国资委出台了《中央企业混合所有制改革操作指引》，为中央企业混合所有制改革提供了详细的操作指南。四川省国资委在借鉴中央政策的基础上，结合四川省省属国有企业的实际情况，制定了具有地方特色的《四川省属国有企业混合所有制改革操作指引》，实现了中央政策的地方化转化。

这种地方化转化不是简单的照搬照抄，而是在遵循中央政策基本精神和原则的基础上，根据地方实际情况进行的创造性转化和创新性发展。《操作指引》既保持了与中央政策的一致性，又体现了地方特色和创新，是中央政策与地方实际相结合的产物。

（3）规范操作需求与风险防控意识

《操作指引》的出台反映了四川省对规范混合所有制改革操作和防控改革风险的强烈需求和高度意识。随着混合所有制改革的推进，改革的复杂性和风险性也在增加，如何确保改革在法律法规框架内进行、如何防止国有资产流失、如何保障各方合法权益等问题，成为改革中需要重点关注和解决的问题。

《操作指引》针对这些问题，提出了一系列规范操作的要求和风险防控的措施，如严格履行决策程序、规范资产评估和产权交易、加强信息披露等。这些要求和措施的提出，体现了四川省对规范混合所有制改革操作和防控改革风险的高度重视，有助于推动混合所有制改革在依法合规、风险可控的前提下稳步推进。

2. 政策主要内容

（1）基本原则的法理依据与价值取向

《操作指引》提出的基本原则包括依法合规、平等保护产权、同股同权、公开公平公正等，这些原则的法理依据是宪法、公司法、物权法等法律法规，以及市场经济的基本规则和原则。宪法规定了平等保护各种所有制经济的基本原则；公司法规定了公司治理的基本框架和规则；物权法则强调了平等保护各类产权的基本原则。这些法律法规为混合所有制改革提供了基本的法律框架和规则。

这些基本原则的价值取向是：一是强调法治原则，要求改革必须在法律框架内进行，遵守法律规定的权利义务关系和程序要求；二是强调产权平等，反对所有制歧视，保障各类所有制企业和资本的平等地位和权益；三是强调市场规则，要求改革必须遵循市场经济的基本规则和原则，尊重市场规律和企业规律；四是强调程序正义，要求改革过程公开、公平、公正，保障各方的知情权和参与权，防止暗箱操作和利益输送。这些价值取向反映了社会主义市场经济的基本要求和原则，也体现了混合所有制改革的本质特征和核心价值。

（2）适用范围的精准划定与实施对象

《操作指引》明确了适用范围，即适用于四川省国资委履行出资人职责的省属国有企业及其各级子企业实施混合所有制改革的操作流程和规范。这种精准划定的意义在于：一是明确了政策的适用主体，避免了政策执行的混乱和偏差；二是确定了政策的调整对象，使政策更具针对性和可操作性；三是界定了政策的实施范围，便于政策的监督和评估。

从实施对象看，《操作指引》覆盖了四川省国资委监管的省属国有企业及其各级子企业，这些企业主要分布在能源、交通、建筑、医药、旅游等行业，是四川省国有经济的重要组成部分。这些企业在市场化程度、竞争状况、改革需求等方面存在差异，《操作指引》考虑到这些差异，提出了分类指导的要求，为不同类型的企业提供了差异化的改革指导，使政策更加符合实际、更具针对性。

（3）操作流程的系统设计与实施步骤

《操作指引》详细规定了四川省属国有企业混合所有制改革的操作流程，包括可行性研究、制定改革方案、履行决策审批程序、开展清产核资、财务审计和资产评估、引进战略投资者或非国有资本、办理产权变更登记和工商变更登记、推进企业运营机制改革等环节。这种系统设计体现了改革的整体性和连续性，确保改革的各个环节相互衔接、相互支撑。

在实施步骤上，《操作指引》对每个环节的具体工作内容、要求和程序进行了详细说明，提供了可操作的指导意见。例如，在可行性研究阶段，要求企业分析自身现状、行业发展趋势、竞争环境等，明确改革目标和预期效果，评估改革风险和应对措施；在制定改革方案阶段，要求明确改革方式、引资方向、估值定价、股权结构等内容，形成详细的改革方案；在决策审批程序方面，要求按照“三重一大”决策制度，履行企业内部决策程序和国资监管部门审批程序。这些具体的指导和要求，为企业推进混合所有制改革提供了清晰的路径和操作指南。

（4）重点关注问题的核心要义与解决路径

《操作指引》强调了在混合所有制改革过程中需要重点关注的问题，如防止国有资产流失、优化股权结构、完善公司治理结构、建立市场化经营机制、加强企业党建工作等。这些重点问题的提出，反映了混合所有制改革的核心目标和关键环节，体现了对改革本质和关键问题的准确把握。

在防止国有资产流失方面，《操作指引》要求严格履行资产评估和产权交易程序，确保资产定价公允；在优化股权结构方面，强调引入战略投资者要有助于提升企业的市场竞争力和发展能力；在完善公司治理结构方面，要求建立健全现代企业制度，形成科学有效的治理机制；在建立市场化经营机制方面，鼓励推行契约化管理、市场化选人用人、差异化薪酬分配等机制；在加强企业党建工作方面，强调党组织在企业中的领导核心作用，确保党的领导有效融入公司治理。这些解决路径针对性强，具有较高的可操作性，有助于企业在混合所有制改革中解决关键问题，实现改革目标。

（5）监督管理的制度安排与责任划分

《操作指引》明确了国资监管机构对省属国有企业混合所有制改革的监督管理职责，建立了多层次、全方位的监督管理体系。这种制度安排的核心在于：一是明确监管职责，即国资监管机构负责对企业混合所有制改革的指导、监督和管理；二是规范监管流程，即按照“事前审批、事中监督、事后评估”的监管流程，对企业混合所有制改革进行全过程监管；三是建立监管机制，如信息报告、定期评估、责任追究等机制，确保监管的有效性和权威性。

在责任划分上，《操作指引》明确了企业和国资监管机构的职责边界：企业是混合所有制改革的责任主体，负责改革方案的制定和实施，并对改革结果负责；国资监管机构是监督管理主体，负责政策指导、监督检查和结果评估。同时，《操作指引》还规定了企业在混合所有制改革过程中的信息披露、档案管理等要求，以加强改革工作的透明度和规范性，便于社会监督和问责。这种责任划分既明确了各方的责任和义务，又形成了相互制衡的监督机制，有助于防范改革风险，确保改革的规范性和有效性。

3. 政策影响与意义

（1）提升改革规范化水平，降低改革风险

《四川省属国有企业混合所有制改革操作指引》的出台，显著提升了四川省省属国有企业混合所有制改革的规范化水平，有效降低了改革风险。通过明确改革的基本原则、操作流程、重点问题和监督管理要求，《操作指引》为省属国有企业混合所有制改革提供了清晰的指导和规范，使企业在推进改革过程中有章可循、有规可依，避免了改革操作的随意性和盲目性。

在风险防控方面，《操作指引》建立了多层次、全方位的风险防控体系，如严格的决策程序、规范的资产评估和产权交易、透明的信息披露等，有效防范了混合所有制改革中可能出现的各种风险，如国有资产流失风险、决策失误风险、信息不对称风险等。从实践效果看，《操作指引》出台后，四川省省属国有企业混合所有制改革的规范性和安全性有所提高，改革风险得到有效控制，改革质量和效果有所提升。

（2）细化省级政策体系，增强政策落地效果

《操作指引》作为《实施方案》的配套文件和操作细则，进一步细化和完善了四川省省属国有企业混合所有制改革的政策体系，增强了政策的落地效果。《实施方案》提出了改革的总体目标、基本原则和主要任务，为改革提供了宏观指导；《操作指引》则从微观操作层

面，详细规定了改革的具体流程、要求和规范，为改革提供了操作指南。这两个政策文件相互配合、相互支撑，形成了从宏观到微观、从原则到细则的完整政策体系。

这种政策体系的完善，有助于增强政策的落地效果。一方面，政策更加具体和可操作，减少了政策理解和执行的偏差，提高了政策执行的精准性和有效性；另一方面，政策更加系统和协调，避免了政策之间的冲突和矛盾，提高了政策执行的一致性和协同性。从实践效果看，《操作指引》出台后，四川省省属国有企业混合所有制改革的进展明显加快，改革的质量和效果有所提升，政策的落地效果得到了增强。

（3）借鉴中央经验做法，体现地方特色创新

《操作指引》在借鉴中央《中央企业混合所有制改革操作指引》的基础上，结合四川省省属国有企业的实际情况，进行了创造性转化和创新性发展，体现了地方特色和创新。一方面，《操作指引》保持了与中央政策的一致性，在基本原则、操作流程、重点问题等方面与中央政策保持一致，确保了政策的连续性和一致性；另一方面，《操作指引》也根据四川省省属国有企业的实际情况，进行了适当的调整和创新，如在适用范围、决策程序、监督管理等方面，结合省情和省属国有企业特点，提出了具有地方特色的政策要求。

这种借鉴与创新的结合，使《操作指引》既符合中

央的政策要求，又适应四川省的实际情况，增强了政策的适用性和有效性。同时，这种地方特色的政策创新也丰富了国有企业混合所有制改革的实践经验和政策模式，为其他地方提供了有益的借鉴和参考。从更广泛的意义上看，这种地方特色的政策创新也是中国特色社会主义市场经济理论在地方实践中的具体运用和发展，为丰富和发展中国特色社会主义经济理论做出了贡献。

（4）促进改革全面推进，实现改革深化发展

《操作指引》的出台，标志着四川省省属国有企业混合所有制改革由试点探索阶段向全面推进阶段转变，推动了改革的深化发展。在《操作指引》出台前，四川省省属国有企业混合所有制改革主要以点上试点、区域试点等方式推进，范围相对有限，影响力有限；《操作指引》出台后，为更多省属国有企业开展混合所有制改革提供了操作指南和政策支持，推动了改革的全面铺开和深入推进。

这种全面推进和深化发展，表现在以下几个方面：一是改革范围的扩大，更多的省属国有企业参与到混合所有制改革中来，改革的覆盖面和影响力不断扩大；二是改革内容的深入，从简单的股权多元化向治理机制、经营机制、分配机制等深层次改革拓展，改革的内涵和深度不断增强；三是改革效果的提升，通过规范化、系统化的改革操作，提高了改革的质量和效果，企业的活

力和竞争力得到了明显增强。这种全面推进和深化发展，有助于四川省省属国有企业混合所有制改革取得更大成效，为四川省经济的高质量发展提供更加强有力的支撑。

3.3.2.3 《关于支持鼓励中央在川和地方国有企业开展混合所有制改革的若干政策措施》

1. 政策出台背景

（1）四川省经济发展需求与国企改革现状

2017年，四川省正处于经济转型升级的关键时期，面临着推动供给侧结构性改革、促进产业转型升级、培育经济新动能的重要任务。作为西部地区经济大省，四川省的经济发展需要更加多元化的市场主体和更加活跃的市场活力。同时，四川省内的国有企业，包括中央在川企业和地方国有企业，在改革发展中面临着一些共同的问题和挑战，如体制机制不够灵活、创新能力不强、市场竞争力不足等，亟须通过深化改革激发活力，提升竞争力。

从国企改革现状看，四川省已经出台了《四川省省属国有企业发展混合所有制经济实施方案》，为省属国有企业混合所有制改革提供了政策指导。然而，在实际推进过程中，仍然存在一些政策障碍和实际困难，如财政支持不足、税收政策不明确、土地处置复杂、融资渠道受限等问题，这些问题在一定程度上制约了混合所有制改革的进程和效果。同时，中央在川企业作为四川省经济的重要组成部分，其改革发展也面临着类似的问题和挑战。在这一背景下，出台专门的政策措施，支持鼓励中央在川和地方国有企业开展混合所有制改革，成了必要和迫切的选择。

（2）中央政策落实与地方政策创新

《关于支持鼓励中央在川和地方国有企业开展混合所有制改革的若干政策措施》（以下简称《若干政策措施》）的出台，是四川省贯彻落实中央关于深化国有企业改革、大力发展混合所有制经济决策部署的具体举措，也是地方政策创新的重要体现。2015 年，中共中央、国务院相继出台了《关于深化国有企业改革的指导意见》和《国务院关于国有企业发展混合所有制经济的意见》，为国有企业改革特别是混合所有制改革提供了政策指导。2017 年，国家发展改革委等部门又出台了《关于深化混合所有制改革试点若干政策的意见》，进一步细化了混合所有制改革的具体政策。

四川省在贯彻落实中央政策的基础上，结合省情和实际，进行了地方政策创新。一方面，针对中央政策在地方落实过程中的操作性问题，提出了具体的实施措施和配套政策；另一方面，根据四川省国有企业改革的特点和需求，创新性地提出了一些地方性政策措施，如设立省级国有企业改革发展基金、建立混合所有制改革项目审批绿色通道等。这种地方政策创新，既体现了对中央政策的创造性转化和创新性发展，又回应了地方改革实践中的具体需求，为中央在川和地方国有企业提供了更加适合的政策环境。

（3）协同推进改革与优化营商环境

《关于支持鼓励中央在川和地方国有企业开展混合所有制改革的若干政策措施》的出台，体现了四川省协同推进改革、优化营商环境的战略考量。混合所有制改革涉及多个部门和领域，需要财政、税务、金融、土地、人才等多方面政策的协同配合。该政策措施正是从这些方面提出了具体的支持政策，形成了较为完善的政策支持体系，促进了各部门之间的协同配合，提高了改革的整体效果。

同时，该政策措施的出台也是优化四川省营商环境的重要举措。通过提供财政支持、落实税收优惠、加强金融服务、保障土地供应、引进培养人才、简化行政审批等措施，为国有企业混合所有制改革创造了良好的政策环境和发展条件，也吸引了更多的社会资本参与混合所有制改革，促进了各类资本的融合发展，优化了四川省的投资环境和营商环境。这种协同推进改革与优化营商环境的战略考量，体现了四川省推动高质量发展的决心和能力。

2. 政策主要内容

（1）财政支持政策的理论基础与实施机制

《关于支持鼓励中央在川和地方国有企业开展混合所有制改革的若干政策措施》（以下简称《若干政策措施》）提出的财政支持政策，其理论基础是公共财政理论和产业政策理论。公共财政理论强调财政资金的公共性和导向性，通过财政支出引导资源配置，支持重点领域和薄弱环节的发展；产业政策理论则强调通过政府的政策干预，促进产业结构优化升级，提高经济效率和竞争力。设立省级国有企业改革发展基金，重点支持国有企业混合所有制改革、产业转型升级等项目，正是这两种理论在实践中的具体运用。

在实施机制上，财政支持政策主要通过以下方式实现：一是设立专项资金，即省级国有企业改革发展基金，由省级财政出资引导，吸引社会资本参与，形成多元化的资金来源；二是明确支持方向，重点支持国有企业混合所有制改革、产业转型升级等项目，特别是科技创新、装备升级、市场拓展等领域；三是规范资金使用，建立健全资金管理制度，确保资金使用的规范性、透明性和有效性；四是加强绩效评估，定期对资金使用效果进行评估，不断优化资金配置和使用方式。这种实施机制的设计，有助于提高财政资金的使用效率和政策效果，为混合所有制改革提供有力的资金支持。

（2）税收优惠政策的法律依据与执行标准

税收优惠政策的法律依据是税法及其相关规定，包括《企业所得税法》《增值税暂行条例》以及财政部、税务总局等部门出台的相关政策文件。这些法律法规和政策文件为国有企业混合所有制改革中的税收优惠提供了基本的法律框架和政策依据。

在执行标准上，税收优惠政策主要涉及以下几个方面：一是企业改制重组方面的税收优惠，如符合条件的企业改制重组行为可享受企业所得税、增值税、契税等税收优惠；二是非货币性资产投资方面的税收政策，如对企业以非货币性资产对外投资，可分期缴纳企业所得税；三是股权奖励方面的税收政策，如对混合所有制企业实施的股权奖励，可按规定享受个人所得税优惠。这些税收优惠政策的执行标准明确、操作性强，有助于降低企业改革成本，提高改革积极性。同时，文件也强调了税收优惠政策的依法性和规范性，要求企业按照法律法规和政策规定申请享受税收优惠，确保税收政策执行的公平性和规范性。

（3）金融支持政策的经济学原理与运作模式

金融支持政策的经济学原理是金融发展理论和产融结合理论。金融发展理论强调金融系统在经济发展中的重要作用，通过提供多样化的金融服务和产品，促进资金有效配置和经济增长；产融结合理论则强调产业资本与金融资本的有机结合，通过金融创新和服务创新，为实体经济发展提供多元化的金融支持。引导金融机构加大对混合所有制企业的信贷支持，鼓励金融机构创新金融产品和服务，支持符合条件的混合所有制企业通过发行股票、债券等方式筹集资金，这些政策措施正是这两种理论在实践中的具体体现。

在运作模式上，金融支持政策主要通过以下方式实现：一是政策引导，通过出台支持政策，引导金融机构加大对混合所有制企业的信贷支持，优化融资结构和条件；二是产品创新，鼓励金融机构根据混合所有制企业的特点和需求，创新金融产品和服务，如投贷联动、知识产权质押贷款、供应链金融等；三是市场拓展，支持符合条件的混合所有制企业通过资本市场筹集资金，如发行股票、债券、资产证券化等；四是风险管控，加强金融风险防范，确保金融支持政策在风险可控的前提下有效实施。这种运作模式的设计，有助于提高金融支持的针对性和有效性，为混合所有制企业提供多元化的融资渠道和金融服务。

（4）土地政策的城市规划理念与审批简化

土地政策的城市规划理念是集约利用、规划引领和可持续发展。集约利用强调提高土地利用效率，避免土地资源浪费；规划引领强调土地利用必须符合城市总体规划和土地利用总体规划，保持城市发展的有序性和系统性；可持续发展则强调在满足当前发展需要的同时，保护好土地资源，为未来发展预留空间。在符合土地利用总体规划和城乡规划的前提下，优先保障混合所有制改革企业的用地需求，这一政策导向正是这些规划理念的具体体现。

在审批简化方面，土地政策主要通过以下措施实现：一是优先保障，在土地供应计划和年度供地中，优先安排混合所有制改革企业用地指标，保障用地需求；二是简化程序，对国有企业混合所有制改革涉及的土地，简化审批手续，提高土地供应效率；三是政策衔接，确保土地政策与产业政策、城市规划的协调一致，避免政策冲突和执行障碍；四是监督管理，加强对土地使用的监督检查，确保土地用途和使用效率符合规划要求。这些审批简化措施的实施，有助于降低混合所有制改革的制度成本和时间成本，加快改革进程。

（5）人才政策的激励理论与引进培养

人才政策的激励理论基础是人力资本理论和激励理论。人力资本理论强调人力资本是经济增长的重要因素，对提高企业竞争力和生产效率具有关键作用；激励理论则强调通过适当的激励机制，调动人才的积极性和创造性，实现个人目标与组织目标的统一。支持混合所有制企业引进高层次人才，对引进的高层次人才在住房保障、子女入学、配偶就业等方面给予优惠政策，这些政策措施正是这两种理论在实践中的具体应用。

在引进培养方面，人才政策主要通过以下方式实现：一是引进激励，通过提供优惠政策和良好的工作条件，吸引高层次人才加入混合所有制企业；二是培养提升，鼓励企业加强员工培训和职业发展规划，提高员工素质和能力；三是评价激励，建立科学的人才评价体系和激励机制，为人才发展创造良好的制度环境；四是服务保障，在住房、医疗、教育等方面提供全方位的服务保障，解决人才后顾之忧。这些引进培养措施的实施，有助于提高混合所有制企业的人才吸引力和凝聚力，为企业的创新发展提供智力支持。

（6）政务服务环境的优化路径与实施措施

政务服务环境的优化路径是“放管服”改革和营商环境优化。“放管服”改革强调简政放权、放管结合、优化服务，降低制度成本，提高行政效率；营商环境优化则强调创造公平、透明、高效的市场环境，降低交易成本，提高市场活力。建立混合所有制改革项目审批绿色通道，简化审批流程，提高审批效率，这些政策措施正是这些改革理念的具体体现。

在实施措施上，政务服务环境优化主要通过以下方式实现：一是流程再造，对混合所有制改革涉及的行政审批事项进行梳理和优化，简化流程，减少环节，提高效率；二是信息共享，推动部门间信息共享和业务协同，减少重复提交材料和重复审批；三是服务创新，创新服务方式和手段，如推行网上审批、一站式服务、代办服务等，提高服务便捷性和满意度；四是监督问责，加强对行政审批和政务服务的监督检查，严肃查处不作为、乱作为等行为，确保政策落实到位。这些实施措施的推行，有助于优化混合所有制改革的政务环境，降低改革成本，提高改革效率。

3. 政策影响与意义

（1）降低改革成本，提高改革积极性

《若干政策措施》通过提供财政支持、落实税收优惠、加强金融服务、保障土地供应等措施，有效降低了国有企业混合所有制改革的成本，提高了企业开展改革的积极性和主动性。

在财政成本方面，设立省级国有企业改革发展基金，对参与混合所有制改革的国有企业给予财政资金支持，减轻了企业的资金压力；在税收成本方面，落实国家关于企业改制重组、非货币性资产投资、股权奖励等方面的税收优惠政策，降低了企业的税收负担；在融资成本方面，引导金融机构加大对混合所有制企业的信贷支持，拓宽企业融资渠道，降低了企业的融资成本；在制度成本方面，简化审批流程，提高审批效率，降低了企业的时间成本和行政成本。这些成本的降低，使企业更加愿意和有能力开展混合所有制改革，推动了改革的深入推进。

从政策实施效果看，自政策出台以来，四川省内开展混合所有制改革的国有企业数量明显增加，改革的深度和广度不断拓展，一些过去因成本高、风险大而不敢尝试的改革措施也开始积极推进，改革的整体氛围和活力明显增强。

（2）优化资源配置，促进融合发展

《若干政策措施》的实施，优化了四川省内的资源配置，促进了国有资本、民营资本、外资等各类资本的融合发展。通过混合所有制改革，不同所有制资本实现了优势互补、相互促进、共同发展，形成了更加高效的资源配置格局。

在资本配置方面，混合所有制改革促进了国有资本与民营资本、外资的融合，放大了国有资本的功能，提高了资本使用效率；在技术资源配置方面，不同类型企业通过混合所有制改革，实现了技术共享和创新协同，提高了技术资源的利用效率；在人才资源配置方面，混合所有制改革促进了人才流动和优化配置，提高了人才资源的使用效率；在管理资源配置方面，不同所有制企业的管理理念和管理方式相互借鉴、相互融合，提高了管理效率和水平。这种资源配置的优化，有力地促进了四川省经济的高质量发展。

从融合发展的角度看，混合所有制改革打破了不同所有制之间的壁垒和隔阂，促进了国有企业与民营企业的融合发展。一些中央在川和地方国有企业通过混合所有制改革，引入了民营资本和民营企业的先进管理理念，提高了企业的市场化水平和经营效率；一些民营企业通过参与国有企业混合所有制改革，获得了更多的发展机会和资源支持，拓展了发展空间，提升了市场竞争力。这种融合发展的格局，为四川省经济发展注入了新的活力和动力。

（3）深化地方与中央企业合作，促进区域经济发展

《若干政策措施》的一个重要特点是同时支持鼓励中央在川和地方国有企业开展混合所有制改革，这一政策导向深化了地方与中央企业的合作，促进了四川省区域经济的协调发展。

从企业合作角度看，政策的实施推动了中央在川企业与地方国有企业、民营企业之间的深度合作。一些中央在川企业通过混合所有制改革，与地方企业形成了资本、技术、市场等方面的合作关系，实现了优势互补，提高了整体竞争力；一些地方国有企业通过参与中央企业的混合所有制改革，获得了技术、管理、市场等方面的支持，加快了转型升级步伐。这种企业间的合作，既增强了企业的市场竞争力，又促进了区域产业链和供应链的优化升级。

从区域发展角度看，中央在川企业与地方企业的合

作，有力促进了四川省区域经济的协调发展。一方面，中央在川企业通过混合所有制改革，加大了在四川省的投资和产业布局，带动了地方产业发展和就业增长；另一方面，地方企业通过参与中央企业的混合所有制改革，提升了自身实力和竞争力，为地方经济发展提供了新的动力源泉。特别是在一些区域发展的重点领域和薄弱环节，中央企业与地方企业的合作，有效弥补了地方发展的短板，促进了区域经济的均衡发展。

（4）创新地方政策支持体系，提供改革样板

《若干政策措施》从财政、税收、金融、土地、人才和政务服务等多个方面，为国有企业混合所有制改革提供了有力的政策支持，形成了较为完善的政策支持体系。这种多领域、全方位的政策支持体系，是地方政策创新的重要体现，也为其他地方推进国有企业混合所有制改革提供了有益借鉴和样板。

从政策创新角度看，《若干政策措施》在以下几个方面进行了创新：一是政策的系统性和协同性，形成了多部门、多领域协同推进的政策体系；二是政策的针对性和操作性，针对混合所有制改革中的具体问题和困难，提出了有针对性的解决措施；三是政策的包容性和开放性，同时支持中央在川和地方国有企业开展混合所有制改革，促进了不同类型企业的合作与融合。这些政策创新使《若干政策措施》不仅在四川省内产生了积极

影响，也为其他地方提供了有益的借鉴和参考。

从样板示范角度看，《若干政策措施》的实施为其他地方推进国有企业混合所有制改革提供了“四川经验”。这些经验包括：一是政策制定要从实际出发，针对企业改革中的实际困难和问题；二是政策实施要注重协同配合，形成改革合力；三是政策效果要及时评估，不断优化调整。这些经验的推广和应用，有助于推动全国国有企业混合所有制改革的深入开展，为新时代国有企业改革发展贡献“四川智慧”。

3.3.3 中央与四川省国有企业混合所有制改革政策的比较与协同

3.3.3.1 政策目标的比较与协同

1. 中央政策目标的深度解析

中央层面的国有企业混合所有制改革政策，如《关于深化国有企业改革的指导意见》《国务院关于国有企业发展混合所有制经济的意见》等，其政策目标具有宏观性、战略性和全局性的特点。从宏观经济层面看，中央政策旨在通过混合所有制改革优化资源配置，提高国民经济运行效率，增强国民经济活力和竞争力；从所有制结构层面看，中央政策旨在通过混合所有制改革完善基本经济制度，促进各种所有制经济融合发展，实现共同进步；从产业发展层面看，中央政策旨在通过混合所有制改革推动产业结构优化升级，培育发展新动能，增强经济可持续发展能力；从企业发展层面看，中央政策旨在通过混合所有制改革增强国有企业活力和竞争力，提高国有资本运营效率，实现国有资产保值增值。

这些政策目标的制定基于对国内外经济形势的深刻分析和对国有企业改革规律的准确把握，体现了中央对国有经济发展的战略考量和系统谋划。特别是“推动国有企业做强做优做大，增强国有经济活力、控制力、影响力和抗风险能力”这一核心目标，明确了混合所有制改革的根本目的是壮大国有经济，而非弱化国有经济，这对于纠正改革中的认识偏差，引导改革朝着正确方向发展具有重要意义。

从实践来看，中央政策的这些目标在各地、各部门、各企业的改革实践中起到了统领和指导作用，为国有企业混合所有制改革提供了方向性指引，确保了改革的正确方向和科学路径。

2. 四川省政策目标的特色分析

四川省的国有企业混合所有制改革政策，如《四川省省属国有企业发展混合所有制经济实施方案》等，其政策目标既与中央政策保持一致，又结合地方实际进行了具体化和特色化。从地方经济发展角度看，四川省政策旨在通过混合所有制改革增强省属国有经济实力，优化资源配置，促进四川省经济高质量发展；从产业布局角度看，四川省政策旨在通过混合所有制改革优化省属国有经济布局，促进战略性新兴产业发展，支持区域重点产业发展；从企业改革角度看，四川省政策旨在通过混合所有制改革解决省属国有企业存在的体制机制问题，增强企业活力和竞争力；从融合发展角度看，四川省政策旨在通过混合所有制改革促进省属国有企业与民营企业、外资企业等的融合发展，形成互利共赢的合作格局。

这些政策目标的制定，充分考虑了四川省的经济发展阶段、产业结构特点、区域发展差异以及省属国有企业的现状和问题，体现了地方特色和问题导向。特别是对"促进省属国有企业的转型升级和结构调整，提高省属国有企业的市场竞争力"的强调，反映了四川省对省属国有企业存在问题的准确把握和对改革方向的明确认识。

从实践来看，四川省政策的这些目标为省属国有企业提供了具体的改革方向和目标，使企业能够根据自身实际情况制定符合企业发展需求的改革方案，推动改革取得实效。同时，这些政策目标也为四川省经济的转型升级和高质量发展提供了重要支撑。

3. 协同性分析的多维度视角

（1）分类推进改革方面的深入对比

中央政策在分类推进改革方面，构建了一个多维度、多层次的分类体系。从企业类型看，国有企业分为商业类和公益类；从行业领域看，商业类国有企业进一步分为主业处于充分竞争行业和领域的商业类国有企业以及主业处于关系国家安全、国民经济命脉的重要行业和关键领域、主要承担重大专项任务的商业类国有企业；从企业层级看，则区分了集团公司层面和子公司层面。这种多维度的分类方法，使改革更加符合不同类型和层级国有企业的特点和需求，有利于提高改革的精准性和有效性。

在改革策略上，中央政策对不同类型的国有企业提出了差异化的改革要求：对于充分竞争行业的商业类国有企业，鼓励引入各类资本，放开国有资本持股比例限制；对于关系国家安全和国民经济命脉的重要行业的商业类国有企业，保持国有资本控股地位，支持非国有资本参股；对于公益类国有企业，则根据不同业务特点，推进具备条件的企业实现投资主体多元化，鼓励非国有企业参与经营。这种差异化的改革策略，既考虑了不同类型企业的功能定位和使命要求，又考虑了改革的可行性和风险控制。

四川省政策在贯彻中央政策的基础上，结合省属国有企业的实际情况，对企业进行了更加具体的分类。从行业领域看，四川省政策重点关注能源、交通、建筑、医药、旅游等省属国有企业的主要分布行业；从区域分布看，考虑到四川省区域发展不平衡的特点，对位于不同区域的省属国有企业采取差异化的改革策略；从企业发展阶段看，对处于不同发展阶段的企业（如初创期、成长期、成熟期、转型期）采取不同的改革措施。这种更加细化的分类方法，使改革更加符合四川省省属国有企业的实际情况和需求。

在改革策略上，四川省政策也对不同类型的省属国有企业提出了具体的改革要求，如对于竞争性领域的省属国有企业，鼓励加大混合所有制改革力度，引入各类资本，优化股权结构；对于涉及公共服务等领域的省属国有企业，在保持国有资本控股地位的前提下，积极探索混合所有制改革的方式和途径。这些具体的改革策略，使中央政策的原则性要求转化为可操作的具体措施，提高了改革的针对性和实效性。

从协同性角度看，中央政策与四川省政策在分类推进改革方面形成了良好的衔接和互补。中央政策提供了分类改革的基本框架和原则，四川省政策则在此基础上进行了具体化和细化，使分类改革更加符合地方实际。这种协同配合，有助于提高分类改革的科学性和有效性，推动改革取得实效。

（2）员工持股方面的比较研究

中央政策在员工持股方面，提出了探索实行混合所有制企业员工持股的改革方向，并明确了员工持股的原则、条件和规范要求。从原则上看，员工持股应遵循依法合规、公开透明、增量引入、利益共享、风险共担、以岗定股、动态调整等原则；从条件上看，员工持股应在具备条件的混合所有制企业中开展，优先支持科技创新型企业、高新技术企业和科技服务型企业；从规范上看，员工持股应建立有效的治理机制、风险防控机制和退出机制，防止内部人控制和利益输送。这些政策规定为混合所有制企业开展员工持股提供了基本框架和指导。

在具体操作上，中央政策强调了员工持股的规范性和透明度，要求按照市场原则确定持股比例和价格，建立健全持股员工的权利保障和义务约束机制，完善收益分配和风险承担机制。这些操作要求旨在确保员工持股的公平性和有效性，防范可能的风险和问题。

四川省政策在贯彻中央政策的基础上，进一步细化了省属国有企业混合所有制改革中员工持股的具体操作办法和实施细则。从参与对象上看，明确了可以参与持股的员工范围，如管理层、核心技术人员、业务骨干等；从持股比例上看，根据不同类型企业和员工层次，设定了差异化的持股比例限制；从持股方式上看，提出了直接持股、间接持股、虚拟股权等多种模式，供企业根据实际情况选择；从激励约束上看，建立了与绩效考核挂钩的持股收益分配机制和风险承担机制，形成了

"利益共享、风险共担"的激励约束格局。

特别是在操作程序上，四川省政策提供了更加详细的指导，如员工持股方案的制定流程、报批程序、实施步骤等，为企业开展员工持股提供了具体的操作指南。同时，还对员工持股中的风险控制、信息披露、退出机制等方面提出了具体要求，确保员工持股工作在规范有序的前提下推进。

从协同性角度看，中央政策与四川省政策在员工持股方面形成了从原则到细则、从宏观到微观的政策链条。中央政策确立了员工持股的基本原则和框架，四川省政策则提供了具体的操作指南和实施细则，两者相互补充、相互支撑，为混合所有制企业开展员工持股提供了全方位的政策支持和指导。这种协同配合，有助于提高员工持股的规范性和有效性，充分发挥员工持股的激励作用，推动混合所有制改革深入开展。

（3）政策支持方面的系统比较

中央政策在政策支持方面，从财税、土地、金融等多个领域提出了支持国有企业混合所有制改革的政策措施，形成了较为完善的政策支持体系。在财税支持方面，明确了企业改制重组、资产评估增值、非货币性资产投资等方面的税收政策，减轻了企业的税收负担；在土地支持方面，规定了划拨土地处置、授权经营土地使用权处置等政策，解决了企业改革中的土地问题；在金融支持方面，鼓励金融机构创新金融产品和服务，支持符合条件的混合所有制企业上市融资，拓宽了企业的融资渠道。这些政策支持措施形成了相互支撑、相互促进的政策合力，为混合所有制改革创造了良好的政策环境。

在政策协同方面，中央政策强调了各部门之间的协调配合，要求财政、税务、国土、金融等部门加强协同，形成政策合力，避免政策碎片化和执行偏差。同时，也注重政策的系统性和整体性，确保各项政策措施互相配套、互相支撑，形成系统性的政策支持体系。

四川省政策在落实中央政策的基础上，结合地方实际，制定了一系列具有地方特色的政策支持措施。在财政支持方面，设立省级国有企业改革发展基金，对参与混合所有制改革的国有企业给予财政资金支持；在税收支持方面，积极落实国家税收优惠政策，并探索在地方税收方面给予适当优惠；在金融支持方面，引导省内金融机构加大对混合所有制企业的信贷支持，创新金融产品和服务；在土地支持方面，在符合规划的前提下，优先保障混合所有制改革企业的用地需求，简化审批程序；在人才支持方面，支持混合所有制企业引进高层次人才，在住房保障、子女入学、配偶就业等方面给予优惠政策；在政务服务方面，建立混合所有制改革项目审批绿色通道，简化审批流程，提高审批效率。

特别是《关于支持鼓励中央在川和地方国有企业开展混合所有制改革的若干政策措施》，从财政、税收、金融、土地、人才和政务服务六个方面，提出了具体的支持政策和措施，形成了较为全面的政策支持体系。这些政策措施充分考虑了四川省的实际情况和企业需求，具有很强的针对性和可操作性。

从协同性角度看，中央政策与四川省政策在政策支持方面形成了良好的互补和协同。中央政策提供了政策支持的基本框架和方向，四川省政策则在此基础上进行了细化和拓展，并结合地方实际提出了创新性的政策措施。这种协同配合，使政策支持更加全面、具体和有效，为混合所有制改革创造了良好的政策环境，提高了改革的积极性和成效。

（4）协同性分析的整体评价

中央与四川省在国有企业混合所有制改革政策内容上具有较强的协同性和互补性，这种协同性主要体现在以下几个方面：

在政策框架上，中央政策提供了改革的基本框架和原则，四川省政策则在此框架下进行了细化和具体化，形成了从宏观到微观、从原则到细则的完整政策体系。这种框架上的协同，确保了改革的方向一致性和内容完整性，避免了政策的碎片化和执行偏差。

在政策内容上，中央政策重点关注改革的共性问题和全局性问题，如分类改革、公司治理、混合所有制等；四川省政策则更加关注地方特色和具体操作，如省属国有企业的分类标准、具体改革路径、配套支持措施等。这种内容上的协同，使政策更加全面和系统，能够同时解决改革的共性问题和个性问题。

在政策执行上，中央政策通过政策制定、督导检查、典型示范等方式，推动改革在全国范围内有序开展；四川省政策则通过具体措施制定、工作推进机制建立、典型案例培育等方式，确保改革在地方层面落地生根。这种执行上的协同，提高了政策的执行力和落实度，确保了改革成效的最大化。

在政策评估和调整上，中央政策通过总结全国改革经验，不断完善和调整政策；四川省政策则通过总结地方改革实践，对政策进行优化和创新。这种评估和调整上的协同，促进了政策的不断完善和发展，提高了政策的适应性和有效性。

综合来看，中央与四川省在国有企业混合所有制改革政策上的协同性，体现了中国特色社会主义制度的优越性和中央与地方关系的良好互动。这种协同性的存在，为改革的顺利推进提供了坚实的政策基础和制度保障，也为其他地方的国有企业改革提供了有益的经验和借鉴。

3.3.3.2 政策内容的比较与协同

1. 分类推进改革方面

中央政策：将国有企业分为商业类和公益类，实行分类改革、分类发展、分类监管等，对商业类国有企业进一步细分为主业处于充分竞争行业和领域的商业类国有企业以及主业处于关系国家安全、国民经济命脉的重要行业和关键领域、主要承担重大专项任务的商业类国有企业，分别采取不同的改革策略和措施。

四川省政策：四川省在贯彻中央政策的基础上，结合省属国有企业的实际情况，对省属国有企业进行分类，明确不同类型企业的发展目标和改革方向，推动省属国有企业在分类的基础上开展混合所有制改革。例如，在竞争性领域的省属国有企业，鼓励加大混合所有制改革力度，引入各类资本，优化股权结构，提高企业的市场竞争力；对于涉及公共服务等领域的省属国有企业，则在保持国有资本控股地位的前提下，积极探索混合所有制改革的方式和途径。

2. 员工持股方面

中央政策：提出探索实行混合所有制企业员工持股，明确了员工持股的原则、条件和规范要求，强调员工持股应遵循依法合规、公开透明、增量引入、利益共享、风险共担、以岗定股、动态调整等原则。

四川省政策：四川省在中央政策的基础上，进一步细化了省属国有企业混合所有制改革中员工持股的具体操作办法和实施细则。例如，规定了员工持股的范围、比例、资金来源、持股方式、股权管理等内容，确保员工持股工作在省属国有企业中规范有序地开展，充分发挥员工持股的激励作用，提高企业员工的积极性和创造性。

3. 政策支持方面

中央政策：从财税、土地、金融等方面提出了一系列支持国有企业混合所有制改革的政策，为混合所有制改革提供了较为完善的政策保障体系。

四川省政策：四川省在落实中央政策的基础上，结合地方实际，制定了一系列具有地方特色的政策支持措施。如设立省级国有企业改革发展基金，加大对省属国有企业混合所有制改革的资金支持力度；在土地供应、金融服务、人才培养等方面出台具体政策措施，为省属国有企业混合所有制改革创造良好的政策环境和发展条件。

4. 协同性分析

中央与四川省在国有企业混合所有制改革政策内容上具有较强的协同性和互补性。中央政策在宏观层面明确了改革的总体要求和框架，四川省政策则在微观层面进行了细化和拓展，使政策更具针对性和可操作性。中央政策的普遍性与四川省政策的特殊性相结合，形成了较为完整的政策体系，有利于解决国有企业混合所有制改革过程中遇到的各种问题，推动改革的顺利进行。

3.3.3.3 政策实施效果的比较与协同

中央层面政策实施效果。近年来，中央层面国有企业混合所有制改革政策的实施，取得了显著的成效。一批国有企业通过混合所有制改革，在完善公司治理结构、转换经营机制、提高市场竞争力等方面取得了积极进展。国有企业与非国有企业的合作不断深化，国有资本的功能得到了有效放大，国有经济的活力和影响力进一步增强。例如，一些中央企业在改制上市、引入战略投资者、开展员工持股试点等方面取得了突破，企业的经营业绩和市场表现得到了明显提升，为国民经济的稳定增长发挥了重要作用。

四川省层面政策实施效果。四川省积极推进省属国有企业混合所有制改革，取得了一定的阶段性成果。部分省属国有企业通过混合所有制改革，引入了非国有资本，优化了股权结构，完善了企业治理机制，企业的市场竞争力和发展活力得到有效提升。例如，一些省属国有企业在交通运输、能源、建筑等领域通过与民营企业等非国有资本合作，实施了混合所有制改革项目，实现了国有资本与非国有资本的优势互补，促进了企业的转型升级和创新发展，对推动四川省经济的持续健康发展发挥了积极作用。

协同性分析。中央与四川省国有企业混合所有制改革政策实施效果相互促进、相得益彰。中央政策的实施为四川省政策的推进提供了示范和借鉴，推动了四川省国有企业混合所有制改革的深入开展；四川省政策的实施则为中央政策在地方的落地生根提供了实践经验和具体案例，丰富了中央政策的内涵和外延。这种协同效应有利于进一步扩大国有企业混合所有制改革的成效，促进中央与地方国有企业的共同发展，为我国经济的高质量发展提供更加强有力的支撑。

4 我国混合所有制改革总体情况及分析——来自资本市场的数据

党的十八大以来，我国资本市场不断扩大直接融资比重，不断推进各项市场制度体系建设，全力推动中国特色现代资本市场发展，深化各领域改革，以服务实体经济为着力点，发挥资本市场的枢纽作用。已有文献的研究表明，资本市场对一国国民经济与社会发展具有以下作用：首先是筹资——投资功能，即资本市场既为筹资者提供了筹措资金的渠道，又为投资者提供了投资的标的。作为资本市场最为基础也是最重要的功能，投资和筹资不可分割，忽视其中任意一个方面都会导致市场运作效率低下。其次，资本市场的另一个功能是价格发现，在资本市场交易的各类证券的价格是资金需求者和供给者，在信息结合自身信念后共同作用的结果，资本市场的运作在证券购买者和其竞争对手之间形成了竞争关系，通过这种竞争形成了均衡的资本定价。最后，产权功能，资本市场通过各类正式制度对交易主体进行产权约束，同时充当产权交易中介。上市公司通过产权功能在优化经营行为、调整组织架构方面发挥着重要的媒介作用。

作为中国特色社会主义经济的关键力量，国有企业是资本市场中的重要支柱，同时资本市场已成为推动国企改革的重要平台。首先，资本市场的融资和所有权配置功能是推进国有企业发展增速的有力支撑；其次，资本市场为深化国有企业混合所有制改革和完善监督机制提供了有效途径。除此之外，资本市场不断推动国有企业的并购和产业整合，优化产业布局，为国有企业混合所有制改革注入了新的动力，并且资本市场具有信息公开透明的特点，这种信息公开所引致的竞争机制鼓励着国有企业的改革和创新，有助于提高国有企业的管理和盈利能力。资本市场的定价机制可以推动国有资产的证券化进程，从而保持和提高其价值，防止资产损失。资本市场的产权流通功能有助于优化国有企业结构并缓解产能过剩，有效分配国有资本，推进国有经济布局优化和结构调整。

本章以2010—2020年我国A股制造业上市公司为研究样本，通过描述性统计分析、趋势分析、对比分析等手段，从分省份样本上市公司股权性质逐年变化趋势、逐年样本公司十大股东平均持股比例、盈利情况、收入波动情况、财务困境、公司治理水平、去杠杆程度等角度，对A股制造业上市公司进行了量化分析。本书结合第一部分的分析结果与国有企业在资本市场改革中的实践经验，归纳总结出以下几种（混合所有制改革）模式：通过公开上市推进混合所有制改革、国有资本与非国有企业的兼并重组（“反向混合所有制改革”模式）、员工持股计划以及国有改革基金模式。本书还将深入探讨这些模式各自的特点及其适用性。

4.1 我国资本市场混合所有制改革的总体情况

4.1.1 研究样本

为了实证评估我国混合所有制改革的效果，本书按照证监会2021年度第3季度公布的上市公司行业分类结果，收集了属于制造业大类，分类编码为C的中国A股上市公司的股权性质、前十大股东、样本基本数据、财务数据、对外投资数据、治理能力、经营困境与融资约束、过度负债与非效率投资、企业创新、企业环境消耗与表现等数据，研究时间跨度为2011—2020年10个会计年度。上述样本和相关指标数据主要源于国泰安CSMAR数据库。本书之所以选择A股制造业上市公司作为研究样本，一方面考虑的是以C开头的制造业上市公司其数量、规模、市值等核心关键指标在整个资本市场上占有领先地位，对研究混合所有制改革具有较强的代表性；另一方面，创新活动在制造业中发挥着举足轻重的作用，是中国经济转型乃至高质量发展的重要引擎（宋波 等，2021；Chen et al.，2017；Zhang et al.，2020）。

同时考虑到研究主题和样本数据的分布特征及其可获得性，本书按照如下规则对样本进行了筛选：①剔除AH、AB股交叉上市的样本以及新三板上市的样本；②剔除ST、PT等被特殊处理的样本；③剔除财务数据异常和缺失的样本。④对部分数据进行了95%的缩尾处理，以弱化极端值对研究结果的影响；⑤为了研究样本具有完整的财务报表，选择2011年之前IPO的公司；⑥删除了某些年份资产负债率大于1的上市公司。按照以上标准进行筛选后，最终得到研究样本951家、9 467个年度观测样本。

4.1.2 样本内企业性质逐年分布情况

首先，根据股权性质将所有样本分为国有企业与非国有企业两类；其次，在股权性质为国有的子样本中，按照第一大股东持股比例，将样本划分为国有第一大股东持股比例20%以下、20%~50%以及50%以上三个档次。并逐年绘制样本股权性质趋势图，具体如图4.1所示，同时图4.2展示了按照上市公司总部所在地分布在各省的样本公司股权性质分布。

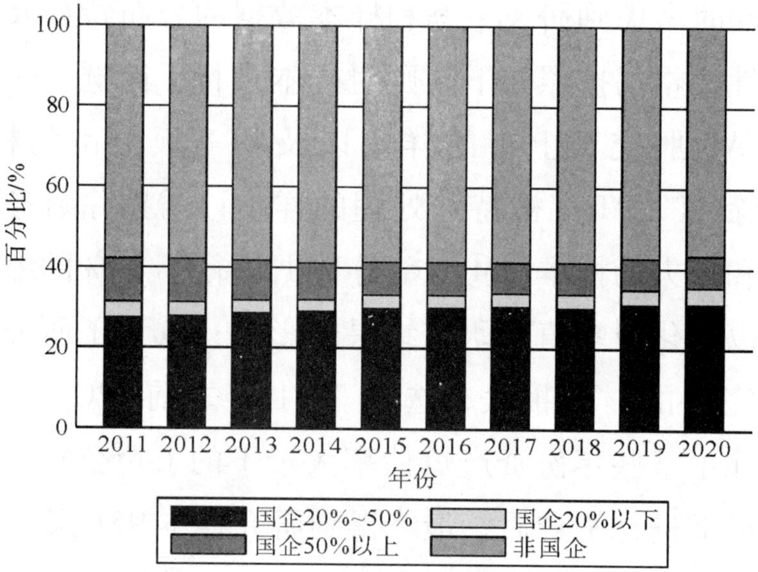

图4.1 研究样本内企业性质逐年分布

结合样本股权性质数据和图4.1，可以发现，我国制造业上市公司初步存在以下现象：首先，国有大股东持股比例50%上的样本数量呈现轻微的先下降后上升的“U”形趋势，从2011年的38家下降到2014年最低的26家，随后略有上升至2020年的39家；其次，国有大股东持股比例20%~50%部分的样本数量呈现上升趋势，从2011年的260家逐年上升至2020年的294家；最后，非国有的样本略微下降，从548家下降至534家。因此，从第一大股东性质视角区分研究样本性质可以得到以下初步结论，在2011年—2020年，研究样本中非国有的上市公司占比最大，不同企业性质的公司数量相对稳定，国有相对控股的样本呈现上升趋势，非国有企业样本数量略有下降。

本书具体考察各省制造业上市公司样本股权性质分布，图4.2揭示了不同省份的企业性质变化趋势。可以看出，广东省、江苏省、浙江省、福建省等东部地区非国有经济占比显著高于国有经济。在北京、上海两个重要的经济、政治中心，国有性质的上市公司数量持续高于非国有企业。

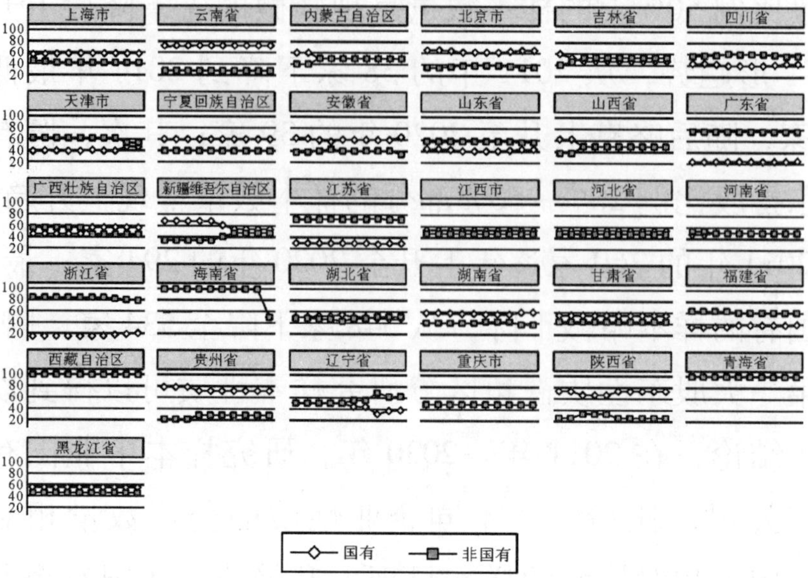

图 4.2　各省上市公司企业性质分布

接下来，本书对研究样本十大股东按照国有性质和非国有性质进行分类，并逐年绘制前十大股东平均持股比例。原始数据股东性质包含：国有法人股、国家、境内自然人、境内非国有法人、境外法人、境外自然人。从 2010—2020 年整个样本时期来看，国家性质的股东占比为 2.94%，国有法人占比为 15.11%，境内自然人占比为 35.69%，境内非国有法人占比为 14.79%，境外法人和境外自然人占比分别为 4.91%和 0.53%，其他占比为 26.02%。为了研究方便的同时也遵循已有研究脉络，本书将十大股东性质处理为国有性质股东与非国有性质股东。具体分类标准为，国有性质股东为国有法人股东，剩下其他类型均归为非国有股东。结合数据和图4.3我们发现，在整个研究期间内，前十大股东中国资占比份额呈现先下降后上升的“U”形趋势，由2011年的31%下降到2015年的24.5%，随之上升至2020年的27.2%，而非国有股东在前十大股东比例呈现持续下降趋势，由2011年的40%下降至2020年的32.9%。

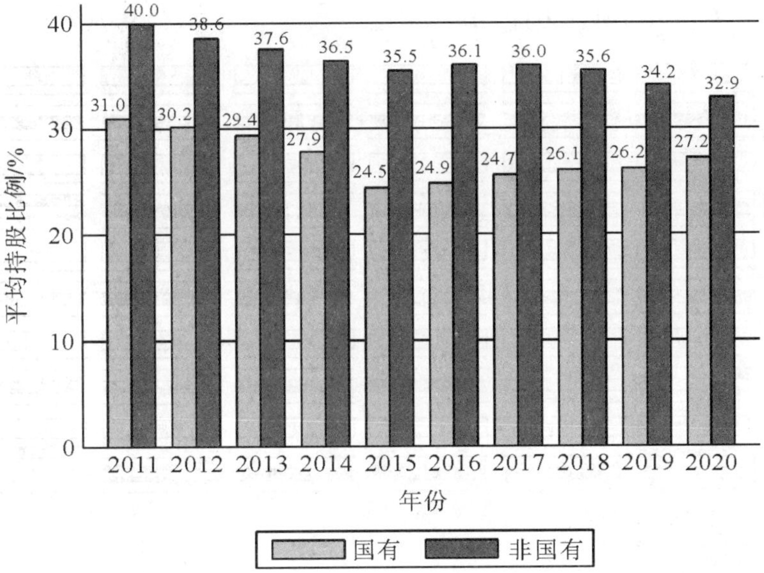

图4.3　研究样本内企业十大股东平均持股比例

上述股东权益变动趋势的事实与2013年颁布的《中共中央关于全面深化改革若干重大问题的决定》等一系列政策的预期效果相吻合。本书具体考察分省制造业上市公司前十大股东股权性质分布，图4.4揭示了前十大股东的平均持股变化趋势。一个值得注意的现象是，相对图4.2而言，北京、上海前十大股东国有性质股东与非国有企业的差异小于企业股权性质差异。部分文献就该问题进行了深入考察，主要的解释是我国国有企业混合所有制改革过程中主要实行的是相对控股策略，因此在北京、上海这类经济政治中心，大部分关系国计民生命脉的企业其股权性质仍然是国有企业，但是放眼十大股东的范围，非国有性质的股东比例呈现上升趋势（Chenetal，2017）。

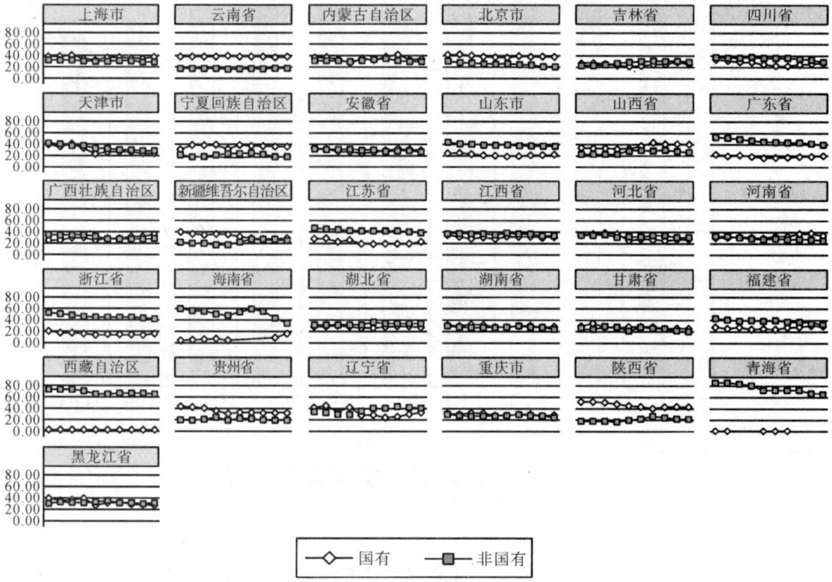

图 4.4　分省十大股东平均持股趋势

4.1.3　股权性质对上市公司经营绩效的对比分析

以下我们主要通过表 4.1 中包含的指标对不同产权性质的 A 股制造业上市公司经营绩效指标进行逐年对比分析。根据已有文献结合本书目标，本书主要选择了盈利及盈利稳定性、公司治理、公司员工效率、融资约束、过度负债以及去杠杆程度等相关指标（Hadlock C J et. al，2010；胡宁 等，2018；陆正飞 等，2015；郝阳 等，2017）。

表 4.1 本节主要对比分析指标及其含义

指标	含义
总资产净利润率	净利润/资产总计； 衡量企业利用资产获取利润的能力，反映了企业总资产的利用效率
营业收入增长率	（营业收入本年本期单季度金额-营业收入上一个单季度金额）/营业收入上一个单季度金额，表示公司成长性
盈利波动性	（息税前利润/总资产）三年波动率； 用于衡量盈利的稳定性
现金流波动性	（现金流/总资产）三年波动率； 用于衡量企业现金流稳定性
实际控制人两权分离率	实际控制人拥有上市公司控制权比例-实际控制人拥有上市公司所有权比例
股权制衡度	第 2~5 大股东持股比例/第一大股东持股比例
机构投资者持股比例	机构投资者持有的上市公司股份比例
人均创利	净利润/员工人数
超额雇员率	公司超额雇员情况
管理层前三名薪酬总额	董事、监事、高管前三名的薪酬总额，按照薪酬总额对董事、监事、高管进行排序，取排名前三的薪酬总额相加。不包含董事、监事及高管领取的津贴
员工密集度	年末员工数与当年营业收入的比值
融资约束	SA 指数
过度负债	实际负债率-目标负债率
去杠杆程度	（本期末账面资产负债率-上期末账面资产负债率）/上期末账面资产负债率

图 4.5—图 4.8 分别展示了国有企业与非国有企业在总资产收益率、营业收入增长率、盈利能力波动性与现金流波动性的对比分析。通过 2011—2020 年十个会计年度的数据及其趋势的对比分析，我们可以得出以下结论：

第一，不同产权性质的企业在盈利能力、营业收入增长性、盈利能力稳定性方面存在显著差异。对各类指标进行简单的组间差异检验也可以验证这一差异。不同股权性质的制造业板块上市公司之间的差异这一事实，与已有的“政策负担假说”“产权模糊导致的委托-代理假说”等经典的国有企业改革理论基础的预测相一致。这说明，在类似于中国这样的转型经济体当中，企业性质对经营发展、盈利以及创新而言都是一个至关重要的因素。

第二，国有企业盈利能力 ROA 呈现了明显的先下降后上升的“U”形趋势，在 2015 年达到谷底的 2.2%之后开始逐步攀升，截至 2020 年年底国企盈利能力已经连续三年超过非国有企业。从企业盈利水平的角度来看，近些年推进的国有企业改革以及加强国资监管等措施，有效地提升了企业盈利能力。

第三，整体而言，非国有企业无论是在营业收入增长率、盈利能力波动性还是在现金流波动性方面，均显著高于国有企业。尤其是盈利能力波动性，在 2018 年以前，国有企业与非国有企业之间的盈利波动性差异的均值是 0.57，在 2018 年之后二者差异的均值达到了 1.96。该数据在某种程度上反映了非国有企业近年来面临着更大的经济不确定性，同时该结果符合相关理论预期的结果。国有企业的决策首先体现在长期价值的创新活动，相比而言，民营企业的人事任免制度和奖惩制度更为健全。由于股权激励、薪酬激励以及经理人市场声誉效应，相较之下，非国有企业更能推动管理层凭借经营战略优势，充分发挥高管个人价值。因此，当整个外部宏观、中观经济出现波动时，非国有企业盈利水平的变化更为敏感，而国有企业则扮演了稳定器、缓冲垫的角色，对稳定经济大盘、保障民生就业给予了相应的支持。

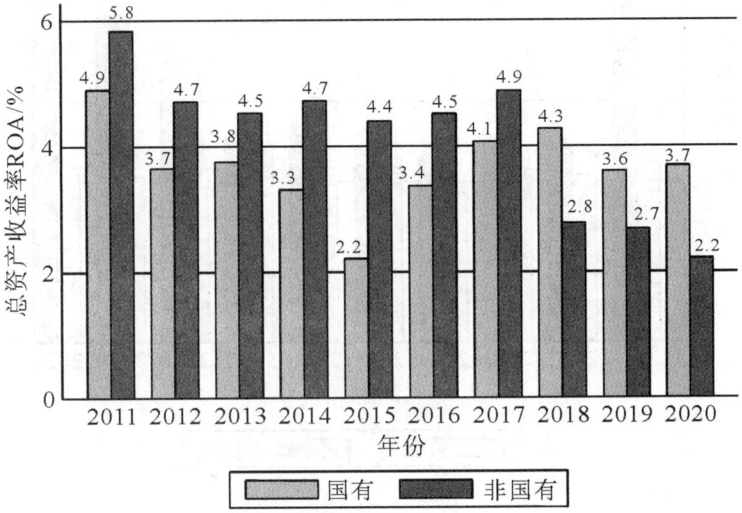

图 4.5　企业股权性质差异与总资产收益率 ROA 的趋势

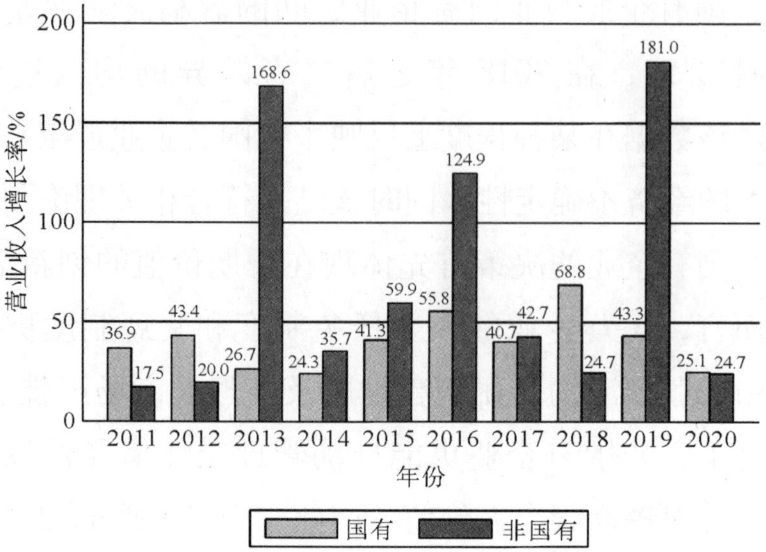

图 4.6　企业股权性质差异与营业收入增长率趋势

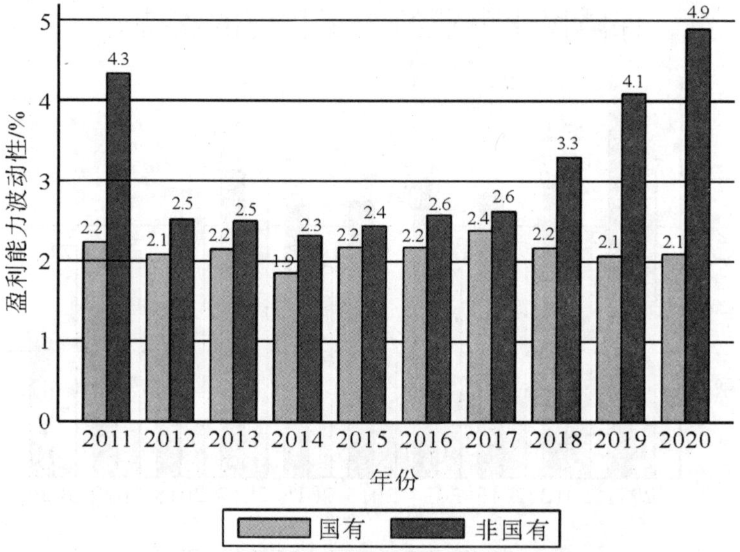

图 4.7　企业股权性质差异与盈利能力波动性趋势

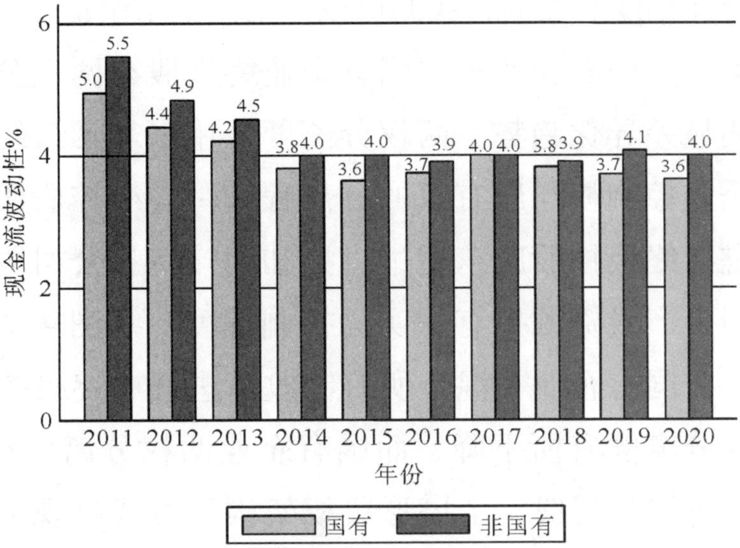

图 4.8　企业股权性质差异与现金流波动性趋势

图 4.9—图 4.13 分别汇报了实际控制人两权分离度、股权制衡程度、机构投资者持股比例与高管前三名薪酬总和以及员工密集度。已有文献将国企经营效率低下归纳为治理观（綦好东 等，2017）和干预观（薛云奎 等，2008）。一方面，从公司管理角度出发，由于有形所有者实质不到位形成的“治理空洞”，使得国有资产管理机构在监管公司经营时成本提高。另一方面，从政府干预角度出发，社会主义制度要求赋予了国有企业社会、公众属性，使得国有企业具有保障国家经济命脉安全、维护社会稳定的功能，同时公共政策领域的“政府父爱主义”在某种程度上影响了国有企业作为独立法人的自主经营决策权力（李瑞昌 等，2020）。通过对比分析 2011—2020 年

十个会计年度的数据，我们可以得出以下结论：

第一，国有企业和非国有企业终极股东两权分离度呈现明显差异化趋势。两权分离度是用来表示最终控制人对企业控制权与所有权的分离程度。终极控股股东控制权是指终极控股股东通过直接和间接持有公司股份而对公司资产或资源拥有的实际控制程度。从图 4.9 可以发现，非国有企业在混合所有制改革进程中终极控股股东两权分离度有所下降，而国有企业两权分离度在近 3 年来通过交叉持股、宝塔形股权架构等方式呈现上升趋势。这说明国有企业混合所有制改革对促进终极股东两权分离度的提升起到了明显效果，这与党的十八届三中全会、党的十九大报告提出的改革目标“以管资本为主加强国有资产监管”“做强做优做大国有资本”相吻合。这些改革措施不仅促进了产业的集聚、转型和现代化，也有效地提升了两权分离度。

第二，不同股权性质的企业其股权制衡度的趋势也存在明显差异，在样本期内非国有企业两权制衡度呈现下降趋势，从最高的 6.7 下降至 5.6，累计下降幅度为 16.4%，而国有企业两权制衡度呈现上升趋势，从 4.6 上升至 5.4，累计上市幅度为 17.4%，二者差异明显。另外，国有企业与非国有企业样本，在股权制衡度方面均有所提高，但是国有企业自 2015 年以来其股权制衡度增速大于非国有企业。相关文献研究表明，股权制衡度反映了公司主要股东之间的关系，它指控制权由几个大股东分享，通过内部牵制，使得任何一个大股东都无法单独控制的决策，实现大股东相互监督的股权安排模式。提升企业股权制衡度有助于上市公司进一步完善公司治理，从而提升企业经营绩效。文献资料显示，在企业股权结构中，多股东结构对公司治理有积极影响。股权无法集中的同时也导致单个股东在控制管理行为方面的能力大大减弱，容易出现“搭便车”的问题，而股权制衡度下的股权结构则有助于提高公司经营绩效。（陈德萍 等，2011；涂国前等，2010）。图 4. 10 反映出通过持续深化国有企业混合所有制改革，其股权制衡度得到了明显提升。

第三，国有上市公司机构持股比例保持相对稳定，而非国有上市公司机构投资者持股比例呈现下降趋势，从侧面揭示了混合所有制改革后，国有企业能够提升对机构投资者的持股比例，进而改变公司治理结构。已有文献表明，机构投资者比散户投资者更具有各种优势，包括资金、信息和经验，并能深入参与公司的日常管理决策。同时，机构投资者能够通过监督被投资公司的发展情况来优化资本市场运作。首先，机构投资者资金充足股份多，对公司的经营管理有更大的发言权，对管理层的战略调整有更大的影响；其次，由于机构投资者可以从其投资的公司的股价变化中获利，因此机构投资者会专注于其投资的公司，以保证利润和收益目的，从而积极参与到公司治理中。

第四，不同股权性质的上市公司，高管薪酬均呈现上升趋势，而员工密集度则明显下降。高管是企业运营管理的核心人物，其最有效的激励机制就是薪酬，我们的数据也显示高管薪酬总体上呈上升趋势。尽管人力资源和社会保障部分别于 2009 年和 2014 年颁布了《关于进一步规范中央企业负责人薪酬管理的指导意见》和《中央管理企业负责人薪酬制度改革方案》两个文件，对中央企业负责人的薪酬进行监督管理，但仍未能抑制高管薪资的上涨趋势，并且非国有企业高管薪酬上涨趋势高于国有企业，2020 年平均非国有企业上市公司高管年薪达到 150 万元以上，而非国有企业高管平均薪酬为 128 万元，二者在 2011 年时为 60 万元左右。

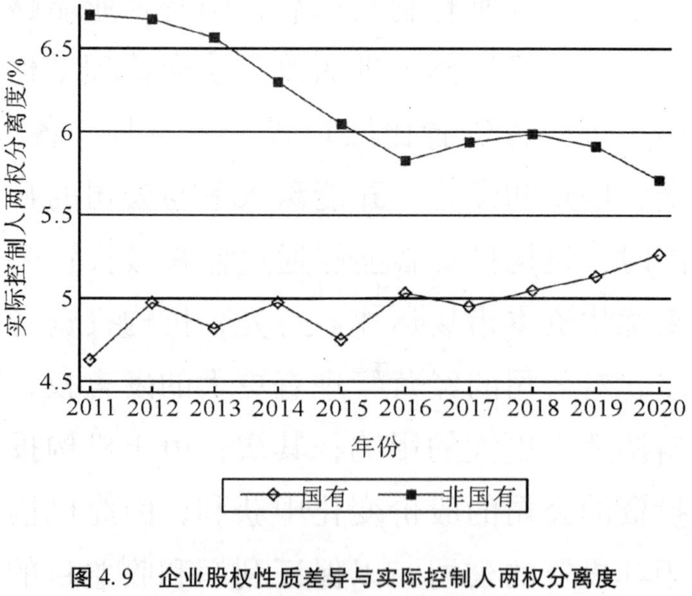

图 4.9　企业股权性质差异与实际控制人两权分离度

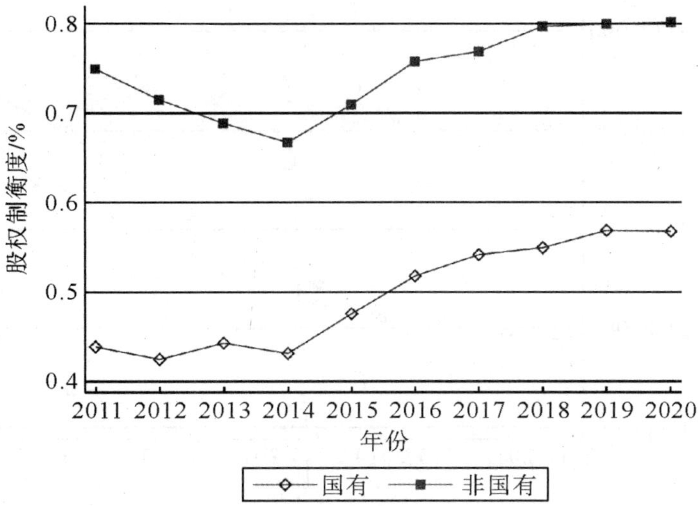

图 4.10　企业股权性质差异与股权制衡度

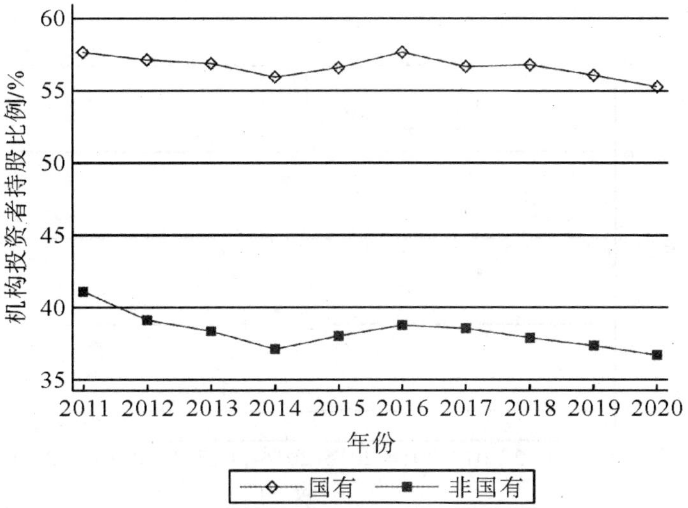

图 4.11　企业股权性质差异与机构投资者持股比例

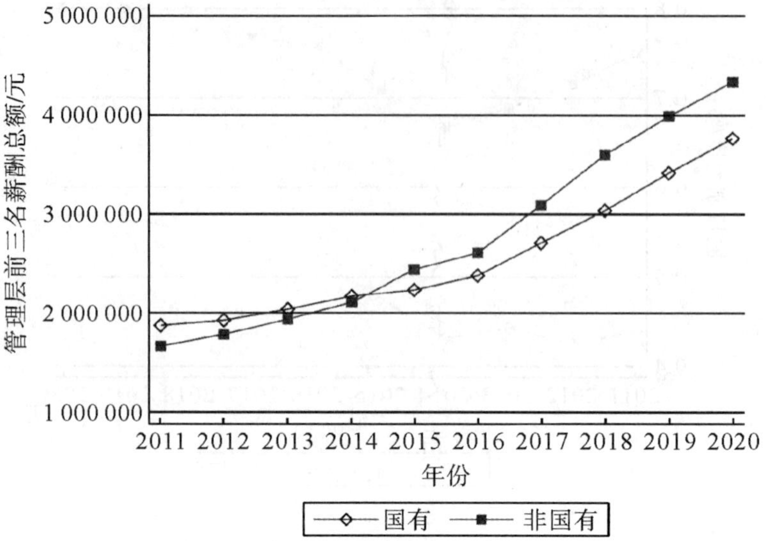

图 4.12　企业股权性质差异与管理层薪酬

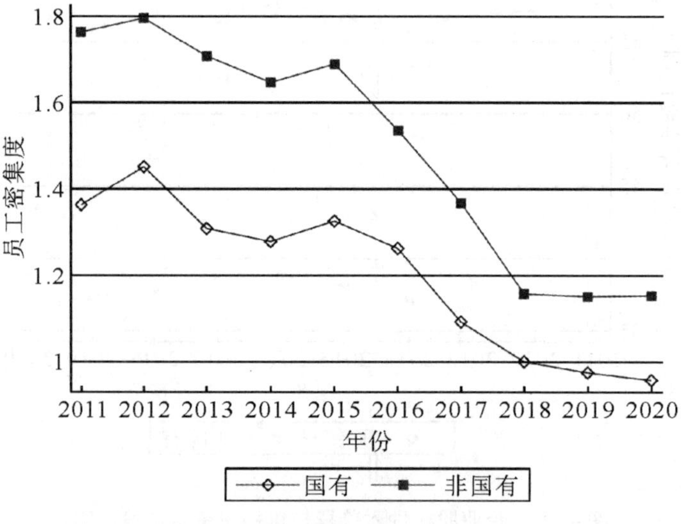

图 4.13　企业股权性质差异与员工密集度

图 4.14—图 4.15 分别汇报了不同国资占比企业的融资约束变化趋势、过度负债水平以及去杠杆程度。从

融资角度而言，无论是狭义的信贷市场还是广义的金融市场，信息不对称始终都是影响信贷效率的主要因素，中国民营企业在金融资源分配中因缺乏“硬担保”等而导致的弱势地位无法有效解决就业问题和促进经济增长，从而给经济发展的效率和质量造成严重损失（杨汝岱，2015），因此本节选择 SA 指数作为融资约束的代理变量考察了不同国资股权占比与融资约束并进行了趋势分析。作为中国经济高质量发展的重要风险因素之一，高杠杆率的问题亟待解决。如何有效降低中国企业的杠杆率是经济高质量发展的一个关键。本节参考陆正飞（2015）的方法，汇报了不同国资占比企业的过度负债走向。MM 理论的提出使得“杠杆”问题一度成为公司金融领域的热门话题。但以前的文献大多采用“资本结构调整”等表述，直到中国正式提出“去杠杆”一词，才被广泛运用于文献中。本书使用（本期末账面资产负债率-上期末账面资产负债率）/上期末账面资产负债率作为去杠杆的代理变量，上述指标若为负值，且负值越小，表明去杠杆程度越高。通过 2011—2020 年十个会计年度的数据对比分析，我们可以得出以下结论：

首先，自 2011 年以来，各类企业采用 SA 指数衡量的融资约束水平均呈现出下降的趋势，其中下降速度较快的两种类型分别是非国有企业和国资占比 20%～50% 的企业。与此同时，自 2015 年后，非国有上市公司首次出现了融资约束程度低于国资绝对控股上市公司的现象。这一变化背后的原因是多方面的，不仅包括了混合所有制改革带来的制度性红利，数字金融的发展与资本市场的持续改革同样起到了重要的推动作用（解维敏等，2021）。

其次，在中国社会主义经济环境下，国有企业具有非营利性的社会目标，有政府的支持，并由国有银行提供充足的资金，出现了“软预算约束”的现象。本书借鉴陆正飞等（2015）的研究，对研究样本进行了固定效应面板回归，拟合出企业的目标负债率，使用企业实际负债率减去目标负债率得到企业过度负债率。当企业过度负债率大于0时，意味着企业进行了过度负债。从图4.15可以看出，平均而言，共计三个观测值大于0，分别是2012年与2014年的国资绝对控股的样本组，以及2015年国资占股比例在20%以下的样本组。这说明，即便已有文献中广泛提到“预算软约束”问题，基于实际数据层面，国有企业特别是国资绝对控股的企业仍然存在过度负债的倾向。

最后，在研究样本期内，国有绝对控股、国有相对控股的上市公司（国资股份占比50%以下），面临了更为严峻的金融去杠杆。当去杠杆程度为正时，意味本期资产负债率大于上期，反之则意味着本期上市公司账面资产负债率下降。因此，在40个样本观测值中共计4个样本去杠杆指标小于0，分别是2013年、2014年、2015年和2017年。自2008年实施4万亿元经济刺激计划以来，中国企业的杠杆率持续大幅上升，在2012—2013年达到顶峰。作为区分不同产权性质下杠杆水平的重要转折点，2008年尤为关键。研究还发现，预算软约束和政企关联意味着国有企业比非国有企业能获得更多的杠杆资本，并且有过度杠杆化的现象。（白重恩 等，2004；盛明泉 等，2012）。我们的数据表明，相对于非国有企业，国有企业在金融去杠杆强度方面显著强于非国有企业，非国有样本在整个10年研究跨度内，整体去杠杆值均大于0，说明非国有企业并未经历明显的金融去杠杆。

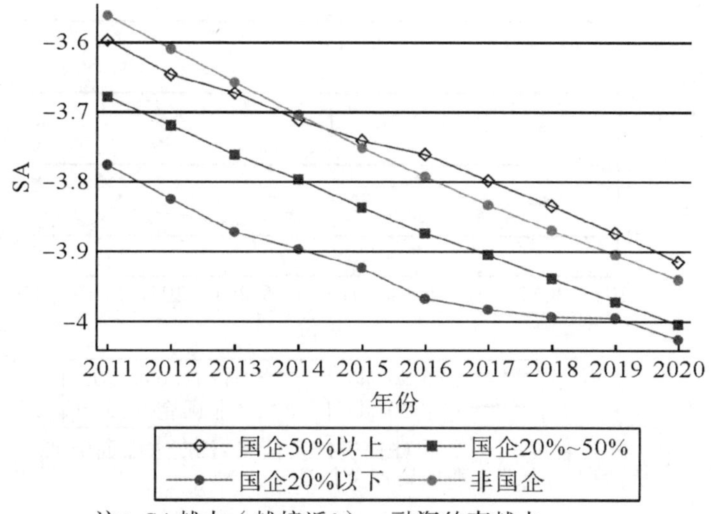

注：SA越大（越接近0），融资约束越大。

图4.14　不同国资占比与融资约束（SA）

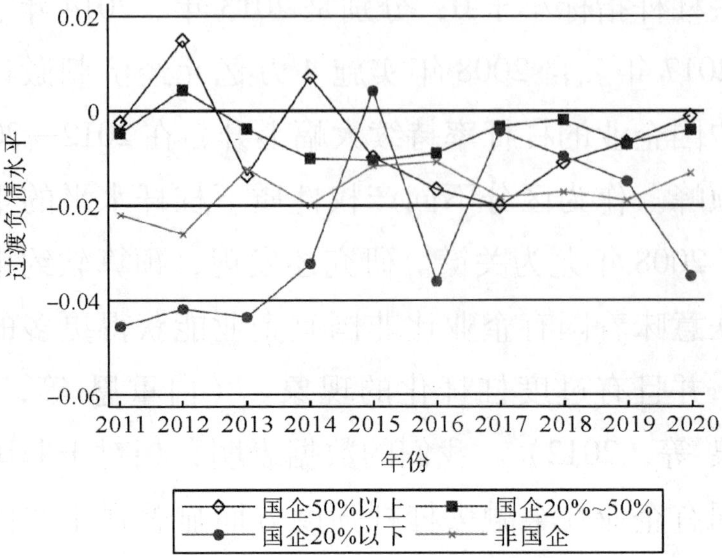

图 4.15　不同国资占比与过度负债水平

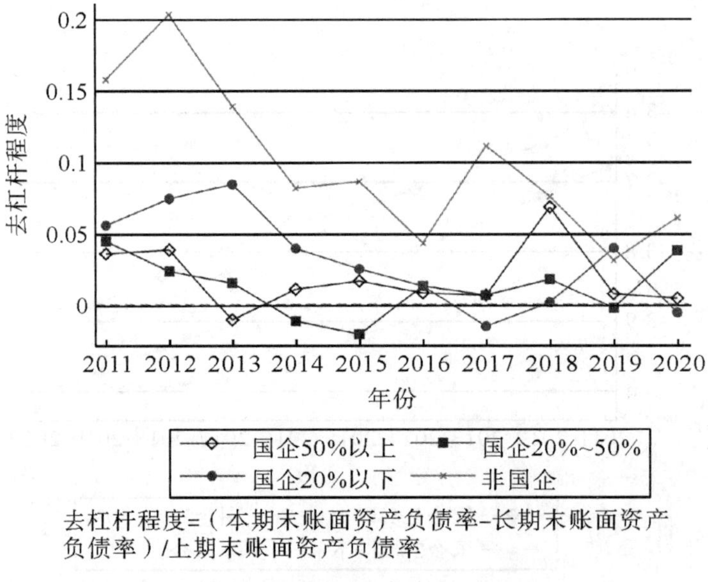

图 4.16　不同国资占比与去杠杆程度

4.2 样本期内混合所有制改革的主要模式

已有的研究和实践普遍认为，混合所有制改革应该根据国有企业的职能作用、竞争程度和国有资本的使用情况，分阶段、分类别进行。利用分类改革、分类发展、分类监测、分类问责、分类考核等手段，提升改革的指向性、监测的合理性、分析的科学性和分类管理的评估性，推动区属国有企业的市场化，形成区属竞争类国有企业与区属公益类国有集团公司协同发展的格局，促进国有企业经济功能和社会功能有机结合，不断提高国有经济的韧性、影响力和风险稳定性，主动适应并引领经济发展的新格局，推动经济长期向好平稳运行。

国有企业在其性质和挑战上的差异性，导致其必须采用不同的方法对混合所有制改革进行分类。属于公益类的国有企业主要应采取多渠道的方式进行投资主体改革，而属于商业类的国有企业则应积极引入非国有资本，推动整个集团及其子公司上市的混合所有制改革。《国企改革三年行动方案》对于中央企业层面，明确重点推进混合所有制改革的是国有资本投资公司、运营公司出资企业和商业一类子企业；商业二类央企的子企业，要保持国有资本控股地位，稳妥推进混合所有制改革。部分国有独资央企则可以通过与其他国有资本混合以形成多层次多样化的股权结构。相较之下，《国企改革三年行动方案》对地方国企则实行因地制宜的混合所有制改革激励政策。持续推进混合所有制改革已经成为众多地方央企的重要目标。多层次的混合所有制改革主要是在不同的管理级别和集团内不同层次的企业中实施。中央国企应利用混合所有制改革，提高集团企业的管理水平，同时将引入战略投资者和对外扩张方式并重；地方国企应大力支持优质资产的企业参与混合所有制改革，发挥其对经济增长的重要作用（綦好东 等，2017），除此之外，考虑到不同地域的特性，地方国企还要因地制宜实施混合所有制改革。现有的上市公司或拟上市公司是混合所有制改革的主力军，企业上市要满足一系列监管、信息披露要求。相对于非上市公司而言，上市公司拥有更高的信息透明度、相对畅通的退出机制以及完善的中小股东权益保障机制。同时资本市场具有资产定价优势，能够相对有效地解决国有资产、民营资本等对价问题，节约交易成本。

因此，从已有资本市场的混合所有制改革的实践及理论总结来看，主要的方案有以下四类：通过自由市场化的资本市场运作，引进非国有资本投资；通过并购和成立新公司，将国有资本投入发展前景良好的非国有企业；通过引入员工持股计划，推动混合所有制改革；成立各层级的国有资本运营公司或国企改革基金。

4.2.1 通过公开上市推进混合所有制改革

国有企业首次公开上市（IPO）是融入非公有制资本，实现所有权混合的重要途径。上市需要一个高质量的长期过程和较高的初始成本，更适合高价值的国有企业资产和已经有上市计划与成熟业绩的公司，但上市仍不失为混合所有制改革的选择之一。究其原因，首先，上市是国家资产资本化的重要手段，在提升公司管理水平、信息披露和公司治理标准化方面具有良好的前景（吴晓求 等，2022）。其次，随着法律体系的健全和资本市场制度环境的改善，未上市公司想要通过上市或向已上市公司定向增发等措施来减少改革困难是可取的。然而，如果国有企业的“一股独大”局面在上市发行后没有明显改变，或者上市公司只是企业集团中的某个二级或三级企业，那么混合所有制改革的预期可能会受到严重的抑制。此外，通过资本市场进行所有制改革需要坚持同股同权，平等地对待各种性质的资本，在保持国有资产不流失的前提下，尽可能地激发市场活力，带动国有资本在各领域创新发展。

就实证角度而言，已有文献主要通过测度国有上市公司“混合所有制改革深度”和“混合所有制改革广度”两个维度来评价混合所有制改革的经济后果。有学者将股东性质分为“国有股、民营股、机构投资者和外资股”四类，使用“混合所有制改革”国企包含上述不同性质股东的种类数来测度混合所有制改革的广度，对于该指标而言，取值范围是 1~4（曹越 等，2020；任广乾 等，2022）。对于“混合所有制改革广度”而言，使用“国企股权融合与制衡度”指标来度量，第一种方法是构建一个虚拟变量，当国企前十大股东中非国有股东持股比例之和超过 10%，则该指标为 1，否则为 0（杨兴全 等，2018）。使用 10%作为虚拟变量判定标准的原因在于，《公司法》对于 10%以上的股东申请召开临时股东大会权力的约定。另有文献使用国企股权结构的赫芬达尔指数（HHI）、上市国企股权结构熵权结构以及前十大股东中非国有股东占股之和，前十大股东非国有股东占比之和与国有股东占比之和的比率等指标来衡量“混合所有制改革广度”（高明华 等，2022；任广乾 等）。

上述文献侧重从“混”的角度考察问题，主要从截面出发，讨论多样化的股权结构对混合所有制改革程度的影响。国有企业的混合所有制改革本质上是所有权的混合。只有当非公性质股东在企业经营管理中的话语权提升，并且通过整合不同所有权性质的资本，才能实现真正的股权交叉混合的所有权融合形式。因此，部分文献使用国有上市公司出让股权事件作为混合所有制改革标志性事件。具体而言，在样本期间，向非公性质的上市公司转让超过一定比例的国有股份，就认定该国企进行了混合改革。通过股权转让时间构造相关虚拟变量，以此测度国有企业混合所有制改革过程，探索其驱动因素、经济结果和影响机理（易阳 等，2021）。

综上所述，本书从所有制的多样性和国有股权的转让流程两个方面，对利用资本市场推进国有企业混合所有制改革进行了深入分析。上市国有企业混合所有制改革衡量指标见表4.2。

表4.2 上市国有企业混合所有制改革衡量指标

维度	指标	含义
所有权多元性	股权多样性	计数变量，前十大股东不同类型的数量
	股权融合度	连续比率变量，上市国企中非国有股份与国有股份比例
	股权 HHI 指数	1 减去不同性质股东数量比例平方的和
	股权 EI 指数	股权熵指数
	前十大股东非国有股东持股比例之和	前十大股东非国有股东持股比例之和
国有股权转让进程	国有股转让给非国有股东达到5%或10%	构建混合所有制改革事件时间点
	十大股东中增加非国有股东	构建混合所有制改革事件时间点
	国有上市公司公告宣布进行混合所有制改革	

4.2.2 国有资本兼并重组——反向混合所有制改革

混合所有制改革的第二种模式被称为“反向混合所

有制改革”，主要指非国有企业与国资委或国有企业达成合作，引进一定规模的国有资本的混合所有制改革方式。通过参股、兼并或新设企业等方式，一方面实现国有企业与民营经济的优势互补，开拓新兴市场，优化国有 资本的布局；另一方面，促使被投资企业形成多元化的投资主体结构，以混合所有制的形式积极参与市场竞争。

近年来，典型的反向混合所有制改革的案例是 2020 年 8 月上海国资企业战略入股民生证券。东方国际、张江集团等 10 家上海市属、浦东区属国企与泛海控股、民生证券签订了战略入股民生证券的协议。根据协议，10 家上海市属、浦东区属国企 17 亿元入股民生证券，合计持有民生证券 12.49 亿股，股权占比 10.90%。另一个典型案例是成都产业集团下属成都科服集团，自 2020 年以来推进国有企业与非国有企业融合发展，以二、三级公司为主载体，将国有资本入股非国有企业进行“反向混合所有制改革”，从管控模式、业务模式、运营模式三方面推进管企业向管资本转变，全力推动国有资产高效运营、循环增值。通过探索“资源整合+科技创新+资本运作”改革新路径，成都科服集团已累计服务企业 2 000 多家；累计支持初创期项目 200 多项；累计投资金额 7.19 亿元；聚焦各类技术成果、知识产权 2 000 余项；组建成果转化基金 14 支；探索实行混合所有制企业员工持股 1 项；构建“民营大股东+国有战略投资者+员工持股”三位一体的多元化股权治理结构项目 8 项；联合专业性的科研院所与名校名企共建技术创新中心项目 4 项；借力省属国企资源打造全方位投资合作 5 项；助推企业成功 IPO 项目 4 项；入围规上企业和高企的投资项目共计 41 项。

已有文献就国有资本进行“反向混合所有制改革”对被参股、兼并或新设的企业的影响机制进行了如下探讨：首先，国有资本与非公有资本在股权上的融合，通过“政府的扶持之手”可能带来合作优势效应。国内外已有文献大量探讨了政治关联对企业特别是民营企业经济结果的影响，基本结论是民营企业通过寻求政治关联来获取财税优惠以及打破行业进入退出限制等，从而积累企业长足发展资源（余明桂 等，2010）。拥有国有股份的民营企业，相当于与国家建立并形成利益共同体，这有助于其树立企业形象和获得更多的外部竞争资源（李增福 等，2021；宋增基 等，2014）。其次，国资参股带来的竞争制衡效应。鉴于我国资本市场的发育阶段及上市公司股权相对集中的实际情况，我国上市公司不仅面临“经理层-股东”之间的委托代理问题，也存在“大股东-小股东”之间的委托代理难题。在实践层面，中小股东、散户维权成本较高，其权益保障相对困难，控股股东“掏空”行为屡见不鲜，极大地影响了中小股东乃至资本市场的健康发展（王亮亮，2018）。国有企业会在“国家公益”和“企业盈利”之间取得平衡，而私营企业的营利动机更为明显。国有股东和私营股东之间的共谋更为困难，更可能表现为“相互监督”的动机（曾敏 等，2022）。

已有研究对“正向混合所有制改革”关注得更多（本书亦将在另一章节进行研究），已有文献中主要使用国有股东及其一致行动人持股比例作为“反向混合所有制改革”的代量变量，同时使用持股比例超过10%的阈值，定义国有大股东参股虚拟变量。另一种度量方式是使用民营企业前十大股东中首次出现的国有股东，以此构建事件时间变量来衡量国资参股对民营企业的经济后果。“反向混合所有制改革”衡量指标见表4.3。

表4.3 “反向混合所有制改革”衡量指标体系

维度	指标	含义
前十大股东性质	一致行动国有股东比例	连续变量，前十大股东国有一致行动股东持股数量
国有参股	国有大股东参股	虚拟变量，前述指标超过10%阈值
国有股权转让进程	十大股东中增加非国有股东	构建混合所有制改革事件时间点

4.2.3 员工持股计划模式

2014年6月，我国重新启动了上市公司员工持股计划试点，同年中国证监会发布《关于上市公司实施员工持股计划试点的指导意见》，提出“根据员工意愿，通过合法方式使员工获得本公司股票并长期持有，股份权益按约定分配给员工的制度安排”。该政策旨在通过员工持股计划让资产所有者和员工利益共进退，提高公司治理水平，推动企业可持续发展和促进经济质量提升。员工持股的思想源于双因素理论，该理论认为社会财富是由资本和劳动共同创造的。而这两个要素在工业革命过程中变得越来越不平等，为了缓解这种不平等，通过给予劳动者资本的方式缓和矛盾，提升生产效率。至此员工持股计划作为混合所有制改革的一种选项进入历史舞台，国资委相关文件也明确要求“优先支持人才资本和技术要素贡献占比较高的科技型企业开展员工持股试点”。wind 金融终端数据显示，截至 2020 年年底，累计 834 家 A 股上市公司累计发布员工持股计划公告 1 239 个，实际资金规模超过 2 517 亿元。

相关研究主要聚焦员工持股计划对企业投资决策、资本、劳动力等要素配置效率以及债务融资成本的影响（戴进 等，2022；李姝 等，2022；刘圻 等，2022）。从实证层面来看，已有文献主要利用的是公司层面发生员工持股计划时间构建事件虚拟变量，使用倾向匹配-双重差分模型估计员工持股计划对企业带来的经济后果。

4.2.4 国有资本运营公司或国有改革基金

国有资本投资运营公司在国有企业混合所有制改革中扮演着不可或缺的角色。首先，有限的国有资本可以最大限度被专业团队调度运用，以此提高国有资本运作效率，优化资本的配置；其次，国资监管机构由于国有资本投资运营公司的操作将无法直接影响企业经营。国有资本投资运营公司以资本所有权属为法律依据，以投资金额为标准对投资企业履行职责。在国有资本参股的公司中，按照股东章程、公司章程等规定，各类股权性质的投资者均通过法人治理机制参与经营管理与决策，实现“以管资本为主转变国有资产监管职能”，加强顶层设计，优化资本布局，引导企业聚焦主责主业，激活国有资本的杠杆功能。同时，以法人治理结构为介质，以分类授权放权为途径，提高企业治理水平，增强企业创新驱动力。另外，通过设立国有企业混合所有制改革基金，强化其作为公有资本运营企业的平台作用，通过市场化运作，让各类公有资本充分参与到国有企业改革中来，为完善现代企业制度和转变混合企业经营机制做出贡献，提高混合所有制改革的质量和效率。混合改革基金的组织形式为有限责任公司，由股东大会、董事会和监事会审议和决定基金的重要事项并监督其活动。基金的筹集、投资、投资后的管理和退出都外包给具有专业管理能力的基金管理公司。

现阶段国有资本运营公司运营成效状况。在中央企业层面，2021年中国国新控股有限责任公司和中国诚通控股有限责任公司作为国有资本经营的试点企业，在模式、体制和机制上进行了一系列探索性试验，取得了积极成效。在地方国企层面，各省份都在积极推进地方国有资本运营企业的设立和引进，国有资本运营企业的改革试点范围不断扩大。截至2021年8月底，省份一级共有32家纯国有资产运营企业和18家混合国有资产运营企业。除黑龙江外，其他省份都建立了纯粹的或混合型的国有资产运营企业（胡际权，2022；肖红军，2021）。

4.3 混合所有制改革多元化探索

已有理论和实践结果表明，内部治理是混合所有制企业发展好坏的关键点，但是企业的战略是否也是影响混合所有制企业的重要因素呢？我们在对混合所有制企业调研中发现，有的企业没有聚焦主业进行多元化经营，战线过长，资源分散导致企业不堪重负；有的企业多元化经营后，营利情况更好。

多元化经营是指企业在原有产品或服务的基础上，进一步拓宽经营范围，增加新的产品或服务，以达到提高企业营利能力的目的。多元化经营的盈利模式主要分为两种：一种是通过多元化经营实现企业规模的扩大，从而提高收益；另一种则是通过多元化经营分散风险，从而降低企业的经营风险。

对一般企业而言，多个文献认为多元化经营有利。其主要观点是：首先，多元化经营可以扩大企业规模，增加企业的营业收入，提高企业利润。在同一个行业中，企业如果只是单一经营，其收益空间是有限的，而且在面对市场风险时很难有所突破。如果在原有产品或服务的基础上，进一步拓宽经营范围，增加新的产品或服务，就可以扩大企业规模，增加收益。例如，一家制造汽车的企业，如果只生产轿车，那么在市场竞争中将难以扩大市场份额，而如果增加生产SUV等其他类型的汽车，就可以扩大市场份额，实现收益的提高。其次，多元化经营可以实现风险的分散，降低企业的经营风险。在面对市场风险时，企业如果只依靠单一的产品或服务，一旦市场出现波动，企业就会面临较大的风险。而如果在原有产品或服务的基础上，增加新的产品或服务，就可以实现风险的分散，降低企业的经营风险。例如，一家房地产开发企业，如果只依靠住宅房地产开发，一旦房地产市场出现波动，企业就会面临较大的风险。而如果增加商业地产、写字楼等其他类型的房地产开发，就可以实现风险的分散，降低企业的经营风险。

最后，通过多元化经营，企业可以更好地满足市场需求，提高产品或服务的质量和水平，增强企业的核心竞争力，从而提高企业的市场竞争力。总之，多元化经营是有利于提高企业盈利能力的。

但是也有不少文献认为企业多元化经营存在弊端，需要谨慎进行。多元化经营带来的弊端主要有：

第一，经营难度加大：多元化经营会让企业的经营难度加大，需要投入更多的人力、物力、财力等资源。如果企业没有足够的管理能力，就很难把握好多元化经营的节奏和方向，导致经营失败。第二，经营成本增加：多元化经营会增加企业的经营成本，包括研发成本、生产成本、销售成本等。如果企业的产品或服务之间缺乏协调性，就可能导致经营成本增加，降低企业的盈利能力。第三，企业形象模糊：多元化经营容易让企业的形象模糊，缺乏明确的品牌形象和定位。如果企业的产品或服务之间缺乏协调性，就会给消费者造成困惑，降低企业的品牌价值和影响力。

企业是否应该多元化经营存在不同观点，那么对混合所有制企业而言，到底是否适合多元化经营呢？混合所有制企业多元化经营是否有约束条件？为此，本书实证分析了混合所有制企业多元化经营情况，以期为混合所有制企业是否适合进行多元化经营提供参考。

4.3.1 理论分析与研究假设

综上所述，本书首先验证了多元化经营能够增强企业综合竞争力。因此，本书提出假说 1。

假说 1：多元化经营能够提高企业盈利能力。

4.3.2 研究设计与模型建立

1. 样本的选择与数据的来源

本书使用的是 2014—2019 年中国 A 股上市公司数据，来自国泰安数据库。为了使样本数据更具代表性，本书对样本数据进行了如下处理：①仅选取在 2014—2019 年处于正常上市状态的样本；②剔除掉变量存在数据缺失的样本；③为了规避离群值对本书结果的影响，对所有关键变量进行了 1%的双侧缩尾处理。最终样本为 2015—2019 年的 2 270 个公司的年度观测值。

2. 回归模型的建立

建立回归模型如下：

$$\mathrm{ROE}_{i,\ t} = \alpha + \beta \mathrm{Multy}_{i,\ t} + \gamma \mathrm{Controls} + \delta_m + \theta_t + \varepsilon_{i,\ t}$$

其中，被解释变量 $\mathrm{ROE}_{i,\ t}$ 为企业在第 t 年的净资产利润率，表示企业盈利能力；解释变量 $\mathrm{Multy}_{i,\ t}$ 为哑变量，表示企业 i 在第 t 年是否进行多元化经营；Controls 为其他控制变量，包括公司规模（asset）、资产负债率（lev）、企业成长性（Growth）、固定资产比（PPE）、董事会独立性（Indep）、股权集中性（tenholder）、控股股东性质（holder）和两职合一（position）；δ_m 表示行业固定效应；θ_t 代表时间效应；$\varepsilon_{i,t}$ 表示随机误差项。关键解释变量 $ROE_{i,t}$ 的系数 β 表示多元化经营对企业盈利能力的影响，根据本书的分析和假说，系数 β 应该显著为正。

3. 变量的定义

关键变量的解释及度量如下：

（1）被解释变量：公司盈利能力（ROE），为净资产收益率。净资产收益率越高，公司盈利能力越强。

（2）解释变量：多元化哑变量（Multy），Multy 取值 1，表示企业实行多元化经营；Multy 取值 0，表示企业实行专业化经营。

协变量的解释及度量如下：

（1）公司规模（asset）：总资产（亿元）取对数。总资产越多，公司规模越大。

（2）资产负债率（lev）：总负债/总资产。资产负债率应保持在合理范围内。

（3）企业成长性（Growth）：采用资产增长率表示，使用（当年资产-去年资产）/去年资产计算，值越大，企业成长越快。

（4）固定资产比（PPE）：采用固定资产/总资产表示。固定资产比应保持在合理范围。

（5）董事会独立性（Indep）：采用独立董事占董事会人数比例表示。独立董事占比越高，董事会独立性越强。

（6）股权集中性（tenholder）：采用前十大股东持股占比表示。前十大股东持股占比越高，股权集中性越强。

（7）控股股东性质（holder）：为哑变量，其中0为非国有企业，1为国有企业。国有资本控股的情况为国有企业。

（8）两职合一（position）：为哑变量，代表董事长与总经理是否为同一人，0为否，1为是。

4. 描述性统计

表4.4报告了模型中主要变量在经过处理后的基本统计特征。其中公司盈利能力（ROE）、资产负债率（lev）和企业成长性（Growth）的离群值过大，进行了双边缩尾处理。处理后的变量均控制在合理的数量级数。

表4.4 主要变量的基本统计特征

变量	观察值个数	均值	标准差	最小值	中位数	最大值
ROE	11 350	0.04	0.19	-1.38	0.06	0.33
Multy	11 350	0.5	0.5	0	1	1
size	11 350	4.1	1.39	-2.44	3.91	12.45
lev	11 350	0.44	0.21	0.06	0.43	0.96

表4.4(续)

变量	观察值个数	均值	标准差	最小值	中位数	最大值
growth	11 350	0.18	0.47	-0.43	0.08	3.58
ppe	11 350	0.21	0.17	0	0.17	0.95
indep	11 350	0.38	0.05	0.2	0.36	0.75
tenholder	11 350	0.57	0.15	0.13	0.57	1.01
holder	11 350	0.1	0.3	0	0	1
position	11 350	0.25	0.43	0	0	1

5. 共线性分析

表4.5和表4.6给出了变量之间的相关系数矩阵。控制变量之间的相关系数非常小，说明不存在严重的多重共线性。同时计算方差膨胀系数（VIF），平均VIF仅为1.18，说明模型选择控制这些变量是合理的。

表4.5 共线性分析（1）

变量	ROE	Multy	size	lev	growth
ROE	1				
Multy	0.024	1			
size	0.132 5*	0.054 0*	1		
lev	-0.176 7*	0.046 0*	0.532 1*	1	
growth	0.183 5*	-0.033 4*	0.079 4*	0.015 2	1
ppe	-0.039 8*	0.075 6*	0.009 5	0.010 1	-0.124 0*
indep	-0.033 7*	-0.010 5	-0.015 7	-0.006 5	-0.006 8
tenholder	0.153 0*	0.012 7	0.292 1*	0.021 6	0.152 6*
holder	0.017 8	0.030 5*	0.186 1*	0.131 4*	0.047 9*
position	-0.027 9*	-0.051 3*	-0.144 7*	-0.087 6*	0.039 9*

注：* 表示在1%的水平上显著。

表 4.6　共线性分析（2）

变量	ppe	indep	tenholder	holder	position
ROE					
Multy					
size					
lev					
growth					
ppe	1				
indep	-0.045 8*	1			
tenholder	0.030 8*	0.015 7	1		
holder	0.075 3*	-0.032 5*	0.103 5*	1	
position	-0.063 2*	0.125 3*	-0.030 8*	-0.119 6	1

注：* 表示在 1%的水平上显著。

4.3.3　实证检验与分析

1. 回归结果检验与分析

表 4.7 报告了多元化经营对企业盈利能力的回归估计结果，列（1）和列（2）中没有加入协变量，列（3）和列（4）中加入了协变量；列（1）和列（3）控制了行业固定效应，列（2）和列（4）控制了行业固定效应和时间效应。从列（1）和列（2）可以初步看出，企业的多元化经营与盈利能力呈显著正相关；列（3）和列（4）进一步证明，多元化经营与企业盈利能

力依然在1%的水平上呈现显著正相关，充分表明了多元化经营可以促进企业盈利能力的提升。此外，我们可以看到，在1%的显著性水平下，资产负债率和固定资产占比与企业盈利能力成反比，企业的增长性和股东的集中性则对企业的盈利能力有促进作用。而控股股东性质（国有企业或非国有企业）或是否两职合一对企业的净资产利润率影响不显著。

表4.7 实证回归结果

变量	(1) model_01	(2) model_02	(3) model_03	(4) model_04
Multy	0.009*** (0.004)	0.009*** (0.004)	0.009*** (0.003)	0.009*** (0.003)
size			0.038*** (0.002)	0.039*** (0.002)
lev			-0.329*** (0.020)	-0.327*** (0.020)
growth			0.064*** (0.005)	0.058*** (0.004)
ppe			-0.047*** (0.017)	-0.053*** (0.017)
indep			-0.091*** (0.032)	-0.083*** (0.032)
tenholder			0.074*** (0.012)	0.069*** (0.012)
holder			-0.005 (0.005)	-0.008 (0.005)
position			-0.006 (0.004)	-0.006 (0.004)
_cons	0.033*** (0.003)	0.032*** (0.003)	0.016 (0.014)	0.011 (0.014)

表4.7(续)

变量	(1) model_01	(2) model_02	(3) model_03	(4) model_04
N	11 349	11 349	11 349	11 349
R-sq	0.024	0.024	0.161	0.169

注：* $p<0.1$，** $p<0.05$，*** $p<0.01$。

2. 稳健性检验

（1）用营业收入能力替换盈利能力

本书通过替换被解释变量和解释变量的方式进行了稳健性检验。除盈利能力（净资产利润率）可以代表企业的经营状况外，公司的收入也能够代表企业营业水平的高低。现在定义新的被解释变量：公司营收能力（revenue），为公司收入（百万取对数）。公司收入越高，营业收入能力越强，经营状况越好。

表4.8的列（1）与表2的列（4）对比，表4.8的列（2）报告了多元化经营对公司营收能力的回归，估计结果与多元化变量对公司盈利能力（净资产利润率）的回归结果一致，均呈正向的显著影响，证明了多元化经营有利于提高公司的营收能力。在协变量方面有所不同，如资产负债率对净资产利润率呈负向影响，但是对营业收入能力呈正向影响；企业的增长性对净资产利润率呈正向影响，但是对整体营收能力呈负向影响；固定资产比对企业净资产利润率呈负向影响，但是对营业收入能力呈正向影响；两职合一仅对企业收入有负向作

用，即董事长与总经理不为同一人有利于企业经营。股权的集中性对营收能力和盈利能力都有正向影响。

（2）用赫芬达尔指数[①]替代多元化经营指标

除可以用哑变量来定义企业是否多元化经营外，赫芬达尔指数也可以代表企业的多元化经营状况，赫芬达尔指数的大小与企业的多元化经营情况成反比。表 4.8 的列（3）报告了赫芬达尔指数作为多元化经营指标时，对公司的盈利能力的回归估计结果，在 1%的显著性水平下负相关，与列（1）中多元化哑变量对公司盈利能力的回归结果相印证，进一步证明了多元化经营有利于提高公司的盈利能力。协变量的回归结果与列（1）一致。

表 4.8　稳健性检验的回归结果

变量	(1) ROE	(2) Revenue	(3) ROE
Multy	0.009*** (0.003)	0.027** (0.013)	
herf			−0.027*** (0.010)
size	0.039*** (0.002)	1.011*** (0.008)	0.037*** (0.003)
lev	−0.327*** (0.020)	0.433*** (0.049)	−0.303*** (0.028)
growth	0.058*** (0.004)	−0.113*** (0.02)	0.060*** (0.007)

① $H = 1 - \sum_{i}^{n} p_i^2$ 。

表4.8(续)

变量	(1) ROE	(2) Revenue	(3) ROE
ppe	-0.053*** (0.017)	0.161*** (0.06)	-0.039* (0.022)
indep	-0.083*** (0.032)	-0.420*** (0.11)	-0.174*** (0.047)
tenholder	0.069*** (0.012)	0.374*** (0.049)	0.064*** (0.017)
holder	-0.008 (0.005)	0.033 (0.021)	-0.003 (0.006)
position	-0.006 (0.004)	-0.076*** (0.015)	-0.007 (0.006)
_cons	0.011 (0.014)	3.515*** (0.057)	0.059*** (0.022)
N	11 349	11 210	5 723
R-sq	0.169	0.821	0.174

注：* p<0.1，** p<0.05，*** p<0.01。

3. 异质性分析（见表4.9）

表4.9 异质性分析

变量	(1) ROE 非国有	(2) ROE 国有	(3) Revenue 非国有	(4) Revenue 国有
Multy	0.008** (0.004)	0.021** (0.009)	0.01 (0.014)	0.182*** (0.036)
size	0.041*** (0.003)	0.028*** (0.006)	1.014*** (0.008)	1.000*** (0.024)
lev	-0.332*** (0.021)	-0.276*** (0.058)	0.456*** (0.052)	-0.007 (0.127)
growth	0.067*** (0.005)	0.018*** (0.006)	-0.128*** (0.022)	-0.057 (0.047)
ppe	-0.044** (0.018)	-0.107** (0.052)	0.239*** (0.063)	-0.356** (0.16)

表4.9(续)

变量	(1) ROE 非国有	(2) ROE 国有	(3) Revenue 非国有	(4) Revenue 国有
indep	-0.082** (0.035)	-0.044 (0.073)	-0.536*** (0.119)	0.645** (0.304)
tenholder	0.069*** (0.013)	0.057 (0.038)	0.428*** (0.052)	-0.153 (0.161)
position	-0.007 (0.004)	0.005 (0.012)	-0.076*** (0.015)	0.012 (0.057)
_cons	0.004 (0.016)	0.046 (0.031)	3.513*** (0.061)	3.639*** (0.145)
N	10 176	1 173	10 067	1 143
R-sq	0.175	0.187	0.818	0.849

注：* p<0.1，** p<0.05，*** p<0.01。

为了对比国有企业和非国有企业不同类型下多元化经营对企业盈利能力和营业收入能力的影响，现分组进行回归。列（1）为非国有企业多元化哑变量对盈利能力的回归结果，列（2）为国有企业多元化变量对公司企业盈利能力的回归结果，列（3）为非国有企业多元化对企业营业收入能力的回归结果，列（4）为国有企业多元化变量对公司营业收入能力的回归结果。

4.3.4 实证回归结果

从表4.9可以看出，国有企业的多元化经营对企业盈利能力的提升比非国有企业具有更大的促进作用。此外，企业规模、企业的增长性以及股权的集中性，都是在非国有企业比在国有企业对盈利能力的提升作用更大。固定资产占比过大在国有企业比非国有企业中对盈利能力的抑制作用更明显；而企业的负债率对企业净资产利润率的抑制作用，非国有企业更大。

此外，我们注意到，非国有企业是否进行多元化经营对企业的营业收入能力没有显著的影响，而国有企业的多元化经营对企业的营业收入能力有显著的影响。企业的资产负债率对国有企业的营业收入能力没有显著影响，对非国有企业的营业收入能力有显著的正向影响。同时，固定资产对非国有企业的营业收入能力有积极的促进作用，对国有企业的营业收入能力有消极的抑制作用。董事会更加独立对国有企业的营业收入能力有正向作用，对非国有企业的收入有负面作用。股权的集中性对非国有企业有积极的促进作用，而对国有企业没有显著的影响。两职不合一对非国有企业的收入能力更有利，但是两职是否合一对国有企业的营业收入能力没有明显的影响。

综上分析，我们认为：第一，多元化经营对于提高企业盈利能力和营业收入能力都具有非常重要的促进作用，就国有企业来说，这种促进作用更加明显。对于非国有企业来讲，多元化经营对增收的作用并不显著，但是对提高净利润有一定的帮助。相对来讲，多元化经营对国有企业的意义更加重大，所以国有企业更应该注重多元化经营。第二，通过调研发现（第六章案例），不是所有企业都适合多元化经营。混合所有制企业多元化经营同样既有利也有弊，企业在进行多元化经营时需要谨慎，需要认真权衡利弊，注意产品或服务之间的协调性和经济效益，避免盲目跟风，应合理规划企业发展战略，才能实现经营的成功和可持续发展，否则会带来逆效果。

4.4 本章小结

本章选取了2010—2020年A股制造业951家上市公司的9 467个年度观测样本作为研究对象，通过描述性统计分析、时间趋势分析、跨地区对比分析等手段，从样本股权性质、前十大股东平均持股数量、盈利情况、收入波动情况、财务困境、公司治理水平、去杠杆程度等视角对国有企业通过资本市场混合所有制改革的现实状况进行了多维度探析。同时系统梳理了国有上市公司通过资本市场以产权重组的方式进行混合所有制改革的事实，总结出四大类资本市场混合所有制改革模式，通过相关分析得出以下结论：

第一，在研究期内，样本公司前十大股东中的国有性质股东占比呈现先下降后上升的“U”形趋势，由

2011 年的 31%下降至 2015 年的 24.5%，随之上升至 2020 年的 27.2%，而非国有性质股东在前十大股东中的比例呈现持续下降趋势，由 2011 年的 40%下降至 2020 年的 32.9%。而同时不同省份的上市公司其前十大股东股权性质也存在明显的异质性，按地理区位划分经济发达的东部地区其非公有性质股东比例大于中西部地区。

第二，不同产权性质的企业在盈利能力、营业收入增长性、盈利能力稳定性方面存在显著差异。样本中的国有企业盈利能力 ROA 指标，也呈现了明显的先下降后上升的“U”形趋势，非国有企业无论是在营业收入增长率、盈利能力波动性，还是现金流波动性方面均显著高于国有企业。

第三，国有企业和非国有企业终极股东两权分离度呈现明显差异化趋势，非国有企业在混合所有制改革进程中终极控股股东两权分离度有所下降，而国有企业两权分离度在近三年来通过交叉持股、宝塔形股权架构等方式呈现上升趋势。不同股权性质的企业股权制衡度的趋势存在明显差异，非国有企业股权制衡度呈现逐年下降趋势，而国有企业股权制衡度呈现波动上升态势。

第四，从预算约束角度来看，所有类型的企业融资约束水平 SA 指数都呈现下降趋势，就过度负债角度而言，国有企业过度负债水平高于非国有企业。国有绝对控股、国有相对控股的上市公司（国资股份占比 50%以下），面临着更为严峻的金融去杠杆。

第五，本章系统梳理了现有主流的混合所有制改革的主要模式，并对已有研究如何测度混合所有制改革方式进行了归纳总结，后续还提出了实证的主要测度方法。

5 “正向混合所有制改革”路径对国有企业绩效与创新影响的实证研究

随着我国经济发展进入新时代，仅仅基于要素增长的单一发展模式不可持续，企业层面的创新是工业现代化的关键。当前，中国面临的主要问题是通过进一步深化改革，化风险为机遇，增强发展集约型经济的驱动力，激发国民经济高质高效发展的潜能。而国有企业作为经济高质量发展中的主导性力量，其在保障、引领、驱动国民经济有序高质量发展以及提升国家整体科技创新综合能力方面发挥着决定性作用。党的十九大报告明确指出，国有企业改革的方向是“发展混合所有制经济”，在新时期深化国有企业改革。党的十九届四中全会宣布，“国有企业混合所有制经济”是“加强和发展国民经济，促进经济高质量发展”的重要因素。由此可见，从国家战略布局角度来看，实行国有企业混合所有制改革是增强企业自身实力、竞争力和创新能力的核心，其改革路径和改革成效受到学术界与业界的广泛关注。

正向混合所有制改革是国有企业通过引入社会资本，促进国有企业与非公有制企业的合作与发展，实现企业优化升级、提高效率、增强竞争力的改革。正向混合所有制改革的目的是，在保持国有企业控制权的前提（国有上市公司控股股东性质不变）下，利用市场机制和竞争机制（资本市场定价、发行、转让与交易功能），引入民间资本（注入多元资本），推动股权交叉融合，增强企业的活力和创新能力，提高企业的经营效率和盈利能力。

当前，在经济转型升级的背景下，政府鼓励非公有制企业参与国企改革和重组，以推动国有企业的优化和转型。此外，政府还通过放宽市场准入、取消行政审批等措施，为非公有制企业参与国企改革创造了更为宽松的环境。同时，政府还制定了相关政策，明确了混合所有制改革的方向和原则，保证国有企业的控制权不受侵犯，推动了混合所有制改革的有序进行。

正向混合所有制改革是中国国企改革的重要方向之一，是国企混合所有制改革各类模式中最为主流的方式。已有文献从国企股权结构优化的事实、内部控制质量、公司治理、国有资产流失、经营效率、非国有大股东掏空行为、“资本成本悖论”等角度对正向混合所有制改革进行了理论与实证研究（陈林 等，2019；刘汉民等，2018；卢建词 等，2018；汪平 等，2015）。从宏观层面看，中国的正向混合所有制改革已经取得了不少成绩。但是从微观层面看，如何让企业正向混合所有制改革顺利进行、推动国有企业与民营企业深度融合，依然值得关注和研究。

在前文梳理的国有企业混合所有制改革的基础上，本章聚焦正向混合所有制改革，同时从国有企业绩效和创新双重视角考察了正向混合所有制改革的影响效果及作用路径。通过构建双向固定效应模型，利用我国 A 股制造业板块上市公司 2010—2020 年的相关数据，用企业全要素生产率（TFP）来衡量企业绩效，并构建了多重指标。以实证方法回答以下三个问题：第一，在 2010—2020 年十年样本期内，国有企业进行混合所有制改革所带来的股权融合对企业绩效及创新是否有显著的影响？是促进还是降低了企业绩效与创新？第二，混合所有制改革对国有上市公司影响效应是否存在区域异质性？第三，企业所在辖区的外部营商环境、市场化程度等中观因素对混合所有制改革是否存在显著的调节效应？

本章安排如下：首先通过理论与逻辑分析提出本章的研究假设，其次依据研究假设构建本章实证模型，再次对相关变量进行描述性分析，最后为实证及异质性讨论。

5.1 研究假设

本章按照“股权结构—决策权力—战略行为—企业绩效”的研究框架进行理论分析并构建了研究假设。根据国家发展改革委的相关要求及文件精神，国有企业实施混合所有制改革的目的是充分利用各种类型的优质资本，提升国有企业的公司治理水平，优化投资和经营布局。因此，在“正向混合所有制改革”的模式下，国有上市公司进行混合所有制改革的主要做法就是积极引入适应企业发展的非公有制资本，从而依据《公司法》等通过股东大会、董事会等组织获取合法的公司战略制定配置权力，进而优化内部治理结构。非公有制股东通过其股权配置参与公司战略决策进一步影响着企业的决策行为，不仅实现了国有资本资源的优化配置，还充分利用非国有资本缓解了制度上的滞后性，并最终提升了国有企业的经济绩效。

根据资源基础理论，企业的发展需要资源，而资源被定义为能够展现组织核心竞争力的任何事物，包括有形资产和无形资产（Wernerfelt，1984）。资源基础观更加强调关注企业异质性，指出资源的异质性会导致企业的绩效差异，其基本假设是生产所需要的资源束和能力都是异质的，解释了盈利企业长期存续的内在差异性。而企业持续性竞争优势的建立源于组织控制着有价值、稀缺、不可替代和难以复制的资源和能力（Barney，1991）。企业的技术创新往往无法满足资源自给的条件，需要转向外部寻求支持。相对于民营企业而言，国有资本无疑能够更为全面地为企业提供包括法律、政策支持、资金与信贷以及土地等要素的支持。

基于委托代理理论，现代企业的一个显著特征是所有权与控制权的分离，即实际控制企业运营的个人或实体通常并非企业的最终所有者。在信息不对称的背景下，监控代理人的成本高昂可能导致代理人侵害委托人利益的情况。对于国有企业而言，管理层的有效激励与监督机制尚不完善，因此其面临的委托代理问题可能比私营企业更为严重。因此，引入非公有制股东等不同性质的投资主体，可以有效减少“一股独大”的现象，构建起更加均衡的股权结构，并借助非公有制资本提升其市场灵活性。不同类型与所有制背景的资本相互交融，促进了股东群体的多元化和股权结构的多样化，吸引了多样的要素资源加入企业，并因股东参与动机和管理需求的不同而形成差异化的监督机制，从而提升了国有企业的治理效能。基于以上分析，本章提出研究假设1。

假设1：在其他因素保持不变的情况下，国有企业股权结构越呈现多元化，越能够提升企业绩效及创新能力。

国有企业与各级政府存在着错综复杂的联系，在国有企业混合所有制改革的过程中，作为国有企业的所有者、监管者和政策执行者，政府对其战略发展、改革和创新有着决定性的影响。国有企业能否进行混合所有制改革、如何进行混合所有制改革、改革过程中的具体路径与举措，其核心取决于各级政府的政策以及各地经济、产业结构等诸多外部因素。

从企业角度来看，降低交易成本这一机制是企业区域外部环境特别是营商、政商环境促进企业改革创新的重要体现。正如企业创新理论指出的，企业创新面临着巨大的不确定性，良好的营商环境一方面通过优化审批步骤、精简相关程序、压缩流程时间等可以降低企业面临的制度成本、信息成本，另一方面可以降低政策的不确定性，从而有利于激发企业的创新活力。就地区角度而言，商业环境的优化体现为国家和市场在资源配置方面的关系。改革行政审批，优化营商环境，目的是调节“看不见的市场之手”和“积极的政府”之间的关系，资源配置的主要机制是市场机制，辅之以国家监管。行政审批的干预和要素资源配置的扭曲导致了创新要素资源的价格失真，降低了资本、劳动力和技术的配置效率，进而抑制了区域内企业的创新活动。通过优化营商环境，能够依托市场机制实现生产要素的合理定价与高效分配，消除政府在要素资源定价与分配中的行政垄断和制度性扭曲，充分激发企业家的精神活力，激励企业增加创新投入，提升创新产出。综上所述，本章提出研究假设2。

假设2：企业所在区域的营商环境，将对国企股权结构多元化效应起显著的调节效应。

5.2 研究数据与设计

随着国内外经济环境的变化，我国经济发展已进入新常态。在加快制造业转型升级、推动经济跨越式发展中，创新驱动力已成为重要支撑。因此，本章以2011—2020年制造业类的上市公司为研究对象，重点关注了其中的国有企业。所有公司财务数据、治理数据、股权结构数据、财务困境数据均来自国泰安CSMAR数据库，部分财务数据来自WIND咨询金融数据终端。为了准确识别上市公司股权多元化，全书对上市公司年报进行了手工翻阅与整理。考虑到研究主题和样本数据的分布特征及其可获得性，本章按照如下规则对样本公司进行了筛选：①剔除 AH、AB 股交叉上市的样本；②剔除 ST、PT 等被特殊处理的样本；③为了保证面板数据平衡性，只考虑 2010 年之前上市的公司。④剔除超过两个年份财务数据缺失的样本；⑤剔除财务数据明显异常的样本；⑥所有连续类型指标均在 5%的水平上进行了截尾处理。按照上述条件筛选后，本章最终得到的上市公司数量为 368 家，观察样本为 2 162 个。

5.2.1 变量说明与描述性统计分析

（1）被解释变量。主流文献主要从投入和产出两个维度测度了企业创新行为。创新投入反映了企业将各类有形和无形资源，通过合理制度流程进行组织、技术、管理、战略创新。已有研究的第一个维度主要选择的是研发投入占营业收入比例、研发投入占总资产比例来衡量企业的创新投入。另一个维度以产出为导向，重点考察了企业创新行为的绩效。Euske 将“绩效测量”定义成“为目标评价而确定的产出特征”。企业创新的有效性应着重于创新结果满足经济绩效目标的程度。从这个层面来看，衡量企业技术创新成效的一个高效指标是新产品销售情况。通过新产品销售来衡量公司的创新效果，是最接近“绩效测度”的初始定义的，但这在操作上有一些限制。新产品销售往往是商业秘密的主题，大多数非上市公司不愿意主动披露新产品的销售数据（朱

雪忠 等，2021）。因此，本书选择主流研究使用的专利申请数量来衡量企业创新产出，为了研究结果的稳健性，我们还考虑使用专利中技术含量相对较高的实用新型和发明专利申请数量之和来做稳健性检验。

关于企业绩效，本书参考鲁晓东、连玉君（2012）的文献，使用 LP 法，利用柯布-道格拉斯生产函数来测度了样本国有企业全要素生产率指标，具体而言是使用上市公司增加值作为产出变量，使用上市公司职工人数作为劳动力 L 的投入指标，把企业年固定资产净值作为资本投资 K，把购买商品、接受劳动支付的现金 M 作为中间投入品。

（2）主要解释变量。正如前章所述，本书使用股权多元化刻画了混合所有制改革，主要包括股东类型数量、股权集中度 HHI、股权集中度熵值法 EI、非公有股权制衡比例四个代理变量。

（3）调节变量。在混合所有制改革进程中，异质性外部制度环境通常会对改革进程及其最终结果产生影响。为了刻画这类地区差异以及外部制度环境对企业创新的效应，考虑到经济社会发展水平存在显著的区域差异，本章按照上市公司所在地的省份，将其划分为东部、中部和西部地区。同时，结合王小鲁、樊纲的中国市场化指数，探讨了各省的市场化水平、政府与市场的关系以及非国有经济发展水平三个省级层面指标的调节效应。

（4）中介变量。为了检验混合所有制改革对企业创新的影响机制，本章设定了一系列财务困境指标作为中介变量。其主要包括融资约束类指标、营业收入及盈利波动类指标。

（5）控制变量。参考已有文献，本章选择企业总资产并取对数，总资产收益率、资产负债率、账面市值比、控股股东持股比例、独立董事占比、股权制衡度、对数化管理层前三名薪酬总额、董事会规模作为控制变量。同时，本书考虑对两职合一、董事会规模、独立董事占比、高管薪酬、高管持股比例、股权制衡、机构投资者持股比例七个指标进行主成分分析，并选取第一主成分作为公司治理的指标。

5.2.2　描述性统计分析

为了考察国有企业的相关变量的分布特征，本章将样本按照东部、中部、西部划分为三个地区并分别对三个区域的变量进行了描述性分析，具体结果见表5.1—表5.2，样本企业全要素生产率分布见图5.1。

表5.1　主要变量描述性统计分析

变量	Obs	Mean	Std. Dev.	Min	Max
LP法计算的全要素生产率	2 356	9.22	0.94	6.73	11.51

表5.1(续)

变量	Obs	Mean	Std. Dev.	Min	Max
研发投入占营业收入比例	2 405	0.03	0.028	0	0.313
研发投入占总资产比例	2 405	0.019	0.017	0	0.155
专利申请数量	2 359	141.725	473.219	1	7 803
不含外观的专利申请数	2 359	130.755	451.952	0	7 721
股东类型数量	2 612	3.731	0.907	1	6
股权集中度 HHI	2 612	0.813	0.121	0.292	0.987
股权集中度熵值法	2 612	-0.89	0.27	-1.848	-0.204
非公有股权制衡比例	2 573	1.149	5.68	0.019	49.879

表 5.2　分地区主要变量描述统计分析

变量	N	Mean	SD	Min	Max
东部地区样本					
LP 法计算的全要素生产率	1 261	9.3	0.95	6.73	11.51
研发投入占营业收入比例	1 354	0.032	0.031	0	0.313
研发投入占总资产比例	1 354	0.02	0.017	0	0.155
专利申请数量	1 345	174.168	574.616	1	7 803
不含外观的专利申请数	1 345	163.043	559.394	0	7 721
股东类型数量	1 471	3.764	0.893	2	6
股权集中度 HHI	1 471	0.806	0.125	0.326	0.987
股权集中度熵值法	1 471	-0.888	0.269	-1.848	-0.232
非公有股权制衡比例	1 451	1.292	6.182	0.019	49.879

表 5.2（续）

变量	N	Mean	SD	Min	Max
中部地区样本					
LP 法计算的全要素生产率	628	9.1	0.89	7.1	10.98
研发投入占营业收入比例	608	0.031	0.026	0	0.163
研发投入占总资产比例	608	0.021	0.018	0	0.087
专利申请数量	583	100.554	318.929	1	4 308
不含外观的专利申请数	583	90.887	273.908	0	3 646
股东类型数量	661	3.675	0.930	1	6
股权集中度 HHI	661	0.828	0.112	0.376	0.977
股权集中度熵值法	661	-0.897	0.257	-1.735	-0.325
非公有股权制衡比例	643	1.253	5.576	0.019	49.879
西部地区样本					
LP 法计算的全要素生产率	467	9.17	0.96	6.89	11
研发投入占营业收入比例	443	0.024	0.022	0	0.117
研发投入占总资产比例	443	0.015	0.014	0	0.066
专利申请数量	431	96.172	225.051	1	1 915
不含外观的专利申请数	431	83.923	181.346	0	1 584
股东类型数量	480	3.706	0.916	2	6
股权集中度 HHI	480	0.816	0.120	0.292	0.983
股权集中度熵值法	480	-0.887	0.291	-1.574	-0.204
非公有股权制衡比例	479	0.579	3.933	0.019	49.879

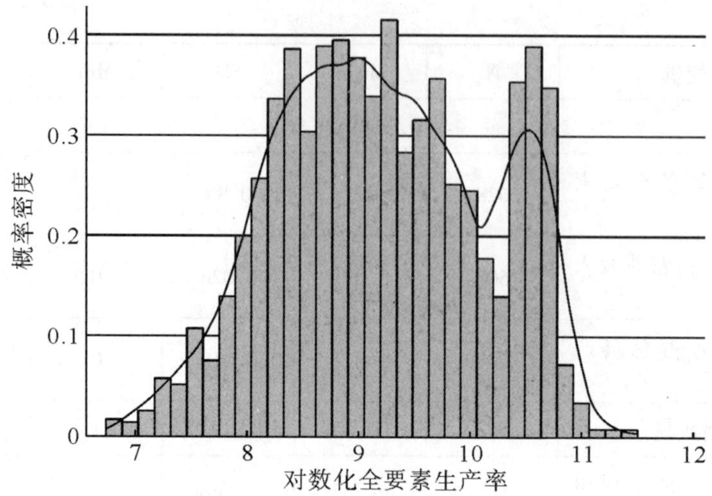

图 5.1　样本对数化全要素生产率核密度

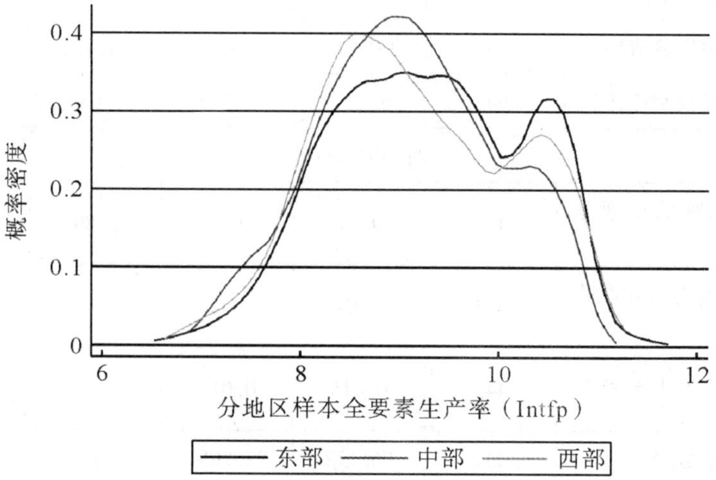

图 5.2　分地区样本对数化全要素生产率

从表 5.1—表 5.2 以及图 5.1 和图 5.2 的描述统计和概率密度分布中，我们可以初步得出以下结论。

第一，整体而言，样本企业研发投入比例较低，平均研发投入仅占当年营业收入的3%，只占总资产比例的1.9%，因此，制造业上市国有企业对创新研发的投入相对较低。研究样本的创新投入存在一定程度的地区异质性，东部地区的子样本中无论是研发占营业收入还是研发占总资产比例，均略高于中部和西部地区的子样本，其均值分别为3.2%和2.1%。并且东部地区专利申请数量、不含外观的专利申请数也明显高于中西部地区，其均值分别为174件和163件。

第二，在全样本中，股东种类数量均值为3.7个，股权集中度HHI的均值为0.81，这表明样本内国有制造类上市公司的混合所有制改革程度仍需不断深入。从数据层面看，东部地区混合所有制改革进程略优于中西部地区。非公有股权制衡比例这一指标显示出东部和中部地区子样本中非公有制股东制衡度明显大于西部地区。

第三，样本国企全要素生产率呈现一定程度的左偏分布，其均值为9.22，方差为0.94，最小值为6.74，最大值为11.51。这表明，样本国企全要素生产率存在较大差异，且不同区域的全要素生产率也呈现出了一定差异。

5.3 实证检验与分析

5.3.1 实证模型构建

本章利用模型（5.1）实证检验了混合所有制改革对国有企业创新投入及创新产出的影响，利用模型（5.2）—（5.5）实证考察了混合所有制改革通过改善融资约束、财务困境从而影响企业创新作用机制，利用模型（5.6）—（5.7）考察了地区异质性对混合所有制改革的调节效应。

$$\text{lntfp}_{i,t}=\alpha_0+\alpha_1\text{Mix}_{i,t}+\alpha\sum\text{contol}_{it}+\text{Year}_{it}+\text{Industry}_{it}+\gamma_i+\epsilon_{it} \tag{5.1}$$

$$\text{KZ}_{it}=\alpha_0+\alpha_1\text{Mix}_{it}+\alpha\sum\text{contol}_{it}+\text{Year}_t+\text{Industry}_{it}+\gamma_i+\epsilon_{it} \tag{5.2}$$

$$\text{SA}_{it}=\alpha_0+\alpha_1\text{Mix}_{it}+\alpha\sum\text{contol}_{it}+\text{Year}_t+\text{Industry}_{it}+\gamma_i+\epsilon_{it} \tag{5.3}$$

$$\text{INV}_{it}=\alpha_0+\alpha_1\text{Mix}_{it}+\alpha\sum\text{contol}_{it}+\text{SA}_{it}+\text{Year}_t+\text{Industry}_{it}+\gamma_i+\epsilon_{it} \tag{5.4}$$

$$INV_{it}=\alpha_0+\alpha_1 Mix_{it}+\alpha\sum contol_{it}+KZ_{it}+$$
$$Year_t+Industry_{it}+\gamma_i+\epsilon_{it} \quad (5.5)$$
$$KZ_{it}=\alpha_0+\alpha_1 Mix_{it}+\alpha\sum contol_{it}+$$
$$Year_{it}+Industry_{it}+\gamma_i+\epsilon_{it} \quad (5.6)$$
$$KZ_{it}=\alpha_0+\alpha_1 Mix_{it}+\alpha\sum contol_{it}+$$
$$Year_{it}+Industry_{it}+\gamma_i+\epsilon_{it} \quad (5.7)$$

5.3.2 混合所有制改革对国企上市公司绩效的影响实证结果

为了检验混合所有制改革引致的国有上市公司股权多元化对企业全要素生产率的影响，我们利用模型（5.1）对其进行基础回归分析，选取国有企业上市公司全要素生产率作为被解释变量，使用股东类型数量、股权集中度 HHI、股权集中度熵值法 EI、非公有股权制衡比例四个指标作为自变量，同时控制行业与年份固定效应的估计结果如表 5.3 所示。可以发现，前十大股东 HHI、前十大股东 EI、非公有制股权制衡度的估计系数在 1%的水平下显著，且符号与研究假设相符合。这说明，国有企业股权集中度的下降（HHI、EI）有利于提升企业全要素生产率，非公有制股制衡度的提高促进了企业全要素生产率的提高，因此研究假设 1 得到了部分验证。这说明非国有资本注入国企能提升股权的多元化程度，进而推动国企实施现代化管理，有助于国有企业全要素生产率的提升。全要素生产率的提升反映了混合所有制改革所带来的企业生产和经营效率的提高，同时也体现了技术创新带来的技术效率提升以及扩大生产规模所产生的规模效应。

表 5.3　混合所有制改革对国企绩效影响的基准回归结果

变量	(1) TFP	(2) TPF	(3) TFP	(4) TFP
股东种类数量	−0.023 (0.016)			
前十大股东 HHI		−0.012*** (0.003)		
前十大股东 EI			−0.002** (0.001)	
非公有制股权制衡度				0.002*** (0.001)
对数总资产	0.537*** (0.047)	0.545*** (0.045)	0.536*** (0.047)	0.543*** (0.046)
资产负债率	0.004 (0.004)	0.004 (0.004)	0.004 (0.004)	0.003 (0.004)
账面市值比	−0.279 (0.25)	−0.306 (0.247)	−0.287 (0.245)	−0.371 (0.215)
控股股东持股比例	0.001 (0.002)	0.012*** (0.002)	0.001 (0.002)	0.002 (0.002)
独立董事占比	0 (0.001)	0 (0.001)	0 (0.001)	−0.001 (0.001)
股权制衡度	−0.086 (0.066)	−0.019 (0.059)	−0.119 (0.081)	−0.062 (0.07)
对数管理层薪酬	0.163*** (0.048)	0.162*** (0.046)	0.161*** (0.047)	0.161*** (0.05)

表 5.3（续）

变量	(1) TFP	(2) TPF	(3) TFP	(4) TFP
董事会规模	0.004 (0.006)	0.003 (0.006)	0.004 (0.006)	0.001 (0.007)
常数项	-5.324*** (0.63)	-5.766*** (0.516)	-5.417*** (0.628)	-5.459*** (0.561)
样本数	2 291	2 291	2 291	2 255
R-squared	0.715	0.716	0.715	0.722
Adj R^2	0.711	0.712	0.711	0.718
Industry FE	Yes	Yes	Yes	Yes
Year FE	Yes	Yes	Yes	Yes

注：括号中是在行业层面聚类的稳健标准误，*** p<0.01，** p<0.05，* p<0.1，下同。

5.3.3 分地区回归结果分析

本小节按照上市公司总部所在地的省份将其按照地理区域划分为东部、中部、西部三大区域，运用分组回归方法考察了混合所有制改革对不同区域企业全要素生产率的影响效应，不同地区股权多元化对国有上市公司全要素生产率的异质性影响效应。表 5.4 报告了分地区全要素生产率估计结果。

表 5.4 分地区全要素生产率估计结果

	东部地区	中部地区	西部地区
非公有制股权制衡度	0.01 (0.06)	0.16* (0.07)	0.02* (0.01)
对数总资产	0.491*** (0.058)	0.629*** (0.046)	0.654*** (0.044)

表5.4(续)

	东部地区	中部地区	西部地区
资产负债率	0.008** (0.003)	−0.005 (0.006)	−0.006 (0.004)
账面市值比	0.037 (0.149)	−1.002* (0.431)	−0.781 (0.462)
控股股东持股比例	0.001 (0.002)	0.003 (0.004)	0.003 (0.003)
独立董事占比	−0.001 (0.003)	−0.008*** (0.002)	0.012*** (0.002)
股权制衡度	−0.085** (0.032)	−0.085 (0.234)	−0.09 (0.076)
对数管理层薪酬	0.211*** (0.064)	0.168** (0.062)	0.063 (0.098)
董事会规模	−0.01 (0.015)	−0.032** (0.012)	0.046*** (0.011)
常数项	−5.147*** (0.739)	−6.36*** (0.367)	−6.945*** (0.801)
样本数	1 207	587	454
R-squared	0.715	0.747	0.784
Adj R^2	0.708	0.738	0.774
Industry FE	Yes	Yes	Yes
Year FE	Yes	Yes	Yes

从估计结果来看，对于中部和西部地区的上市公司而言，非公有制股权制衡度在10%的显著性水平下为正。这说明，对于中西部这样的发展相对较为落后的地区的国有企业，通过混合所有制改革引入更多非公有制，对其全要素生产率有着更为明显的提升效果，特别是中部地区非公有制股权制衡度的影响效应也是最大

的，而西部地区的企业非公有制股权制衡带来的影响相对较小。结合前文的描述性分析与本章的实证结果可知，由于中部、西部地区国有企业尚处于混合所有制改革的初级阶段，而东部地区国有企业的股权多元化程度相对较高，因此非公有制股权制衡度于中西部地区的国有上市公司全要素生产率的提升作用显著高于东部发达地区。

5.3.4 区域市场化程度对混合所有制改革的调节效应检验

为了考察外部宏观制度因素的不同对各省份国有上市公司混合所有制改革是否存在调节效应，本章选取王小鲁、樊纲编制的《中国分省市场化指数》中的市场化总指数作为调节变量，并使用政府与市场的关系、产品市场的发育程度、要素市场的发育程度、市场中介组织的发育和法律制度环境几个分项指标，分别考察了各省市场化指数对股权多元化的交互效应。具体估计方法是在模型中依次加入非公有股权制衡度与各个市场化指数指标的交互项，以此估计混合所有制改革对国有企业全要素生产率的影响机制及其边际效用。具体估计结果如表 5.5 所示。

表 5.5　各省市场化程度对国有企业混合所有制改革的调节效应估计结果

变量	(1) lntfp	(2) lntfp	(3) lntfp	(4) lntfp	(5) lntfp
非公制衡度	0.027 (0.018)	0.028* (0.014)	0.007 (0.015)	0.02** (0.01)	0.02 (0.014)
各省市场化指数	0.014** (0.007)				
市场化指数×非公制衡度	0.02*** (0.002)				
各省政府与市场关系		0.013** (0.004)			
政府市场关系×非公制衡度		0.004** (0.001)			
各省产品市场发育程度			0.01 (0.018)		
产品市场发育×非公制衡度			0 (0.001)		
各省要素市场发育程度				0.01*** (0.008)	
要素市场发育×非公制衡度				-0.03*** (0.01)	
各省市场中介及法律					0.02** (0.011)
法律发育程度×非公制衡度					0.02*** (0.01)
对数总资产	0.546*** (0.046)	0.547*** (0.046)	0.547*** (0.041)	0.544*** (0.047)	0.544*** (0.046)
资产负债率	0.003 (0.004)	0.003 (0.004)	0.003 (0.004)	0.003 (0.004)	0.003 (0.004)
账面市值比	-0.372* (0.209)	-0.378* (0.213)	-0.382* (0.194)	-0.366* (0.206)	-0.367* (0.201)
控股股东持股比例	0.002 (0.002)	0.002 (0.002)	0.002 (0.002)	0.002 (0.002)	0.002 (0.002)
独立董事占比	-0.001 (0.001)	-0.001 (0.001)	-0.001 (0.001)	-0.001 (0.001)	-0.001 (0.001)
股权制衡度	-0.064 (0.071)	-0.064 (0.07)	-0.064 (0.073)	-0.062 (0.07)	-0.063 (0.074)
对数管理层薪酬	0.151*** (0.047)	0.151*** (0.048)	0.156*** (0.052)	0.16*** (0.05)	0.163*** (0.051)

表5.5(续)

变量	(1) lntfp	(2) lntfp	(3) lntfp	(4) lntfp	(5) lntfp
董事会规模	0.002 (0.006)	0.002 (0.007)	0 (0.006)	0.001 (0.006)	0.002 (0.005)
常数项	-5.476*** (0.594)	-5.486*** (0.584)	-5.542*** (0.436)	-5.456*** (0.517)	-5.501*** (0.506)
样本数	2 255	2 255	2 255	2 255	2 255
R-squared	0.722	0.722	0.721	0.721	0.722
Industry FE	Yes	Yes	Yes	Yes	Yes
Year FE	Yes	Yes	Yes	Yes	Yes

从估计结果可以发现，总体而言各省份市场化程度对股权多元化具有显著的正向调节效应，“市场化指数×非公制衡度”变量的估计系数在5%的水平下显著为正。这意味着，当上市公司所在省份市场化程度越高时，混合所有制改革对企业绩效也就是全要素生产率的提升效应也就越大，至此，本章研究假设2得到验证。其次，从各个分项指标估计结果中可以发现，政府与市场的关系、要素市场发展程度以及市场中介组织的发育和法律制度环境几个分项指标与非公有制制衡度的交互项显著为正，而产品市场发展程度的交互项并不具备统计意义上的显著。具体而言，市场中介组织的发育和法律制度环境指标估计系数最大，说明市场中介活力和法律制度的完备性是推动混合所有制改革并进而提高企业绩效的关键影响因素。这一结果强调了在进行混合所有制改革时，需要一个健全的法律环境和高效的市场中介服务作

为支撑，以确保改革能够有效地提升企业表现。

5.3.5 混合所有制改革对制造业国有上市公司创新行为的实证结果

本章利用控制了行业、年份固定效应的模型（1）对研究主题进行基准回归分析，表5.6—5.7分别汇报了2011—2020年全样本及2011—2017年的子样本。本书采用研发支出与营业收入之比作为衡量企业创新投入的代理变量，进而评估了企业在创新方面的投入程度。研究中详细报告了四项指标，这些指标旨在衡量混合所有制改革（股权多元化）的成效：股东类型的多样性、前十大股东的赫芬达尔-赫希曼指数（HHI）、前十大股东的熵指数（EI），以及非公有制股权的制衡程度。这些指标共同勾勒出混合所有制改革的全貌，反映了企业在股权结构上的多元化水平及其对创新投入的潜在影响。从表5.6（1）—（3）列可以看出，股东种类数量、前十大股东HHI指数、前十大股东EI指数，在1%的水平下显著，其估计系数分别为0.11、-0.05、-0.01。这表明，在控制了公司规模、盈利能力、账面市值比以及一系列与公司治理相关的变量之后，当股东构成从单一属性股东转变为具有最大多样性的六种不同属性的股东时，企业的研发投入预计将增加0.55%。这一发现突显了多样化股东结构对促进企业创新活动投入的积极作用。当前十大股东赫芬达尔指数 HHI 下降一个标准差（12%）时，创新研发投入提升 0.6%。当前十大股东熵权指数 EI 下降一个标准差（27%）时，创新研发投入将提升 0.27%，而非国有股权制衡指数在统计意义上不具有显著性。同时，表 5.7 汇报了子样本估计结果，结果基本稳健。关于混合所有制改革对上市国有企业创新投入基准估计结果可以得出，股权多样性的提升、股权集中度的降低对样本中国有企业进行创新投入具有统计意义与经济意义显著的结果。

表 5.6　2011—2020 年全样本基准回归结果

变量	(1) 研发投入占营业收入比例	(2) 研发投入占营业收入比例	(3) 研发投入占营业收入比例	(4) 研发投入占营业收入比例
股东种类数量	0.109*** (0.031)			
前十大股东 HHI		-0.51*** (0.0 569)		
前十大股东 EI			-0.012*** (0.003)	
非公有制股权制衡度				-0.003 (0.016)
对数总资产	-0.447*** (0.066)	-0.405*** (0.07)	-0.454*** (0.057)	-0.431*** (0.062)
ROA	-0.024 (0.02)	-0.029 (0.021)	-0.032 (0.021)	-0.031* (0.017)
资产负债率	-0.039* (0.02)	-0.04* (0.019)	-0.038* (0.019)	-0.041* (0.019)
账面市值比	-2.149 (1.344)	-2.186 (1.311)	-2.029 (1.26)	-2.326* (1.215)

表5.6(续)

变量	(1) 研发投入占 营业收入比例	(2) 研发投入占 营业收入比例	(3) 研发投入占 营业收入比例	(4) 研发投入占 营业收入比例
控股股东持股比例	-0.003 (0.009)	0.041*** (0.007)	-0.003 (0.01)	-0.003 (0.009)
独立董事占比	0.003 (0.01)	0.004 (0.011)	0.005 (0.011)	0.001 (0.01)
股权制衡度	0.034 (0.17)	0.333** (0.143)	-0.47*** (0.1)	0.001 (0.173)
对数管理层薪酬	0.749*** (0.171)	0.737*** (0.17)	0.744*** (0.17)	0.814*** (0.159)
董事会规模	0.029 (0.028)	0.029 (0.029)	0.024 (0.027)	0.022 (0.031)
常数项	4.323 (2.696)	3.086 (2.878)	3.975 (2.766)	3.729 (2.623)
样本数	2 302	2 302	2 302	2 266
R-squared	0.269	0.272	0.273	0.273
Adj R^2	0.26	0.263	0.264	0.263
Industry FE	Yes	Yes	Yes	Yes
Year FE	Yes	Yes	Yes	Yes

注：括号中是在行业层面聚类的稳健标准误，*** p<0.01，** p<0.05，* p<0.1，下同。

表 5.7　2011—2017 年子样本基准回归结果

变量	(1) 研发投入占 营业收入比例	(2) 研发投入占 营业收入比例	(3) 研发投入占 营业收入比例	(4) 研发投入占 营业收入比例
股东种类数量	0.109*** (0.031)			
前十大股东 HHI			-0.052*** (0.006)	
前十大股东 EI				-0.012*** (0.003)

表 5.7（续）

变量	(1) 研发投入占营业收入比例	(2) 研发投入占营业收入比例	(3) 研发投入占营业收入比例	(4) 研发投入占营业收入比例
非公有制股权制衡度		-0.003 (0.016)		
对数总资产	-0.447*** (0.066)	-0.431*** (0.062)	-0.405*** (0.07)	-0.454*** (0.057)
ROA	0 (0)	0* (0)	0 (0)	0 (0)
资产负债率	-0.039* (0.02)	-0.041* (0.019)	-0.04* (0.019)	-0.038* (0.019)
账面市值比	-2.149 (1.344)	-2.326* (1.215)	-2.186 (1.311)	-2.029 (1.26)
控股股东持股比例	-0.003 (0.009)	-0.003 (0.009)	0.041*** (0.007)	-0.003 (0.01)
独立董事占比	0.003 (0.01)	0.001 (0.01)	0.004 (0.011)	0.005 (0.011)
股权制衡度	0.034 (0.17)	0.001 (0.173)	0.333** (0.143)	-0.47*** (0.1)
对数管理层薪酬	0.749*** (0.171)	0.814*** (0.159)	0.737*** (0.17)	0.744*** (0.17)
董事会规模	0.029 (0.028)	0.022 (0.031)	0.029 (0.029)	0.024 (0.027)
常数项	4.323 (2.696)	3.729 (2.623)	3.086 (2.878)	3.975 (2.766)
样本数	2 302	2 266	2 302	2 302
R-squared	0.269	0.273	0.272	0.273
Adj R^2	0.26	0.263	0.263	0.264
Industry FE	Yes	Yes	Yes	Yes
Year FE	Yes	Yes	Yes	Yes

表 5.8—表 5.9 分别汇报了 2011—2017 年子样本中，混合所有制改革对创新产出的影响的估计结果。其中，表 5.8 汇报了样本中企业每年发明专利、实用新型专利、外观专利三项专利申请之和作为被解释变量的估计结果，表 5.9 汇报了扣除了技术含量相对较低的外观专利后的估计结果。从两个表中可以看出，衡量所有权多元化的指标股东种类数量、前十大股东赫芬达尔指数 HHI 两个变量分别在 10%和 1%的水平下具有统计显著性，而熵权法度量的股权集中度与非国有股东制衡度并不具备统计意义上的显著。从经济意义的层面来看，在其他因素保持不变的前提下，企业股东种类数量每增加一个，对其专利申请数量分别增加 21.5 个和 22 个，前十大股东赫芬达尔指数每下降一个标准差（12%），企业专利数量增加数分别为 82 个和 84 个，该结果无论在统计层面还是经济意义上，均显示在控制了一系列公司治理指标后，股东多元化对企业创新产出具有显著的促进作用。综上所述，研究假设 1 得到了基本验证。

表 5.8 混合所有制改革对专利申请的回归结果

变量	(1) 总专利 申请数	(2) 总专利 申请数	(3) 总专利 申请数	(4) 总专利 申请数
股东种类数量	21.47* (11.512)			

表 5.8（续）

变量	(1) 总专利 申请数	(2) 总专利 申请数	(3) 总专利 申请数	(4) 总专利 申请数
前十大股东 HHI		−6.82*** (0.412)		
前十大股东 EI			1.038 (0.614)	
非公有制股权制衡度				0.046 (0.328)
对数总资产	151.306*** (42.997)	146.066*** (42.473)	152.718*** (43.957)	151.334*** (42.656)
ROA	−0.044** (0.016)	−0.038** (0.014)	−0.037** (0.015)	−0.043*** (0.014)
资产负债率	−2.893*** (0.835)	−2.814*** (0.865)	−3.014*** (0.921)	−2.848*** (0.829)
账面市值比	−134.242** (59.487)	−137.124** (58.858)	−156.044** (64.867)	−138.001** (59.411)
控股股东持股比例	−3.054** (1.026)	−8.798*** (0.688)	−3.119** (1.11)	−3.133*** (0.996)
独立董事占比	−0.664 (1.64)	−0.792 (1.416)	−0.862 (1.529)	−0.581 (1.624)
股权制衡度	19.617 (26.038)	−19.951 (27.341)	60.822 (50.47)	18.068 (25.391)
对数管理层薪酬	39.445 (29.058)	39.9 (28.386)	38.733 (27.565)	38.643 (29.316)
董事会规模	−6.053*** (1.904)	−6.252*** (1.787)	−5.993*** (1.823)	−5.919*** (1.911)
常数项	−3 395.973** (1 333.952)	−3 248.766** (1 349.437)	−3 404.37** (1 319.652)	−3 468.114** (1 373.859)
Observations	2 254	2 254	2 254	2 225
R-squared	0.187	0.188	0.187	0.183
Adj R^2	0.177	0.177	0.176	0.172
Industry FE	Yes	Yes	Yes	Yes
Year FE	Yes	Yes	Yes	Yes

表 5.9　混合所有制改革对扣除外观专利申请数的回归结果

变量	(1) 扣除外观专利	(2) 扣除外观专利	(3) 扣除外观专利	(4) 扣除外观专利
股东种类数量	21.971* (11.728)			
前十大股东 HHI		-7.206*** (0.252)		
前十大股东 EI			1.109 (0.679)	
非公有制股权制衡度				0.29 (0.282)
对数总资产	141.671*** (41.54)	136.113*** (40.667)	143.151*** (42.594)	141.629*** (41.167)
ROA	-0.052*** (0.016)	-0.045*** (0.014)	-0.044*** (0.014)	-0.051*** (0.014)
资产负债率	-2.873*** (0.886)	-2.789** (0.913)	-3.001*** (0.98)	-2.838*** (0.878)
账面市值比	-134.238** (54.096)	-136.849** (53.952)	-156.939** (61.319)	-139.74** (54.106)
控股股东持股比例	-2.658*** (0.854)	-8.726*** (0.814)	-2.727** (0.946)	-2.71*** (0.81)
独立董事占比	-1.013 (1.198)	-1.148 (0.965)	-1.224 (1.087)	-0.93 (1.166)
股权制衡度	32.218 (30.925)	-9.477 (30.635)	76.373 (58.594)	31.37 (30.544)
对数管理层薪酬	36.323 (27.522)	36.835 (26.928)	35.605 (26.01)	34.581 (27.354)
董事会规模	-6.493** (2.219)	-6.692** (2.307)	-6.413** (2.243)	-6.321** (2.243)
常数项	-3 143.592** (1 252.863)	-2 985.732** (1 256.216)	-3 149.429** (1 234.975)	-3 203.514** (1 287.457)
样本数	2 254	2 254	2 254	2 225
R-squared	0.182	0.183	0.182	0.177

表5.9(续)

变量	(1) 扣除外观专利	(2) 扣除外观专利	(3) 扣除外观专利	(4) 扣除外观专利
Adj R^2	0.171	0.172	0.171	0.166
Industry FE	Yes	Yes	Yes	Yes
Year FE	Yes	Yes	Yes	Yes

5.3.6 地区异质性对混合所有制改革效果的调节效应

我们首先将研究样本企业按照公司总部所在地的省份划分为东部地区与非东部地区，具体而言：公司总部所在地为北京市、天津市、河北省、辽宁省、上海市、江苏省、浙江省、福建省、山东省、广东省、广西壮族自治区、海南省的上市公司为东部地区样本，其他非上述省份的企业为非东部区域。此处仍然使用模型（1）在上述两个子样本内进行回归分析，表5.10汇报了估计结果。如表5.10所示的所有单数列均为非东部地区样本回归结果，所有的偶数列为东部样本估计结果。由列（1）和列（2）的结果可知，相对于非东部地区，东部地区股东种类对于企业创新投入有显著影响。由列（3）和列（4）的结果可知，非东部地区如果降低前十大股东赫芬达尔指数HHI可以显著提升企业对研发创新的投入，而东部地区这一效应并不显著，另一个衡量股权制衡的指标 EI 指数也得到了同样的结果。对于非国有股权制衡度而言，在非东部地区样本中，该指标能够显著地提升企业创新投入，而东部地区无论是统计意义还是经济意义均不显著。从上面的分析我们可以看出，混合所有制改革对企业创新投入的影响效应存在明显的区域异质性，整体而言东部地区市场化程度相对较高，非国有经济发展良好。就这些地区的企业而言，进一步推进股东多元化，降低股东中的国资比例对于激发国有制造业上市公司创新投入的效果并不显著。同时，对于非东部地区国有企业而言，进一步降低股权集中度，提升非国有企业持股比例与制衡度能够有效提升企业创新研发投入。

表 5.10　地区异质性对创新投入的估计结果

变量	(1) 非东部	(2) 东部	(3) 非东部	(4) 东部	(5) 非东部	(6) 东部	(7) 非东部	(8) 东部
股东种类数量	−0.012 (0.028)	0.107*** (0.014)						
前十大股东 HHI			−8.525*** (0.572)	−0.199 (0.871)				
前十大股东 EI					−0.007* (0.003)	0 (0.002)		
非公有制股权制衡度							0.024* (0.009)	0 (0.01)
对数总资产	−0.497*** (0.041)	−0.408*** (0.039)	−0.455*** (0.025)	−0.41*** (0.043)	−0.491*** (0.033)	−0.412*** (0.04)	−0.486*** (0.047)	−0.397*** (0.036)
ROA	0.062*** (0.014)	0.036* (0.018)	0.058*** (0.013)	0.036* (0.019)	0.059*** (0.015)	0.035 (0.02)	0.061*** (0.013)	0.033 (0.021)
资产负债率	0.007 (0.006)	−0.002 (0.004)	0.007 (0.004)	−0.002 (0.004)	0.007 (0.006)	−0.002 (0.004)	0.006 (0.007)	−0.003 (0.003)
账面市值比	0.968*** (0.197)	−0.565 (0.622)	0.61*** (0.098)	−0.52 (0.642)	0.957*** (0.149)	−0.515 (0.646)	0.799** (0.314)	−0.729 (0.533)

表5.10(续)

变量	(1) 非东部	(2) 东部	(3) 非东部	(4) 东部	(5) 非东部	(6) 东部	(7) 非东部	(8) 东部
控股股东持股比例	0.01 (0.008)	0.007 (0.008)	0.08*** (0.01)	0.009 (0.01)	0.011 (0.009)	0.007 (0.008)	0.012 (0.008)	0.009 (0.008)
独立董事占比	-0.007 (0.012)	0.013 (0.014)	-0.002 (0.009)	0.013 (0.014)	-0.005 (0.013)	0.013 (0.014)	-0.007 (0.013)	0.011 (0.013)
股权制衡度	-0.121 (0.073)	0.14 (0.078)	0.325*** (0.067)	0.173* (0.091)	-0.432** (0.179)	0.145 (0.139)	-0.172** (0.062)	0.167* (0.076)
对数管理层薪酬	0.681*** (0.153)	0.462*** (0.124)	0.613*** (0.128)	0.468*** (0.121)	0.675*** (0.162)	0.468*** (0.122)	0.667*** (0.159)	0.505*** (0.114)
董事会规模	0.011 (0.017)	0.078 (0.045)	0.018** (0.006)	0.08 (0.045)	0.008 (0.012)	0.08 (0.045)	0.01 (0.019)	0.074 (0.045)
常数项	2.411 (1.637)	2.65 (2.849)	0.932 (1.53)	2.939 (2.988)	1.791 (1.469)	2.996 (2.785)	2.425 (1.691)	2.384 (2.78)
样本数	1 020	1 315	1 020	1 315	1 020	1 315	1 002	1 296
R-squared	0.302	0.22	0.335	0.217	0.307	0.217	0.305	0.221
Industry FE	Yes	Yes	Yes	Yes	Yes	Yes	Yes	Yes
Year FE	Yes	Yes	Yes	Yes	Yes	Yes	Yes	Yes

接下来，我们首先使用模型（3）深入考察各省份市场化程度对混合所有制改革的调节效应，表5.11汇报了模型（3）的估计结果。本章使用王小鲁、樊纲编制的《中国分省市场化指数》中的市场化总指数作为调节变量，分别考察了各省市场化指数对股权多元化的交互效应。由表5.8第（1）—（4）列的各省份市场化指数这一变量的估计结果可以得出，整体而言各省市场化程度对于国有制造业上市公司创新投入起到了促进作用，其估计系数分别为0.16、0.18、-0.07、0.07，除列（3）不显著外，其余均在5%以下的水平显著，就其经济意义而言，每当市场化指数增加一个标准差（1.7），对应企业创新研发投入比例增加0.27%、0.3%、-0.1%、

0.1%。这说明各地政府通过持续完善政府与市场的关系、发展非国有经济、提升产品市场与要素市场发育程度、完善金融业发展以及建立高效合理的法制环境将有助于辖区内企业加大研发创新的投入力度。

表 5.11 各省市场化指数对股权多元化的调节效应回归结果

变量	(1) 研发投入占营业收入比例	(2) 研发投入占营业收入比例	(3) 研发投入占营业收入比例	(4) 研发投入占营业收入比例
股东种类数量	0.348 (0.238)			
各省市场化指数	0.163** (0.063)	0.175*** (0.037)	-0.075 (0.139)	0.066** (0.031)
股东种类×市场指数	0.027*** (0.004)			
前十大股东 HHI		0.006 (0.009)		
HHI×市场化指数		-0.01*** (0.003)		
前十大股东 EI			0.004 (0.014)	
EI×市场化指数			-0.002 (0.002)	
非国有股权制衡度				0.07** (0.086)
制衡度×市场化指数				0.01*** (0.009)
对数总资产	-0.225** (0.097)	-0.173 (0.102)	-0.267*** (0.094)	-0.208*** (0.058)
ROA	0.005 (0.012)	0.002 (0.012)	-0.005 (0.022)	0.002 (0.015)

表 5.11（续）

变量	(1) 研发投入占营业收入比例	(2) 研发投入占营业收入比例	(3) 研发投入占营业收入比例	(4) 研发投入占营业收入比例
资产负债率	-0.044** (0.019)	-0.044** (0.019)	-0.042*** (0.013)	-0.045*** (0.006)
账面市值比	-2.405* (1.295)	-2.299* (1.288)	-2.381* (1.38)	-2.562*** (0.773)
控股股东持股比例	-0.008 (0.006)	0.022*** (0.005)	0.001 (0.008)	-0.007* (0.004)
独立董事占比	0.034 (0.129)	0.043 (0.144)	0.086 (0.168)	0.042 (0.101)
股权制衡度	9.416*** (1.608)	8.164*** (1.227)	11.604*** (2.183)	10.436*** (1.015)
对数管理层薪酬	2 221	2 221	2 221	2 185
R-squared	0.247	0.25	0.253	0.248
Industry FE	Yes	Yes	Yes	Yes
Year FE	Yes	Yes	Yes	Yes

其次，我们考察了各省份市场化指数与股权多元化的交互项估计系数。由估计结果可知，股东种类数量、前十大股东集中度 HHI、非国有股东制衡度三个变量的交互项在 1%的水平下显著。股东的数量在很大程度上增加了市场化对公司创新能力的影响，也就是说，如果公司所在区域市场化程度较高，则股东结构更多元或股权集中度更低，市场化程度对企业创新投入的影响效果提升，从而形成协同效应。

5.3.7 进一步的分析

在本节中，我们首先对已有结果进行稳健性检验。考虑到要区别股权多元化与公司治理的差异，在稳健性检验中，我们参考已有文献使用公司治理综合指数作为控制变量替代了前文提到的相关单一性指标（张学勇等，2010；胡楠 等，2021；严若森 等，2018），以期望得到更为稳健的结论。表 5.12 汇报了这一结果，通过与表 5.6 和表 5.7 对比分析，可以看出主要结果保持不变，说明我们的研究结论具有一定的稳健性。

接下来，利用模型（5.2）—模型（5.5）融资约束的中介效应进行检验，估计结果见表 5.13A—B，显然无论是使用滞后一期的 SA 指数，还是滞后一期的 KZ 指数，结果均通过了 Sobel、Aroian 检验，其对应的 p 值均小于 5%的显著性水平。这说明，混合所有制改革所带来的股权多元化对于企业创新投入存在融资约束的中介效应，国有企业股权多元化通过缓解了滞后一期的融资约束变量，进而作用到创新研发投入。具体而言，在表 5.13A 中，股权多元化对于企业创新研发投入的总效用等于直接效应 0.13 加上通过滞后一期的 SA 带来的间接效应 0.025，其总效用为 0.154，中介效应占比 16.4%。在表 5.13B 中，股权多元化对于企业创新研发投入的总效用等于直接效应 0.125 加上通过滞后一期的 SA 带来的间接效应0.002，其总效用为0.127，中介效应占比为1.5%。中介效应的检验结果证明了本书的逻辑，即股权多元化缓解了企业面临的融资约束，为企业的创新活动增加了资本来源和资金投入。这一点在SA指数方面表现得更为突出。

表5.12　稳健性检验估计结果

变量	(1) 研发投入占 营业收入比例	(2) 研发投入占 营业收入比例	(3) 研发投入占 营业收入比例	(4) 研发投入占 营业收入比例
股东种类数量	0.127*** (0.034)			
前十大股东HHI		-0.039*** (0.007)		
前十大股东EI			-0.01*** (0.003)	
非公有制股权制衡度				0.002 (0.014)
lnTotalA	-0.218** (0.095)	-0.171 (0.099)	-0.253** (0.091)	-0.201** (0.091)
ROA	0 (0)	0 (0)	0 (0)	0 (0)
AssetLiabilityR~o	0** (0)	0** (0)	0** (0)	0** (0)
BookToMarketRatio	-2.423* (1.308)	-2.39* (1.296)	-2.399* (1.315)	-2.588** (1.187)
ContrshrProport~n	-0.008 (0.006)	0.02*** (0.005)	0.001 (0.008)	-0.007 (0.006)
CorGovindex	0.039 (0.13)	0.047 (0.135)	0.101 (0.133)	0.046 (0.125)
_cons	10.693*** (1.051)	5.86*** (1.686)	10.711*** (1.202)	10.897*** (1.031)

表5.12(续)

变量	(1) 研发投入占 营业收入比例	(2) 研发投入占 营业收入比例	(3) 研发投入占 营业收入比例	(4) 研发投入占 营业收入比例
Observations	2 221	2 221	2 221	2 185
R-squared	0. 246	0. 247	0. 251	0. 247
Adj R^2	0. 237	0. 238	0. 242	0. 238
Industry FE	Yes	Yes	Yes	Yes
Year FE	Yes	Yes	Yes	Yes

表 5. 13A　中介效应估计和检验结果

变量	(1) 研发投入占 营业收入比例	(2) 滞后一期的 SA	(3) 研发投入占 营业收入比例
股东种类数量	0. 065*** (0. 02)	0. 011* (0. 005)	0. 07** (0. 026)
滞后一期的 SA			0. 555** (0. 192)
lnTotalA	−0. 28*** (0. 041)	0. 071*** (0. 021)	−0. 334*** (0. 044)
ROA	0. 001** (0)	0*** (0)	0. 001** (0)
AssetLiabilityR ~ o	0 (0)	0*** (0)	0 (0)
BookToMarketRatio	0. 033 (0. 418)	−0. 317*** (0. 088)	0. 236 (0. 459)
ContrshrProport ~ n	0. 004 (0. 006)	0. 003*** (0. 001)	0. 002 (0. 006)
CorGovindex	−0. 059 (0. 057)	0. 015 (0. 012)	−0. 046 (0. 079)
_cons	7. 658*** (0. 783)	−5. 203*** (0. 4)	10. 847*** (1. 349)
Observations	2 221	2 054	1 940

表5. 13A(续)

变量	(1) 研发投入占 营业收入比例	(2) 滞后一期的 SA	(3) 研发投入占 营业收入比例
R-squared	0. 211	0. 29	0. 221
Industry FE	Yes	Yes	Yes
Year FE	Yes	Yes	Yes

注：Sobel 检验统计量 2. 29，对应 P 值 0. 022，Aorian 统计量 2. 27，对应 p 值 0. 023。滞后一期的 SA 占总效应的比例为 16. 4%。

表 5. 13B　中介效应估计和检验结果

变量	(1) 研发投入占 营业收入比例	(2) 滞后一期的 KZ 指数	(3) 研发投入占 营业收入比例
股东种类数量	0. 127*** (0. 034)	−0. 028* (0. 016)	0. 125*** (0. 033)
滞后一期的 KZ			−0. 079 (0. 128)
lnTotalA	−0. 218** (0. 094)	−0. 25*** (0. 072)	−0. 238*** (0. 074)
ROA	0 (0)	−0. 001*** (0)	0 (0)
AssetLiabilityR ~ o	0** (0)	0*** (0)	0*** (0)
BookToMarketRatio	−2. 426* (1. 298)	−2. 795*** (0. 453)	−2. 648 (1. 64)
ContrshrProport ~ n	−0. 008 (0. 005)	−0. 001 (0. 001)	−0. 009 (0. 005)
CorGovindex	0. 04 (0. 129)	−0. 027 (0. 074)	0. 037 (0. 13)
_cons	10. 681*** (1. 044)	6. 704*** (1. 317)	11. 215*** (0. 783)
Observations	17 780	19 164	17 780
R-squared	0. 246	0. 675	0. 247

表表5.13B(续)

变量	(1) 研发投入占 营业收入比例	(2) 滞后一期的 KZ 指数	(3) 研发投入占 营业收入比例
Industry FE	Yes	Yes	Yes
Year FE	Yes	Yes	Yes

注：Sobel 检验统计量 2.29，对应 P 值 0.02，Aorian 统计量 2.24，对应 p 值 0.025。滞后一期的 KZ 占总效应的比例为 1.5%。

5.4 研究结论

正向混合所有制改革是国有企业混合所有制改革的重要路径，而混合所有制是建立现代企业制度的重要实现路径，通过资本市场上市，国有企业能够便利地引入各类非公股东，从而达到多层次股权结构的交叉融合，实现企业治理结构科学化，提高企业治理水平，最终提升国有企业绩效、创新能力并在国民经济中发挥更大的促进作用。本书以我国 2010—2020 年的制造业国有上市公司为研究对象，考察了混合所有制改革引致的上市公司股权多元化对企业绩效、创新行为的影响效应及作用机制。实证结果表明，国有企业股权多元化对于企业以全要素生产率衡量的绩效和企业创新行为有着显著的促进作用，具体作用机制是利用国有企业天生的制度优势，降低融资成本从而促进企业创新。

此外，区域异质性以及各省份市场化程度会嵌入混合所有制改革进程，对企业绩效和创新行为的促进效应呈现明显的异质性影响。就东部发达地区而言，由于其国有企业混合所有制改革已经进入一个相对高层次的阶段，股权多元化对绩效及创新的影响并不如中西部地区显著，这也符合经济学中边际效应递减的理论。各地市场的成熟度越高，股权多元化对组织绩效与创新能力的正面影响就越显著，这表明市场化程度具有正向调节效应。具体而言，政府与市场的关系、要素市场繁荣发育程度、市场中介组织的发育和法律制度环境均起到了混合所有制改革“润滑剂”的效果。以上分析说明，混合所有制改革在支撑不同区域的国企绩效提升、创新实力增强及其实现路径方面存在差异。

6 四川省国有上市公司混合所有制改革路径案例研究：经验及教训

6.1 四川省上市公司混合所有制改革概况

在成渝共建西部金融中心的背景下，构建高效金融服务体系，提升西部金融发展水平，促进金融服务实体产业优化，是构建成渝地区双城经济圈的重中之重。截至 2022 年 6 月，四川省已有上市公司 161 家、总市值 2.7 万亿元，上市公司数量与市值均排名全国第 8 位，西部第 1 位。在科创板、创业板上市公司分别为 15 家、39 家，北交所开市以来已有 4 家省内企业上市，战略新兴产业上市公司已达 22 家。在近五年新增上市公司中，

55%都属于生物医药、新一代信息技术等高科技行业。省内上市公司拥有发明专利共计 1 367 项，软件著作权共计 302 项，主编及参编国家标准 23 项。5 年来，四川上市公司研发投入逐年增长，累计研发投入 774.3 亿元。

近五年来，四川上市公司税收贡献共计 713.6 亿元，带动就业人数 57.7 万人，441 家次上市公司实施现金分红共计 1 020 亿元，为区域经济、社会、就业高质量发展注入了强劲动力。七成以上市公司属于“5+1”重点产业，上市公司在国民经济中的地位得到进一步增强，2021 年前三季度营业收入、利润总额分别占全省规上企业的 18.1%、28.6%，较 2017 年同期分别提高 6.3 和 3.3 个百分点。2017 年以来，四川上市公司直接融资总额超过 2 339 亿元，募集资金很大一部分都被用于电子信息、装备制造、医药健康等的转型升级。

本章依据上市公司年报和责任报告，筛选出 2010 年 1 月至 2020 年 12 月在 A 股上市且公司注册所在地为四川省的 141 家上市公司，以此作为研究样本。图 6.1 展示了 2010—2020 年四川省国有、非国有上市公司的数量。从图 6.1 可以看出，相对于非国有上市公司数量而言，国有上市公司数量呈现相对稳定的趋势，2014—2016 年达到低谷（34 家），随后出现了小幅增长。而非国有上市公司数量呈现明显的上升趋势，尤其是在 2015

年之后出现了快速增长。

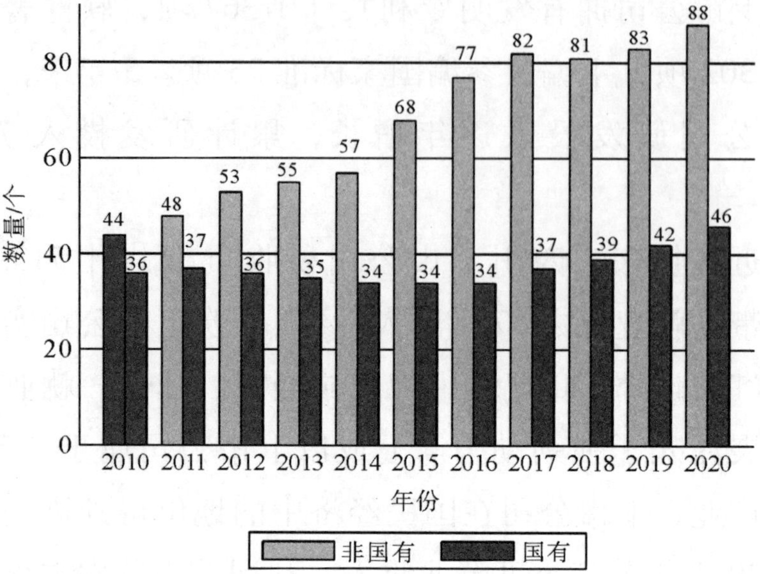

图 6.1　2010—2020 年四川省国有、非国有上市公司的数量

然后，我们考察了四川省 141 家上市公司中的国有上市公司在 2010—2020 年平均第一大股东持股比例和前十大股东持股比例。正如前文所述，各类股东持股比例、股权多元化程度是衡量其混合所有制改革进程的重要指标，图 6.2 展示了该趋势。从图 6.2 可以看出，无论是第一大股东持股比例还是前十大股东持股比例，总体而言四川省国有上市公司均呈现正“U”形趋势，即 2010—2015 年呈现下降趋势，而 2016 年之后出现上升趋势。

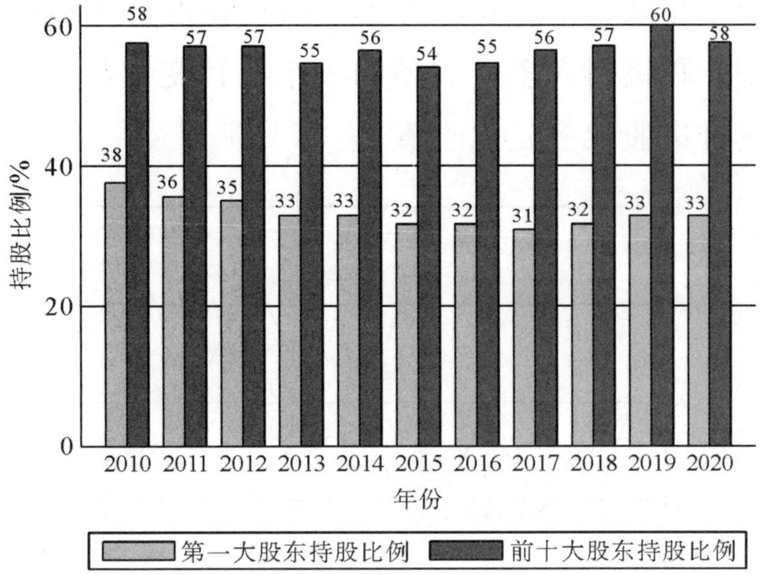

图 6.2　2010—2020 年四川省国有上市公司第一大股东、前十大股东持股比例

接下来，我们将样本聚焦在四川省 52 家国有上市公司，将其前十大股东划分为国有股东、外资股东、机构投资者、民营股东、自然人以及无法划分为前面 5 类的股东。就 2010—2020 年而言，在所有国有上市公司前十大股东中，国有股东占比为 25.66%，民营股东占比为 10.16%，自然人股东占比为 27.53，机构投资者占比为 6.82%，外资股东占比为 2.49%，其他性质的股东占比为 27.34%。图 6.3 呈现了国有上市公司六大类股东数量的走向趋势。从图 6.3 可以看出，总体而言，四川省国有上市公司的股东类型呈现上升趋势，从 2014 年最低的 3.32 种类型的股东上升到最高的 3.88 种。这表明，近十年来，四川省国有上市公司在混合所有制改革进程中，积极引入多种类型的股东，转变角色、转换机制持续推进股权多元化改革。

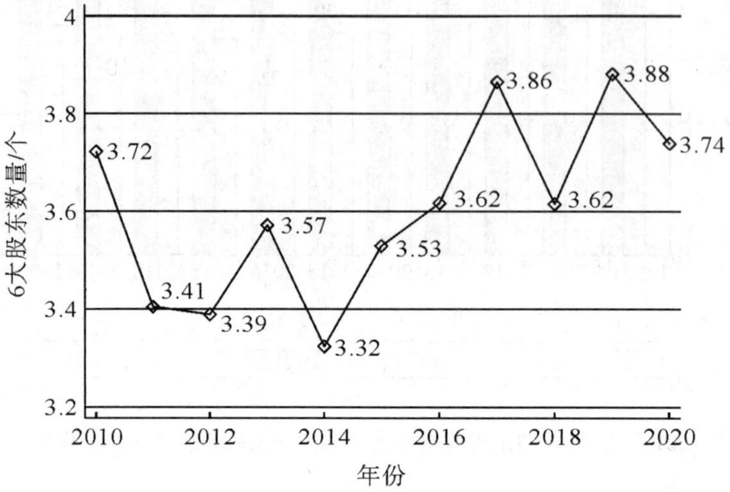

图 6.3　2010—2020 年四川省国有上市公司六大类股东数量的走向趋势

根据前文所述可以计算国有上市公司前十大股东的股权集中度 HHI，具体计算方法如前章所述。图 6.4 展现了 2010—2020 年四川省国有上市公司前十大股东股权集中度的趋势。可以明显看出，四川省国有上市公司的股权集中度呈现一个明显的下降趋势，从 2010 年最高的 54%下降到 2020 年的 42%。这说明，四川省国有上市公司，通过不同类型的混合所有制改革实现路径，有效降低了企业股权集中度，提升了股权多元化，从而提升了法人治理有效性，同时股权多元化也有利于分散风险。

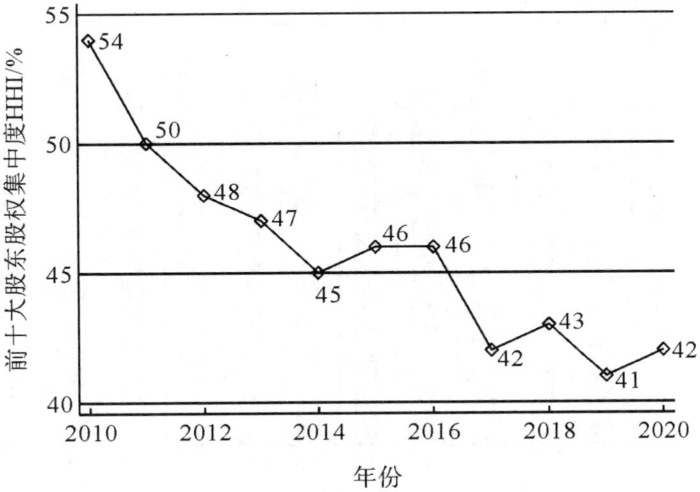

图 6.4　2010—2020 年四川省国有上市公司前十大股东股权集中度的趋势

图 6.5 和图 6.6 分别汇报了四川省国有与非国有上市公司对数化全要素生产率（lntfp）、总资产收益率（ROA）趋势。总体而言，四川省内国有上市公司在以全要素生产率衡量的企业绩效方面，国有企业持续高于非国有企业；而在以 ROA 衡量企业盈利能力方面，国有上市公司自 2018 年以来显著高于非国有企业。结合图 6.3、图 6.4 的国有企业股权多元化趋势分析，可以发现股权多元化和国有企业绩效存在一定程度上的正向关联，即混合所有制改革带来的股权多元化、经营管理的进一步完善、企业内外部资源整合能力的提升，使得 2018 年后国有上市公司的绩效超越了非国有企业的绩效。

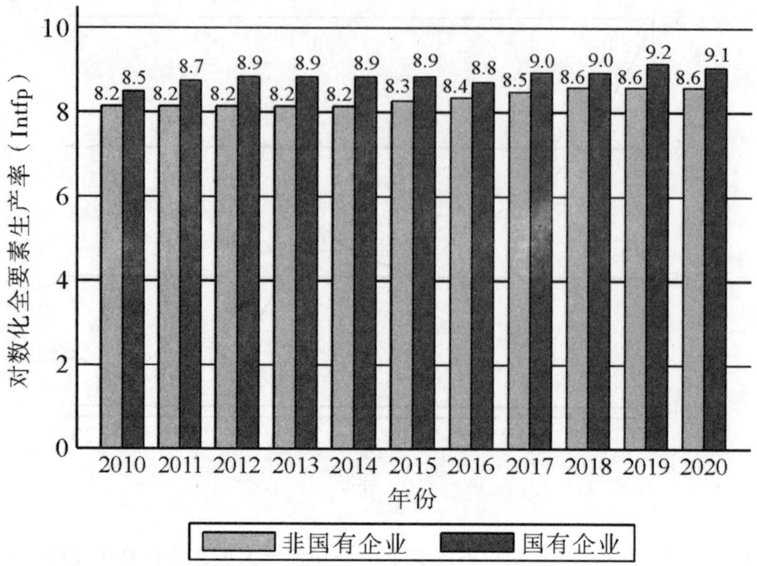

图 6.5　2010—2020 年四川省国有与非国有上市公司对数化全要素生产率的趋势

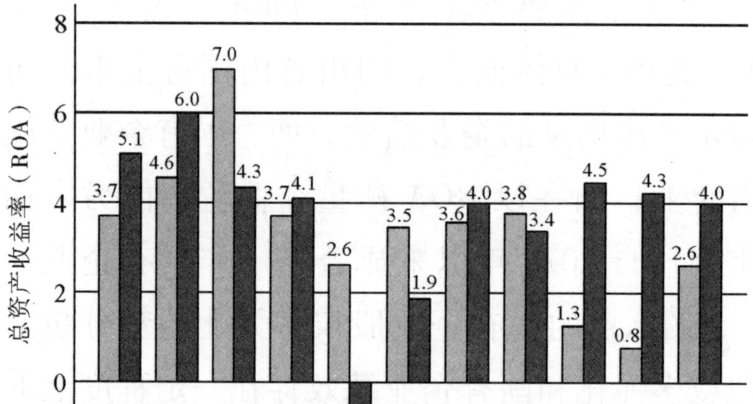

图 6.6　2010—2020 年四川省国有与非国有上市公司对数化总资产收益率的趋势

参考相关文献，我们从两职合一、董事会规模、独立董事比例、高管持股比例、股东持股比例数据、股权制衡度构造、机构投资者持股比例七个维度利用主成分分析法，选取第一主成分作为公司治理水平综合指标，同样按照国有和非国有上市公司进行分类，我们绘制了四川省上市公司治理综合水平趋势图。如图 6.7 所示，总体而言，四川省内国有企业公司治理水平明显低于非国有企业，国有与非国有企业的公司治理水平自 2016 年开始均呈现一个显著上升趋势。对于国有企业而言，从 2015 年的-0.5 提升至 2019 年的-0.2，非国有企业从 2016 年的 0 提升至 2020 年的 0.4。这说明，混合所有制改革对提升国有企业公司治理水平具有明显的效果。

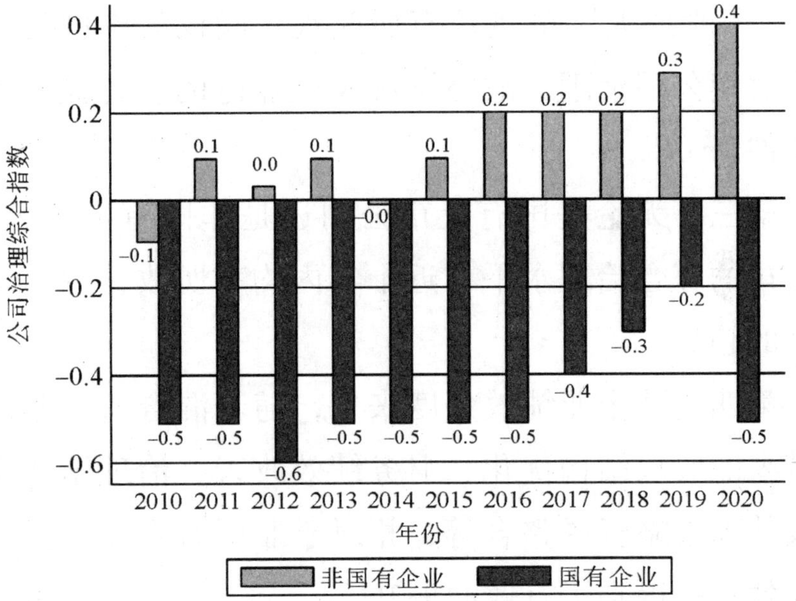

图 6.7　2010—2020 年四川省国有、非国有上市公司治理综合水平

综上所述，本节以四川省 2010 年 1 月至 2020 年 12 月上市公司为研究对象，通过对股权结构多元化、前十大股东股权集中度、公司治理综合水平、全要素生产率、总资产收益率等多维度指标进行描述性分析，揭示了混合所有制改革对四川省上市公司的影响程度及趋势。主要结论如下：

第一，混合所有制改革使四川省上市公司股权多元化程度呈现出明显的上升趋势，近十年来前十大股东种类的数量逐年增加。

第二，前十大股东股权集中度 HHI 指标呈现明显下降趋势。这说明，随着混合所有制改革的推进，四川省国有上市公司股权过于集中的情况得到了一定程度的改善，“一股独大”的现象有所改观，股权集中度的下降也为后续公司治理、战略资源及产业链的整合提供了前提条件。

第三，无论是国有上市公司还是非国有上市公司，其公司的综合治理水平在近十年内均有所改善并呈现出提升的趋势。

第四，从企业绩效角度来看，随着混合所有制改革所带来的股权结构优化、财务绩效改善、治理结构完善以及外部战略资源整合等，相对于非国有企业，国有企业绩效水平得到了有效的提升。

6.2 五粮液员工持股计划混合所有制改革案例分析

6.2.1 员工持股计划进行混合所有制改革的理论框架

党的十八届三中全会提出“允许混合所有制经济实行企业员工持股，形成资本所有者和劳动者利益共同体”。2019 年，国务院国资委发布《关于进一步做好中央企业控股上市公司股权激励工作有关事项的通知》，对股权激励机制进行了持续完善，主要是加大对中央企业的授权，鼓励国有企业采用更科学的绩效考核体系，进一步系统地完善中央企业的股权激励机制。图 6.8 展示了 2014—2020 年 A 股上市公司宣布的逐年员工持股计划的公司数量，可以看出政策驱动是上市公司进行员工持股计划的重要驱动因素。2015 年关于制定和实施上市公司员工持股计划的一系列改革试点意见正式出台，进行员工持股计划的上市公司数量激增。2018 年，由于中国上市公司的市场环境不稳定，以及过去实施的员工持股计划大多经历了股价下跌，员工持股计划的数量正在下降，2018—2020 年是连续三年的下降期，这表明迫切需要新的改革和政策来振兴员工持股计划。

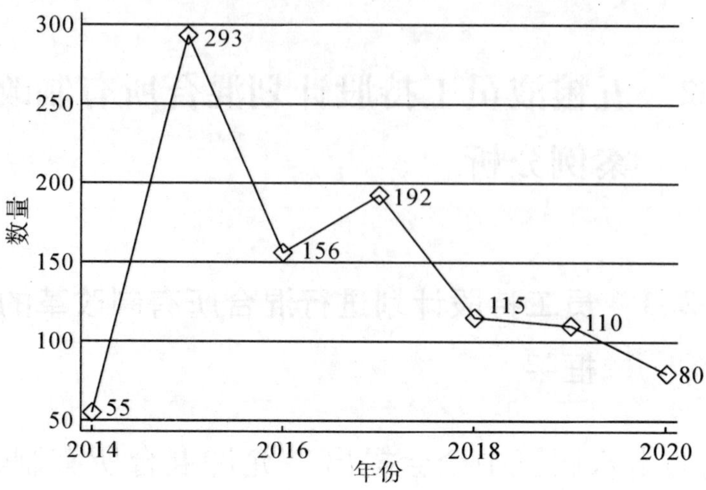

图 6.8　2014—2020 年 A 股上市公司实施员工持股计划公司数

接下来，本节尝试建立国有企业混合所有制改革的分析框架，将五粮液放在分析框架下进行案例分析。如图 6.9 所示，国有上市公司混合所有制改革分为两个板块：一是引入多元化战略投资者，科学合理地进行国有企业控股权改革；二是加强党对国有企业的领导，持续优化企业激励约束机制。

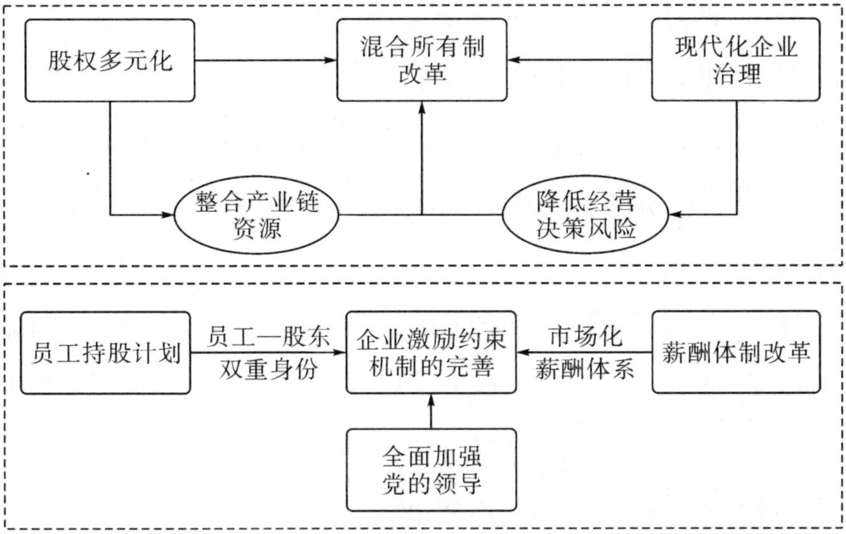

图 6.9　五粮液混合所有制改革案例研究理论分析框架

对于已经完成资产整合与注入、IPO 前辅导与规范的上市公司而言，其公司组织构架科学合理、运作规范、公司现代化经营管理制度完善。基于资源基础观以及竞争优势理论，对于上市国有企业混合所有制改革的主要决策是通过引入外部产业、战略投资者入股的方式，改变企业控制权结构，获取产业链或科技链资源优势以增强国有上市公司竞争力，从而达到国有资本保值增值的目的。另外，基于风险决策理论，多元化的股权结构有助于降低企业战略决策中的风险，多元化的控制权结构有助于消除决策过程中的信息不对称，从而降低决策不确定性。此外，从风险管理的角度来看，多元化股权结构还有助于在事后分散风险。在实践过程中，根据国有企业分类管理的要求，按照商业类和公益类划分的国有企业，对处于商业类的国企又可划分为商业一类和商业二类，对商业一类的国企可以采取绝对控股、相对控股或者参股的形式，而商业二类的国企主要采用绝对控股的方式。

通过引入战略投资者构建多层次多样化股权结构的上市国有企业，下一个重点是实现高管社会化聘用以及薪酬制度改革，并进行员工持股计划，从而完善企业激励约束机制。国有企业高管的收入可以分为两类：隐性收入和显性收入。隐性收入是对货币性激励的补充，共同提升了公司业绩（沈红波 等，2019）。另外，公司引入员工持股计划得益于内部激励作用，能够激发员工的内在动力，使员工和公司所有者形成共生关系，并节约代理资本。同时 A 股推出员工持股计划的企业大多集中在创业板和中小板，这是由于大多高科技企业选择在这些板块上市。这些企业为引入和留存关键人才往往会采取有偏向性的激励措施，例如员工股份计划，以对技术和管理阶层人才进行激励。

6.2.2 五粮液员工持股计划案例背景

1. 混合所有制改革主体

五粮液起于盛唐，得名于晚清，前身是由 8 家作坊组建而成的宜宾市大曲酒酿造工业联营社，1952 年成为国营酒厂，1998 年改制为宜宾五粮液集团有限公司，同年在深交所成功上市。公司在 20 世纪 90 年代率先提价、扩产，采用 OEM 的模式快速实现全国化；同时，也因为集团内部关联交易、税收政策改变、多元化的战略、买断贴牌策略等影响，公司的收入、业绩呈现出较大的波动性，逐步被茅台超越。2017 年至今，五粮液持续深入推进内部改革并增强公司可持续发展能力，良好的企业形象和强大的品牌效应为公司扩大消费市场、吸引高端消费者奠定了坚实基础，进而成为白酒行业的龙头企业。与此同时，在前任董事长李曙光的“二次创业”理念引领下，企业从内部治理、产品品牌等多层次多角度出发深化改革。随着我国的消费持续回暖，企业财务状况持续好转，其中 2017—2021 年营业收入、归母净利润 CAGR 分别为 21.95%、28.07%，批发价也从低位的 600 元至 700 元一度突破 1 000 元。同时，公司推出股权激励计划，以 21.64 元/股面向管理层、员工（第一期 2 428 人参与）、经销商以及部分机构定向增发 8 564 万股，激励面广、力度大，内部经营活力充足。

2. 员工持股计划过程

2015 年 1~6 月，五粮液的营业收入和净利润都有所下降，单个季度的业绩显示，第二季度的下降幅度比第一季度更大。五粮液的营业利润为 112.15 亿元人民币，同比下降 3.83%；而归属于公司股东的净利润为

32.97 亿元人民币，同比下降 17.6%。与此同时 A 股在 6~7 月经历了大幅度调整，五粮液股价在很短的时间从每股 33 元下跌至每股 21.92。在 7 月 10 日，五粮液为了维持股价稳定，公布了《关于维护公司股价稳定的公告》，其中第三条称：五粮液将在合法合规的情况下积极探索员工持股、股权激励等措施，并在条件成熟时积极推进。7 月 29 日，因宜宾五粮液股份有限公司发生对股价可能产生较大影响、没有公开披露的重大事项，经公司申请，该公司股票自 7 月 29 日开市起停牌，就此次停牌事件当时相关媒体四川在线给出的信息是“五粮液此次临时停牌或因与其混合所有制改革的进程有关，如果‘以员工和经销商持股为核心的混合所有制改革计划’获得四川主管部门的审批通过，将意味着中国酒业最大国企的混合所有制改革取得实质性突破。”随后在同年 10 月 28 日的停牌进展公告中，“停牌后公司现仍在积极推进拟筹划以非公开发行股票方式实施员工持股等工作，同时拟引入公司部分经销商参与本次非公开发行，相关沟通、论证工作正在进行中，此事项尚存在不确定性。”

五粮液分别于 2015 年 10 月 30 日、2016 年 6 月 22 日召开第五届董事会第十一次会议及 2015 年度股东大会，审议通过了《关于〈宜宾五粮液股份有限公司第 1 期员工持股计划（草案）（认购非公开发行股票方式）〉及其摘要的议案》，相关内容有：

"本员工持股计划的总份额不超过 51 348 万份，每份份额的认购价格为 1 元，认购总金额不超过 51 348 万元，其中认购本员工持股计划的上市公司董事、监事和高级管理人员合计 11 人，共计认购不超过 4 380 万元，占本员工持股计划总金额的 8.53%；其他员工共计认购不超过 46 968 万元，占本员工持股计划总金额的 91.47%。"

"上市公司非公开发行股份的发行价格为 23.34 元/股，该发行价格不低于上市公司第五届董事会第十一次会议决议公告日前 20 个交易日上市公司股票交易均价 90%。"

"员工持股计划通过资产管理计划认购上市公司非公开发行股票的锁定期为 36 个月，自上市公司公告标的股票登记至资产管理计划名下时起算。本员工持股计划的存续期限为 48 个月，其中前 36 个月为锁定期，后 12 个月为解锁期。"

2016 年 5 月 25 日，四川省国资委批复：同意五粮液的非公开发行股票方案。2016 年 6 月 23 日，五粮液股东大会通过了非公开发行股票方案。2016 年 7 月 22 日，五粮液向证监会提交了包含员工持股计划在内的非公开发行股票申请。2016 年 8 月 19 日，中国证监会对五粮液的非公开发行股票申请给予了反馈，一共包含十个重点问题和两个一般问题。经过五粮液与证监会数轮申请与反馈，最终于2017年11月7日，五粮液收到中国证监会《关于核准宜宾五粮液股份有限公司非公开发行股票的批复》（证监许可〔2017〕1910号）。2018年4月19日，五粮液非公开发行股票正式发行，员工持股计划顺利实现。2022年4月19日，五粮液发布公告称，公司第五届董事会审议通过《关于员工持股计划延长存续期的议案》，同意将员工持股计划存续期延长至2023年12月31日。图6.10展示了五粮液以非公开发行股票的方式推进员工持股计划的整个进程。

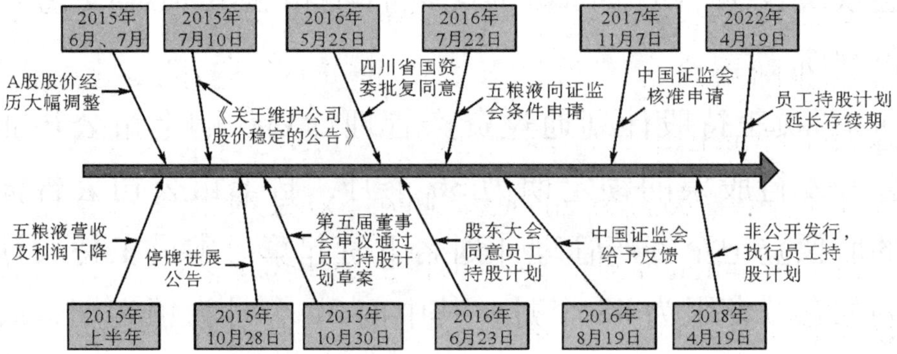

图6.10　五粮液员工持股计划实施过程

6.2.3　五粮液员工持股计划的效果评价

6.2.3.1　实施员工持股计划前后五粮液的股权结构

由宜宾市政府控制的宜宾市国有资产经营有限公司实施员工持股计划后，总共拥有五粮液56.07%的股份，其中直接持有比例达 36%，剩余的 20.07%则为间接持有。如表 6.1 所示，2018 年 4 月，五粮液股份员工持股计划实施后，宜宾市国有资产经营有限公司对五粮液股份的持股比例为 54.84%，仅比计划实施前减少 1.23%，五粮液股份第一大股东没有发生重大变化，对其绝对控股地位没有产生重大影响。从控股权安排角度来看，员工持股部分无法对公司重大战略决策产生实质性影响。

表 6.1　实施员工持股计划前后十大股东持股比例

序号	实施员工持股计划前		实施员工持股计划后	
	股东名称	持股/%	股东名称	持股/%
1	宜宾国有资产经营有限公司	36	宜宾国有资产经营有限公司	35.21
2	四川宜宾五粮液集团	20.07	四川宜宾五粮液集团	19.63
3	惠理基金管理香港有限公司	0.68	香港中央结算有限公司	6.34
4	泰康人寿保险股份有限公司	0.53	中国证券金融股份有 限公司	2.43
5	全国社保基金 112 组合	0.5	中央汇金资产管理有限责任公司	1.04
6	中国人民人寿保险有限公司	0.5	五粮液——第一期员工持股计划	0.61
7	全国社保基金 103 组合	0.47	易方达消费行业基金	0.52
8	阳光人寿保险股份有限公司	0.4	五粮液 1 号集合资产管理计划	0.5
9	中国人寿保险股份有限公司	0.4	中国人寿保险股份有限公司	0.44
10	华泰证券股份有限公司	0.34	兴全合宜灵活配置混合型基金	0.43

6.2.3.2 实施员工持股计划的驱动因素

首先，引入员工持股激励计划可以激励管理层的人员，激活创业精神。五粮液的员工持股激励计划的对象为五粮液的 11 名董事、监事和高级管理人员，且都为自持性资金。作为混合所有制改革的一部分，深化员工持股制度可以将管理层的利益与公司联系起来，形成一个利益共同体。根据人力资本理论，有效的激励机制和人才管理手段可以激励管理人员达成公司目标。自上而下的改革和公司内部的激励，有助于公司的可持续发展和长期竞争力的提升，从而创造更大的协同价值，促进公司改革和发展。

其次，上市国企引入员工持股计划，使得国企更加注重市场价值管理。五粮液实施员工持股计划，主要目的是使员工和公司形成利益共同体，激发员工为企业绩效提升而努力拼搏奋斗的内在动力。同时，对于白酒企业来说，经销商既是维系企业与消费者之间的重要纽带，也是推动二者关系的核心力量。五粮液也将通过这种非独家招募的方式，将优秀经销商引入市场，这将进一步增强他们对五粮液的归属感和凝聚力。优秀分销商与企业一旦形成利益共同体，企业的市场营销整合能力将有效提升，这有助于企业形成优势竞争力，扩大市场份额。除此之外，建设和完善企业营销中心也将促进企业升级营销体系，整合企业的全国营销网络管理，并促进业务多样化。

最后，有助于进行市值管理，向资本市场释放公司内部信息。根据信号理论，员工持股计划在企业内部的实施，是企业管理层人员对公司发展预期的积极声明，是国有企业向市场传递的积极的未来预期信号，即公司的价值将在未来增加，使投资者相信其将能获得更大的回报。五粮液公司在混合所有制改革后推出的员工持股计划，显示了五粮液内部对混合所有制改革后发展的信心和对未来的积极憧憬。通过向市场发送高管和员工自愿以现金方式申购公司股票的信息，五粮液公司向资本市场传递了积极信号，有助于在 2015 年股市下跌趋势中稳定股价。

6.2.3.3 员工持股计划实施后资本市场短期效应

我们使用事件分析法（Event Study Methodology, ESM）探究了五粮液员工持股计划这一重大改革事件对公司层面资本市场价格的短期影响。回顾事件分析法的相关文献，该方法主要应用于金融领域且主要用来衡量某一特定事件对公司股票价格的影响。该方法的主要实施步骤为：

第一，明确事件的内涵与历史沿革、选定事件发生的具体日期、选取受事件波及样本的范围、确定事件窗口、确定估计窗口。

第二，计算时间距离、定义事件和估计窗口、估计正常表现、估计异常表现、显著性检验、全部事件检验。

五粮液员工持股计划自 2015 年提出，经多次申报修订，于 2018 年正式实施。因此，我们确定了三个重要时间窗口期，分别是 2015 年 7 月 29 日、2017 年 5 月 12 日和 2018 年 4 月 19 日，将这三天确定为事件发生日，分别选取事件发生前后的 10 日、5 日、3 日，即将（-10，10）、（-5，5）、（-3，3）确定为事件窗口期。

计算个股的正常收益与异常收益（Normal and Abnormal Returns）。为准确评价某一时间对公司股价的影响，要计算在不发生该事件的假设条件下公司股价的正常收益，再与实际的收益率作差得到由于该事件发生给公司股价带来的异常影响，即为异常收益率。要计算这两个指标，可以先将事件窗口划分为两部分，前一部分为事件估计窗口，后一部分为事件窗口。因此，本书按照事件分析法的流程，选取上述三个时间日期前 90 个交易日作为事件估计期，即（-100，-11）、（-95，-6）、（-97，-4），并利用这期间的数据来估计预期正常的收益率。同时，在估计正常收益时，我们使用了单因子市场模型来进行估计，具体模型如下：

$$R_{it} = \alpha + \beta R_{mt} + \varepsilon_{it} \tag{6.1}$$

根据式（6.1）估计出 α，β 系数，在时间窗口期估计五粮液正常收益率。个股异常收益率（Abnormal Return）可以由实际个股收益率与估计的正常收益率计算得出，具体模型如下：

$$AR_{it} = R_{it} - (\hat{\alpha} + \hat{\beta} R_{mt}) \qquad (6.2)$$

最后，将事件窗口期每日的异常收益率进行累加，可以得到累计异常收益率（Cumulative Abnormal Return）。表6.2至表6.4和图6.11至图6.13分别汇报了员工持股进程中的三次重要事件的日异常收益率和累计异常收益率，从图表展示出的结果可以看出，在2015年7月29日首次公布员工持股计划时，（-5，0）期间的累积异常收益率为-0.77%，（-10，0）期间的累计异常收益率为2.21%，（-15，0）期间的累计异常收益率为1.78%。这说明短期内市场给出了一个相对偏正面、积极的反应。在第二次2017年5月12日，五粮液公告了员工持股计划的修订方案，（-10，10）期间的累计异常收益率为1.67%，（-5，5）期间的累计异常收益率为6.33%，（-3，3）期间的累计异常收益率为7.06%。由此可以得出，短期资本市场对五粮液时隔1年多又对员工持股计划给出的修改给予了肯定，仍然看好员工持股计划对五粮液整体战略的支撑与促进作用。在2018年4月19日，五粮液集团宣布员工持股计划已正式实施并完成，同日，相关公告已怪外发布。（-10，10）期间的累计异常收益率为13.46%，（-5，5）期间累计异常收益率为4.17%，（-3，3）期间累计异常收益率为7.92%。

可以发现，相较于前两次市场相对谨慎的反馈，本次员工持股计划实施完成出现的短期市场绩效提升，说明资本市场对该计划持积极乐观态度，也体现了内部员工自愿持有公司股权计划向外部传递的积极信号，市场投资者认可员工持股计划对五粮液公司未来发展具有利好效应。因此，通过事件分析法可以得出，在五粮液员工持股整个进程中，3 日、5 日、10 日这样的事件窗口期，均获得了正的累计超额收益率，这表明市场投资者对五粮液员工持股计划给出了正面、积极的反馈。

表 6.2　2015 年第一次员工持股计划事件市场短期反应

日期	股票代码	个股收益率/%	异常收益率/%	累计异常收益率/%
2015-7-9	000858	9.52	2.03	2.03
2015-7-10	000858	9.53	3.46	5.49
2015-7-13	000858	6.71	3.52	9.01
2015-7-14	000858	-7.47	-6.73	2.28
2015-7-15	000858	-6.27	-2.72	-0.43
2015-7-16	000858	3.65	2.74	2.31
2015-7-17	000858	4.80	0.40	2.71
2015-7-20	000858	-1.88	-3.26	-0.56
2015-7-21	000858	1.17	0.30	-0.25
2015-7-22	000858	3.35	2.80	2.54
2015-7-23	000858	1.01	-1.73	0.81
2015-7-24	000858	-0.72	0.75	1.56
2015-7-27	000858	-10.54	-0.82	0.74
2015-7-28	000858	2.65	4.57	5.31
2015-7-29	000858	0.51	-3.53	1.78
2015-7-30	000858	0.00	0.00	1.78
2015-7-31	000858	0.00	0.00	1.78

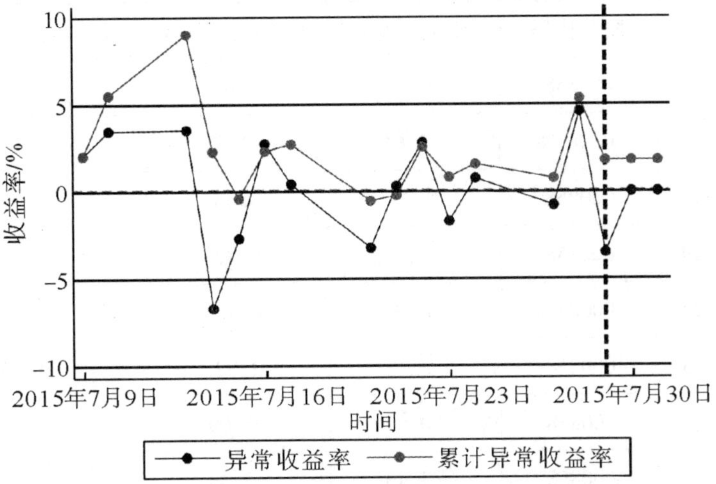

图 6.11　2015 年第一次事件 AR 和 CAR 趋势

表 6.3　2017 年第二次员工持股计划事件市场短期反应

日期	股票代码	个股收益率/%	异常收益率/%	累计异常收益率/%
2017-4-27	000858	1.00	0.07	0.07
2017-4-28	000858	-1.09	-1.54	-1.47
2017-5-2	000858	-2.00	-1.96	-3.43
2017-5-3	000858	0.71	0.87	-2.56
2017-5-4	000858	-1.21	-1.16	-3.72
2017-5-5	000858	-0.50	0.30	-3.42
2017-5-8	000858	-3.55	-2.43	-5.85
2017-5-9	000858	2.43	1.98	-3.88
2017-5-10	000858	-0.41	0.53	-3.35
2017-5-11	000858	1.91	1.34	-2.01
2017-5-12	000858	1.83	0.87	-1.14
2017-5-15	000858	2.08	1.35	0.21

表6.3(续)

日期	股票代码	个股收益率/%	异常收益率/%	累计异常收益率/%
2017-5-16	000858	5.22	3.62	3.83
2017-5-17	000858	-2.64	-2.62	1.21
2017-5-18	000858	0.30	0.58	1.79
2017-5-19	000858	1.24	0.82	2.61
2017-5-22	000858	0.11	0.42	3.03
2017-5-23	000858	2.37	2.82	5.85
2017-5-24	000858	-0.64	-1.09	4.76
2017-5-25	000858	-0.46	-2.44	2.32
2017-5-26	000858	-0.36	-0.65	1.67

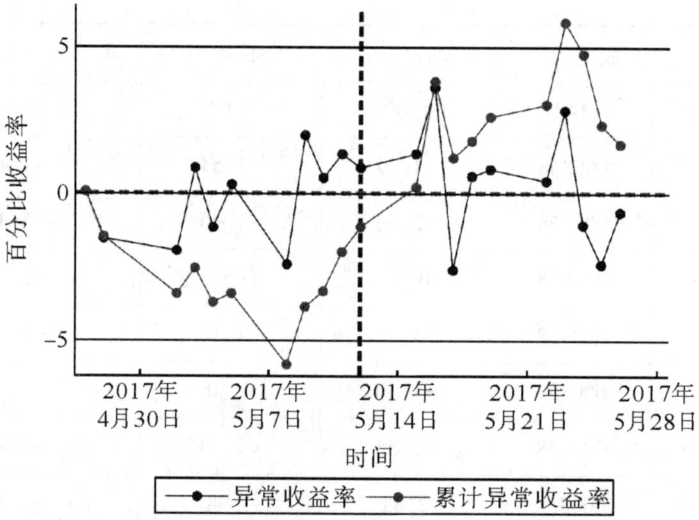

图6.12　2017年第二次事件AR和CAR趋势

表 6.4　2018 年第三次员工持股计划事件市场短期反应

日期	股票代码	个股收益率/%	异常收益率/%	累计异常收益率/%
2018-4-3	000858	1.03	2.04	2.04
2018-4-4	000858	4.06	4.40	6.44
2018-4-9	000858	-0.21	-0.23	6.20
2018-4-10	000858	0.90	-0.86	5.35
2018-4-11	000858	-0.10	-0.66	4.69
2018-4-12	000858	-1.59	-0.45	4.23
2018-4-13	000858	-1.78	-1.00	3.24
2018-4-16	000858	-0.01	1.69	4.92
2018-4-17	000858	-1.44	0.51	5.43
2018-4-18	000858	-1.01	-1.87	3.56
2018-4-19	000858	5.91	4.84	8.40
2018-4-20	000858	-1.06	0.84	9.24
2018-4-23	000858	0.09	0.37	9.60
2018-4-24	000858	3.86	1.55	11.15
2018-4-25	000858	-0.12	0.31	11.46
2018-4-26	000858	-4.58	-2.60	8.86
2018-4-27	000858	-1.63	-1.88	6.98
2018-5-2	000858	4.66	4.68	11.66
2018-5-3	000858	3.56	2.75	14.40
2018-5-4	000858	-1.23	-0.86	13.55
2018-5-7	000858	4.16	2.33	15.88

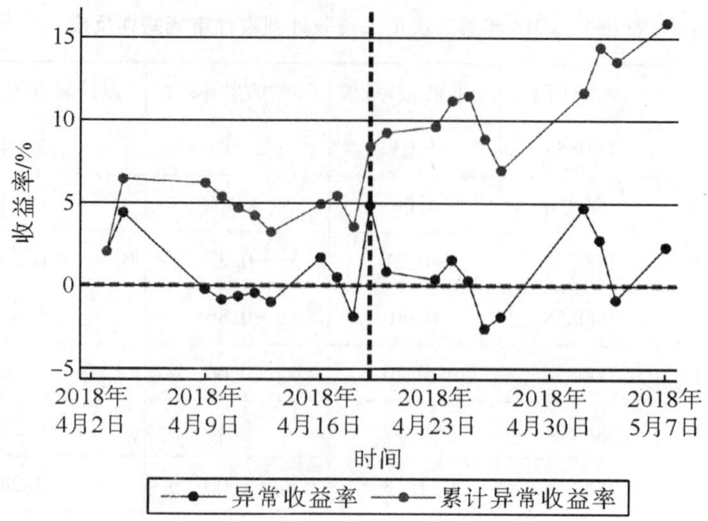

图 6.13　2018 年第三次事件 AR 和 CAR 趋势

6.2.3.4　员工持股计划对五粮液人力资源的影响

五粮液总部处于四川宜宾市翠屏区，与省会成都等中心城市相比，其地理位置劣势导致对人才的吸引力不足，这就对关键人才的流入和留存造成了不可忽视的影响。然而，随着五粮液业务领域的扩张和新项目的开发，创新型、复合型人才的需求也随之上升，员工持股计划的实施能够优化与提升公司人力资本。本小节从员工结构变动的角度分析了员工持股计划的中长期效应，具体而言，员工的结构可以分为教育和专业结构，这种结构的变化一定程度上反映出人力资源对公司的吸引力的变化。图 6.14—图 6.16 分别展示了 2013—2021 年五粮液公司员工学历、员工专业结构、员工人均创利与人均薪酬。

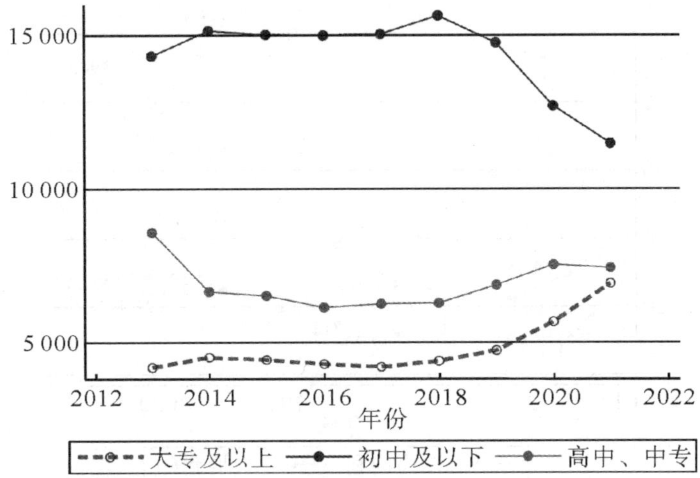

图 6.14 五粮液员工学历变动情况

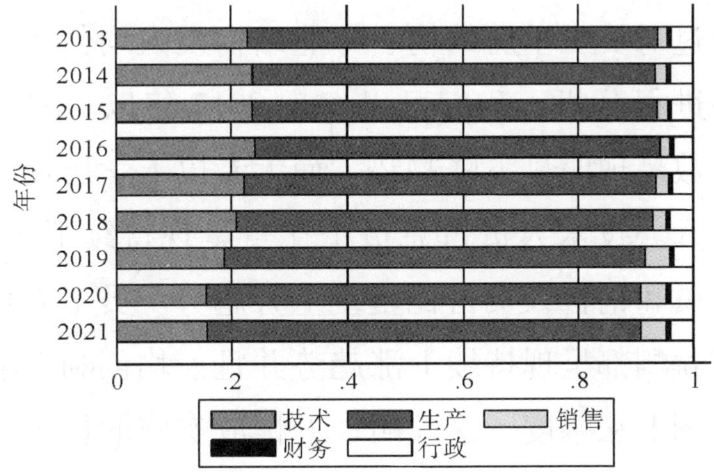

图 6.15 五粮液员工专业变动情况

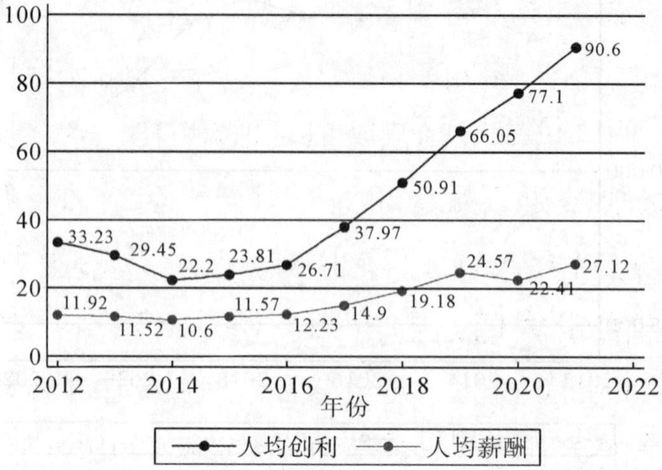

图 6.16　五粮液员工人均创利及人均薪酬情况

通过对员工学历结构、专业结构及人均创利与薪酬的趋势进行分析，我们可以发现 2017 年以后初中学历员工人数呈现明显下降趋势，而大专以上学历员工人数持续上升。技术人员占总员工比重呈现持续下降趋势，生产人员和销售人员占比呈现上升趋势。员工人均创利和人均薪酬都呈现持续上涨趋势并且人均创利上涨幅度高于薪酬上涨幅度。这表明，五粮液实施的员工持股计划有效地提升了员工学历水平，大专及以上员工人数明显上升，更加注重生产和销售队伍的建设，积极扩大生产，进一步提升了营业收入，最后通过员工持股计划等改革使员工对公司的利润贡献以及员工自身薪酬都有明显的提升。综上，五粮液在 2018 年正式落地的员工持股计划有效地优化了员工结构、提升了员工综合绩效。

6.3　舍得酒业混合所有制改革案例剖析

6.3.1　舍得酒业混合所有制改革主体的基本情况

6.3.1.1　舍得酒业的基本情况

作为“中国名酒”企业和川酒“六朵金花”之一，舍得酒业是白酒行业第三家全国质量奖获得者和第三家上市公司。舍得酒业是一家以白酒产业为核心的跨区域、跨领域、多样化的大型企业集团。该公司主要生产白酒产品，其旗舰产品“沱牌曲酒”是中国著名的白酒，被誉为白酒行业的“六朵金花”之一。该公司是中国最大的高档白酒生产商之一，沱牌系列白酒年产量为200 000 吨。舍得酒业已经开发了高、中、低档与高、中、低度相兼容的新产品结构，并试图通过在全国各地开设网点以扩展市场范围，进军海外市场。除此之外，舍得酒业还是中国“生态酿酒”的先驱，该公司建成了中国酿酒业的第一个生态园，其“生态循环、绿色环保”的经营理念在中国酒业声名远播。公司被评为“全国文明单位”“全国环保先进单位”和首批“四川省工业生态园”，被授予全国“五一劳动奖”，获“中国食品文化遗产”“国家级非物质文化遗产”“中国质量鼎”

“中国用户满意鼎”“全国质量奖”等称号。

舍得酒业从 2003 年开始积极探索混合所有制改革，希望通过引入战略投资者的方式提高企业经营质量，提升经营绩效。射洪县人民政府作为舍得酒业的实际控制人，先后与江苏兴橙、德隆国际、复星等集团进行了股权转让磋商，虽然最终由于一系列原因改革并未成功，但舍得酒业始终坚持着寻找混合所有制改革的机会。在传统营销带来的弊端、行业激烈竞争带来的影响以及三公消费的“八项规定”“六项禁令”的限制下，为了增强其竞争力并提高企业绩效，沱牌舍得迫切需要推行混合所有制改革，重组内部业务结构并调整营销战略。

6.3.1.2 战略投资者天洋控股的基本情况

天洋控股有限公司（以下简称“天洋控股”）创立于 1993 年，创始人为周政、周金。该公司以战略投资者的身份参与了沱牌舍得公司的混合所有制改革，并最终成为其主要股东。天洋控股最初是一家电器零售商，后来其核心业务扩展至房地产，最后发展成集文化、科技、金融投资等行业于一体的多元化集团。天洋控股拥有 10 多家子公司，包括北京天洋投资有限公司和北京天洋国际控股有限公司。在天洋控股实行混合所有制改革之前，其名下的子公司梦东方集团有限公司（00593. HK）和中国矿产股份有限公司（TSX - V：CMV）则分别在中国香港地区和加拿大完成上市。自

2007 年以来，随着天洋公司的产业扩张和飞速发展，该公司已被公认为是中国最具发展潜力的企业，同时也是环渤海地区经济发展的支柱。天洋集团的实际控股人周政得益于这两家上市公司，以 35 亿元的身价登榜 2019 胡润百富榜。由于北京限制房地产收购政策的影响以及 2017 年天洋集团北京房地产开发项目的贷款压力，天洋集团的房地产项目面临着销售困难和资金周转困难等多个问题。

6.3.2 舍得酒业混合所有制改革的实施过程

2013 年 3 月 29 日，射洪县人民政府拟吸引战略投资者对本公司控股股东四川沱牌舍得集团有限公司进行战略重组。

2014 年 9 月 1 日，射洪县人民政府于 2014 年 9 月 1 日作出《关于对四川沱牌舍得集团有限公司进行战略重组的决定》，拟引进战略投资者对四川沱牌舍得集团有限公司进行战略重组。

2015 年 3 月 2 日，国有股权转让及增资扩股事宜首次延期公告期满，沱牌舍得集团国有股权转让及增资扩股事宜将不变更挂牌条件，按照 10 个工作日为一个周期延长公告，继续征集意向受让方。

2015 年 3 月 16 日，舍得酒业拟引入战略投资者，受让射洪县人民政府所持有的沱牌舍得集团 38.78% 的股权，仍未征集到意向受让方，射洪县人民政府决定终止此次挂牌。

2015 年 7 月，舍得酒业修改挂牌底价和受让要求后再次挂牌。

2015 年 8 月，天洋控股出资 38.22 亿元，经 203 轮网络的竞拍，以 23.51 元每股的价格获得舍得集团 38.78%的股权。

2015 年 11 月，天洋控股和射洪县人民政府完成增资扩股与股权转让协议的签订。

2016 年 3~5 月由于部分员工对混合所有制改革后公布《四川沱牌舍得集团有限公司职工安置实施方案（草案）》不满，并进而引发连日停产。舍得酒业重新征集意见并进行修改，于 5 月 18 日召开第五届职工代表大会第二次全体会议，对修改后的安置方案进行了表决，依法顺利通过并报经射洪县人民政府批准后实施。

2016 年 7 月 5 日，沱牌舍得集团已经在工商行政管理部门完成上述股权的转让及增资的变更登记手续，沱牌舍得集团股权交割正式完成。图 6.17（a）和 6.17（b）显示了混合所有制改革前后舍得酒业的股权结构，可以明显看出股权转让和增资扩股，舍得酒业国有股东已经失去了对上市公司的控制权。

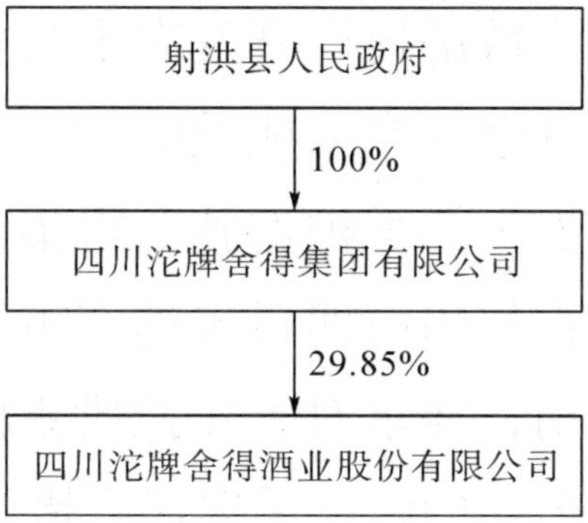

（a）　舍得酒业引入天洋控股前股权结构

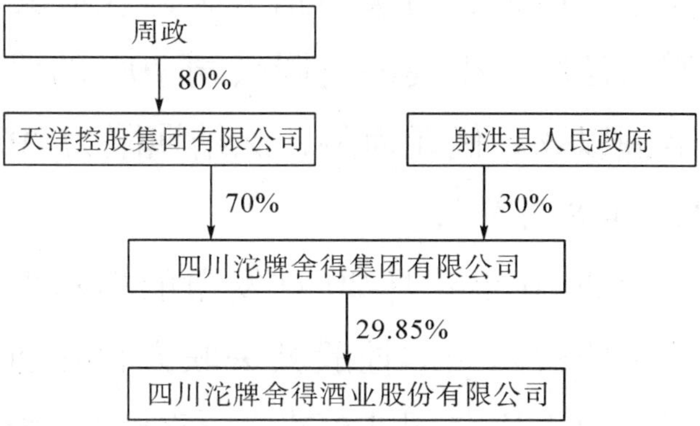

（b）　舍得酒业引入天洋控股后股权结构

图 6.17　舍得酒业混合所有制改革前后的股权结构

6.3.3　混合所有制改革后控股股东侵占舍得酒业资金

2020 年 8 月 13 日，舍得酒业发布的公告中宣布公司通过法律手段对天洋控股申请资产保全，请求冻结天洋控股持有的 70%舍得集团的股权。

2020 年 8 月 13 日，舍得酒业发布公告称：天洋控股集团、三河天洋城房地产开发有限公司因业务需要与沱牌舍得集团的资金往来未能及时归还。为保护沱牌舍得集团资产不受损失，维护沱牌舍得集团及其股东的合法权益，沱牌舍得集团向四川省遂宁市中级人民法院提出财产保全的申请，要求对天洋控股集团、三河天洋城房地产开发有限公司的财产采取保全措施。

遂宁市中级人民法院经审理，裁定同意了沱牌舍得集团资产保全的申请，对被申请人天洋控股集团有限公司持有的四川沱牌舍得集团有限公司 70%的股权予以冻结，冻结金额以 3.3 亿元为限，冻结期限为 2020 年 8 月 10 日—2023 年 8 月 9 日。

舍得酒业 2020 年 8 月 20 日发布的提示性公告，披露了其间接控股股东天洋控股其关联方存在通过四川蓬山酒业有限公司占用公司非经营性资金的行为，要求天洋控股集团及天洋控股集团关联方将通过包括但不限于股权、资产抵质押等各种融资方式，于 2020 年 9 月 19 日前，将侵占本金及利息合计 4.75 亿元归还四川沱牌舍得营销有限公司。

2020 年 9 月 2 日，因涉嫌信息披露违法违规，根据《中华人民共和国证券法》的有关规定，中国证监会对舍得酒业控股股东四川沱牌舍得集团、实际控制人周政进行立案调查，出具了《立案调查通知书》《决定书》和《警示函》。随后，信永中和会计师事务所、独立董事、舍得酒业对上述资金占用发生过程、占用资金流向、具体决策者和相关负责人等信息进行了补充披露。披露信息显示自2019年1月以来，舍得营销通过蓬山酒业、三河玉液转款至天洋控股及其关联方7.03亿元，其中：天洋控股0.40亿元、天洋城房地产4.8314亿元、三河天洋房地产1.7986亿元。蓬山酒业、三河玉液、天洋城房地产、三河天洋房地产、沱牌舍得集团均与天洋控股存在关联关系，在本次资金占用中均由天洋控股统一决策。

因违反《上海证券交易所股票上市规则》，舍得酒业于2020年9月21日停牌1日，并自9月22日起开始实施其他风险警示，股票变更为"ST舍得"。公司财务负责人李富全因涉嫌背信损害上市公司利益罪于2020年9月17日被公安机关采取强制措施。

2020年11月27日，舍得酒业发布公告，称天洋控股持有的公司控股股东沱牌舍得集团70%的股权对应的表决权和管理权等，将由射洪市人民政府行使，期限为天洋控股集团有限公司及其关联公司全额偿还四川沱牌舍得集团有限公司及其子公司的全部债务之次日。本次权益变动属于表决权委托，未触及要约收购，也未改变上市公司控股股东股权结构。

2020年12月17日，舍得酒业公布了天洋控股集团有限公司所持公司控股股东股权将被司法拍卖的提示性公告，由于天洋控股无法按期履行归还占款义务，沱牌舍得集团申请拍卖天洋控股持有的70%的股权。

2021年1月6日，通过司法拍卖，上海豫园股份有限公司将持有沱牌舍得集团70%的股权，郭广昌将成为本公司的实际控制人。

2021年1月8日，舍得酒业全资子公司舍得营销提出申请，根据相关法律规定，四川省遂宁市中级人民法院做出裁定，从天洋控股持有的沱牌舍得集团70%股权拍卖款中先予划转被其占用的资金及资金占用费等4.84亿元。至此，天洋控股侵占舍得酒业资金事件尘埃落定。引入复星前后的舍得酒业股权结构见图6.18。

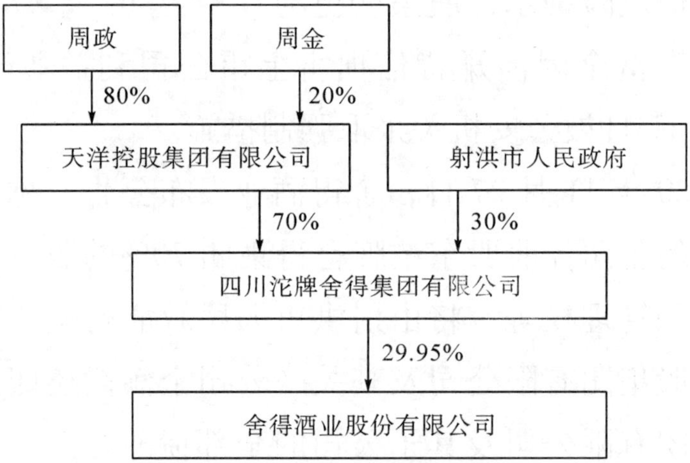

（a） 引入复星前

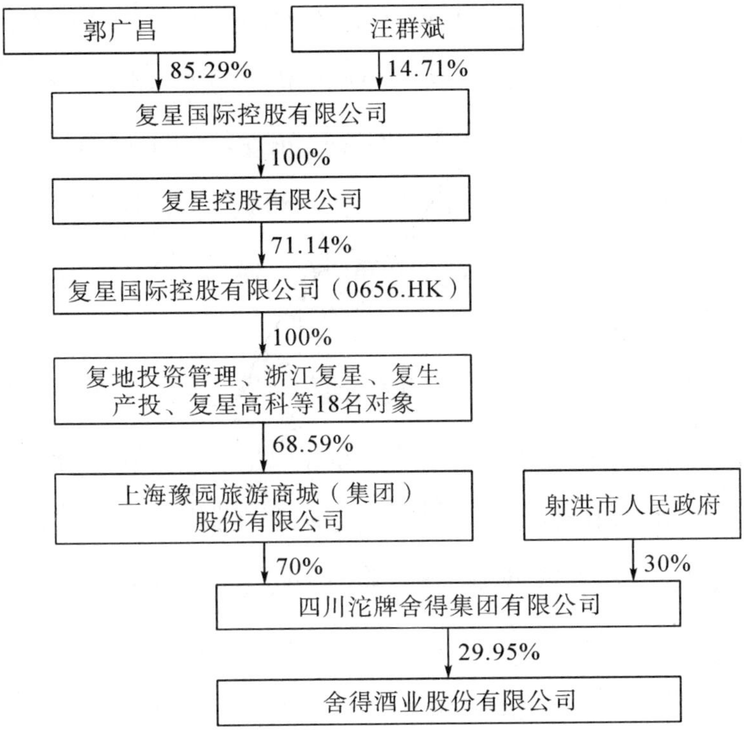

(b)　引入复星后

图 6.18　引入复星前后的舍得酒业股权结构

6.3.4　舍得酒业混合所有制改革的经验及教训剖析

首先，舍得酒业主业目标与战略投资者天洋控股匹配度较低。在舍得酒业推行混合所有制改革的历程中，射洪县政府的思路是通过引入优质战略投资者以实现舍得酒业主营业务的持续增长，国有资产保值增值，推动企业健康发展。同时，战略投资者应保证沱牌集团的所有品牌继续使用和发展，提升射洪对企业品牌的吸引力和留存力，在保证集团及其子公司的注册地和缴税地继续留在射洪的条件下，优先在县内投资项目。射洪县人民政府寄希望于对沱牌酒业实行混合所有制改革，调整战略布局和重组企业组织结构，构建多层次全方位的宣传渠道，巩固并拓展公司的品牌，改变公司“最不赚钱白酒股”的局面。

因此，被代表的战略股东必须既要有丰富的白酒行业资源，能够为公司的发展做出贡献，又要有良好的管理理念和优秀的团队，能够优化公司现有的运营机制，而且不能与舍得酒业竞争，防止其投资白酒行业的其他品牌。由于上述严格的要求，一些蓝筹投资者和已经在该行业开发了类似项目的投资者主动拒绝了参与混合所有制改革的机会。舍得酒业在经历了一系列混合所有制改革的努力与尝试后，最终在 2015 年采用网上竞价的方式在溢价率达到88%的情况下引入天洋控股，主要参考价格确定受让方，对于实行混合所有制改革前的公司考察和评估的力度不足，导致双方之间存在着相当大的信息不对称的情况。推行混合所有制改革前双方在目标和理念上的分歧导致了改革后国有资本和私营资本之间利益博弈的隐患，而控股股东的代理行为倾向和管理层意识缺乏最终促使控股股东对上市公司实施了利益侵占。

其次，混合所有制改革后股权制衡结构不完善，内部治理存在缺陷。规范内部控制可以有效阻止企业的大股东对上市公司利益的侵占，舍得酒业引入天洋控股后，原国有股东完全失去了他们作为主要股东的地位，在公司的决策和管理中不再有任何发言权，在天洋控股实施资金占用的过程中，通过设立关联公司以应收账款保理等方式非法占用大量资金。同时，相关资金调配没有履行相应审批手续，相关人员不遵守基本的财务和内控制度，同时公司内部审计部门也未能起到“防火墙与隔离网”的作用，提前对不合规行为进行预警。

最后，在混合所有制改革过程中对国有资产的监管不足。国务院国资委、中国证监会对混合所有制改革后的企业发展状况和财务信息，特别是国有资产状况掌握不够，了解不及时。同时，我国法律对大股东侵占上市公司惩处力度有限，执法难度大，控股股东的违法成本低，这也导致了民营股东为了追求利益最大化而掏空、侵占上市公司资源。

6.4 海威华芯混合所有制改革案例分析[①]

6.4.1 海威华芯的改革背景

芯片是国家的“工业粮食”，是信息产业的核心，是所有整机设备的“心脏”。我国作为目前全球最大的半导体消费市场，国产芯片供给率却不到10%。2016年，世界三大电信设备商之一的中兴通讯被美国商务部全面限制采购，此事再次绷紧了中国电子业的神经，“没有核心芯片这种硬实力，中国电子业将永远受制于人”。随着美国为首的西方国家进一步对中国半导体等高端科技领域的技术封锁，中国半导体行业本土化的大发展加速到来。为发展中国半导体产业，近年国家先后印发了《重点新材料首批次应用示范指导目录》《能源技术创新“十三五”规划》等支持性政策文件，将SiC、GaN和AlN等第三代半导体材料纳入重点新材料目录，推动支持SiC等第三代半导体材料的制造及应用技术的突破。《国民经济和社会发展第十四个五年规划和2035年远景目标纲要》也将“碳化硅、氮化镓等宽禁带半导体发展”写入了“科技前沿领域攻关”部分。

① 本案例中各公司介绍及有关情况均来自互联网等公开资料。

在国家政策扶持以及新兴产业的推动下，集成电路及化合物半导体产业迎来发展新机遇，化合物半导体市场进入发展的快车道，市场需求迎来“井喷式”增长，发展风口已至。目前国内第三代半导体产业链已经初步形成。化合物半导体产业基本情况见表6.5。

表6.5　化合物半导体产业基本情况

	第一代	第二代	第三代
材料	Si：硅	GaAs：砷化镓	GaN：氮化镓
国际晶圆尺寸	18吋	6吋	4吋
国内晶圆尺寸	12吋	4吋	3吋
海威华芯		6吋	6吋
国际最小线宽	25nm	90nm	100nm
国内最小线宽	65nm	150nm	250nm
海威华芯		90nm	100nm
2010/15年全球需求量		107/150万片6吋	
2010/15年国内产能		0.2/0.4万片	
海威华芯产能		4万片	3万片

相较于第一代和第二代半导体，被誉为电子产业“新发动机”的第三代半导体，已成为全球半导体技术和产业新竞争焦点，有望成为我国与当今技术领先国家减少差距，实现换道超车的新路径。在国防及通信应用等领域，第二代/第三代化合物半导体芯片已被大规模采用，取代Si基芯片的趋势愈发明显，国内需求量呈几何级数增长。当前，伴随着第三代半导体行业的触角向

大数据、物联网、人工智能、5G、航空航天、城际高铁交通、新能源汽车等关键领域延伸，一批专注半导体制造和研发的企业正在迅速崛起。

6.4.2 海威华芯的基本情况

成都海威华芯科技有限公司（以下简称“海威华芯”或“公司”）成立于2010年，由海特高新和央企中电科某研究所合资组建，总投资超过25亿元，是中国较早建成的一条6吋砷化镓、氮化镓化合物半导体生产线的国家高新技术企业、国家集成电路重大项目企业和国家集成电路生产企业。公司专注于晶圆代工业务，拥有完整的技术团队、先进的GaAs集成电路制造技术和生产设备，其打造的“六英寸GaAs集成电路Foundry线”是国家支持的重点产业项目。拥有成熟的化合物半导体生产加工设备1 200余台套，均为量产型机台，性能稳定、生产效率高、加工精度高，硬件设施完备。

海威华芯是国内6英寸砷化镓集成电路（GaAs MMIC）的纯晶圆代工（Foundry）服务制造商之一，已建成国内第一条6英寸砷化镓/氮化镓半导体晶圆生产线，其“6英寸GaAs/GaN生产线”是半导体产业链不可或缺的重要环节，已达到业内先进水平。目前已达到砷化镓2 000片/月、氮化镓600片/月的晶圆制造能力。公司在5G基站、光通信、微波功率器件、电力电子器件领域的产品于国内处于领先地位，科装产品的型号研发与制造处于行业内领先地位。产品广泛应用于5G移动通信、AI人工智能、雷达、汽车电子、电力电子、光纤通信、3D感知、新能源、防务等领域。

2015年，海威华芯投资21亿元在中国建成了6英寸砷化镓/氮化镓半导体集成电路芯片军民两用商业化生产线。2016年4月，海威华芯全面打通生产线，并发布首款新品，IPD工艺、0.25um GaAs pHEMT产品；2016年8月，GaAs芯片获成都市科技进步二等奖，并实现量产；2017年8月，产出中国第一片6英寸SiC基GaN晶圆；2019年，海威华芯产值翻了一番，多款产品实现量产；2020年4月，海威华芯5G基站产品在2020成都新经济新场景新产品首场发布会上向全球发布；2020年10月，海威华芯砷化镓毫米波芯片荣登“中国芯”优秀产品榜；2021年1月，海威华芯GaAs获全国工商联“A级项目”（省部级科技一等奖）。

海威华芯的产品主要应用于国家重点项目、5G通信、雷达、基站、光通信、卫星通信、物联网、新能源等领域。公司每年承担着多项重要科研项目和装备型号研制任务，是防务领域自主可控能力建设的重要组成部分，同时承担了太赫兹领域射频器件研发任务。公司在民用领域承担了国家和四川省5G砷化镓、氮化镓射频芯片研制重大专项，掌握了5G宏基站射频功放芯片的制造技术，是5G射频芯片国产化替代的主要能力。同时，公司研制的具有世界先进水平的激光芯片、高功率能源转换芯片、3D感知芯片，已经规模化生产。

海威华芯作为化合物产业链中最重要的制造端，在GaAs（砷化镓）、InP（磷化铟）、GaN（硅基氮化镓、碳化硅基氮化镓）、SiC（碳化硅）四大化合物材料领域，已形成自主可控、门类齐全、制程完备的第二代、第三代化合物半导体芯片研发、设计与制造技术。

在上市公司海特高新入股以后，海威华芯积极践行混合所有制改革，走上了快速发展的道路。作为中国首条开放式的化合物半导体生产线，海威华芯意图用开放式的运营，在成都建立化合物半导体产业集群，成就产业链、地方经济、学术、就业、消费等多方面共赢的局面。

除主业外，海威华芯近一两年不断进行工艺升级和产能扩大，与新能源汽车、光伏等产业头部企业开展合作。在消费电子、光通信领域持续扩大硅基氮化镓、VCSEL的量产规模，公司不断延伸产业链（共计有近30个科研项目同步推动），意图实现规模和效益的重大提升。其公司一领导2021年1月接受红星新闻的采访时说，“未来海威华芯的经营范围将涵盖IC设计、IC制造、封装测试等各个环节，甚至会延伸到下游电子终端”。海威华芯拟打造以高端核心装备研制与保障、航空工程技术与服务、高性能第二代/第三代集成电路设计与制造为主营业务的三位一体的高科技企业，目前是国内唯一同时拥有运输飞机、公务机、航空部附件CAAC、EASA、FAA等许可的民营航空工程技术服务企业。在航空工程技术与服务领域，公司已经成为中国最大的综合性民营飞机深度大修、客机改货机、整机喷漆、部附件维修企业，以及大中华区能力最强的民营公务机大修企业，中国最大的第三方飞行员、乘务员培训中心。其业务经营范围非常广泛。

6.4.3 海威华芯混合所有制改革相关方合作情况

初始，中国电子科技集团某研究所（以下简称×研究所）是海威华芯第二大股东，海威华芯的重要客户之一。

2015年1月，海特高新以5.55亿元收购海威华芯原股东股权，并以增资的方式取得海威华芯52.91%的股权，成为其控股股东，从而涉足高端化合物半导体集成电路芯片研制领域。

2021年6月29日，深圳正威金融控股有限公司（简称“正威金控”）完成向海特高新投资的海威华芯增资12.88余亿元，其中6.19亿元计入注册资本。依据协议，本次增资扩股完成后，正威金控持有海威华芯34.01%股权，成为海威华芯第一大股东，负责委派财务总监；海特高新成为第二大股东，股权比例从 51. 21%降至 33. 79%，负责委派董事长；×研究所为第三大股东，持股 21. 10%，负责委派总经理。海特高新表示，本次交易提升了第三代半导体晶圆代工能力，有利于补充海威华芯的运营资金，支持其业务快速发展，实现做大做强第二代/第三代化合物半导体芯片产业的目标，增强其综合竞争力，帮助海威华芯提升企业价值，实现公司股东利益最大化。

2021 年，海威华芯成功完成第三轮融资近 20 亿元，新的融资拟用于开展化合物半导体芯片技术能力的突破及产能的提升。基于以上股权配置及融资前景，海威华芯将在化合物半导体芯片技术能力的突破、产能提升等方面，保持国内领先水平。

但 2021 年 12 月 7 日公开信息显示：中国电子科技集团×研究所将其所持的 14. 859 3%海威华芯股权予以公开转让，转让底价为 6. 01 亿元。×研究所由该公司第二大股东变更为第三大股东，后来进一步转让股权，不由得使市场产生猜测。

6. 4. 4　海威华芯股东纠纷及后果

1. 海威华芯股东纠纷

海威华芯进行混合所有制改革后，三方合作并非一帆风顺，股东间的纠纷初显端倪。随着合作的推进，公司出现争端。海威华芯于 2021 年 11 月 3 日、9 日连续发布两条公司内部决定，分别是罢免公司总经理××职务以及对董事、财务总监××作出除名的决定。在海威华芯第一、第三大股东尚未参加的股东会上，做出了变更股权信息的决议，并用该股东决议向工商管理部门进行股权信息变更。同时，在未经董事会批准同意的情况下，海特高新单方宣布：解除海特高新董事、财务总监××的职权。这一系列举措，直接导致公司股东会和董事会形同虚设，无法实际履行职责，同时也引发了多个股东间的强烈不满。

2021 年年底，海威华芯发生“夺章事件”，一度引起业内及舆论的高度关注。据公开报道：海特高新作为第二大股东，安排人员强行夺走了由第一大股东正威金控保管的公司财务印章及银行 U 盾等物品，逼迫×研究所委派的海威华芯总经理辞职。据海威华芯一位员工透露，总经理及董事、财务总监都在公司大群内就个人罢免、除名发布了个人声明。然而该声明一经发出，两位高管随即被踢出该群，引起群内一片哗然。

据悉，“夺章”事件是海特卖掉控股子公司后，仍不想放弃控制权，毕竟其已“取得”了财务印章，就等于拿到资金的掌控权，但是这种操作带来的结果，不仅没有让企业向更好的方向发展，反而在股东及企业内部投入了一个“深海炸弹”。

出现纠纷后，海特高新季报不容乐观。2021 年三季报显示，公司主营收入 6.02 亿元，同比下降 14.08%；归母净利润 6.77 亿元，同比上升 4 342.02%；扣非净利润 2 861.51 万元，同比上升 46.46%；其中 2021 年第三季度，公司单季度主营收入 2.1 亿元，同比下降 27.73%；单季度归母净利润−354.69 万元，同比下降 114.65%；单季度扣非净利润 151.26 万元，同比下降 82.77%；负债率 41.13%，投资收益 7.9 亿元，财务费用 6 673.0 万元，毛利率 39.83%。2021 年，该股四季度 90 天内共有 1 家机构给出评级，中性评级 1 家；近 3 个月融资净流出 5 465.25 万元，融资余额减少；融券净流入 5.35 万元，融券余额增加。证券之星估值分析工具显示，海特高新（002023）好公司评级为 2.5 星，好价格评级为 2 星，估值综合评级为 2 星。（评级范围：1~5 星，最高 5 星）

据查，海特高新的年报审计机构为信永中和会计师事务所。该所因年报审计业务涉嫌违法违规被中国证监会立案调查，多个 IPO 项目被中止审核。业内人士分析认为，海特高新财务报表在“支出资本化、成本合理性”方面疑似粉饰。

2. 海威华芯股东纠纷后果

海威华芯“内斗”造成风险外溢。这种“内斗”不仅影响到正常经营，也产生了外部负面影响，同时影响到公司人才队伍的稳定性。公司管理权的争夺，治理结构的混乱，必将影响公司的日常经营。近年来，国内企业、股东间抢夺公章的案例屡见不鲜，引发社会关注。海威华芯混合所有制改革仅仅过去不到一年，原本一段强强联手、推动国内半导体行业蓬勃发展的佳话，却上演成一幕“拳脚相向”之丑剧，着实令人唏嘘。芯片产业一直都是我国的重点产业，尤其近几年受到美国的贸易限制，使得这一问题日益凸显。那么，国产芯片的崛起，将成为未来中国的核心技术的发展趋势。混合所有制的公司管理权如果不能很好平衡和分配，最后“两虎相争，必有一伤”，势必对民族半导体的崛起造成不可估量的影响。

印章之争背后不仅是意气之争，更是公司控制权、管理权之争。众所周知，企业控制权、管理权并不完全取决于一枚印章，“有章在手”也并不意味着就掌握了企业的话语权。“夺章”事件显示出：①无视法序规则，损害投资人权益，也影响国有资产之安全；②有损公司形象，导致企业管理混乱，影响市场投资环境；③在公司多名股东共同经营一项事业中，难免产生意见分歧和利益冲突。如何协商解决、化解股东权益纠纷、共铸辉煌伟业是混合所有制改革企业必须要解决的难题。

6.4.5 海威华芯股东混合所有制改革经验及教训剖析

从文献资料以及调研来看，海威华芯股东混合所有制改革失败有内外部各种原因，主要有：

第一，用西方模式和理论混合所有制改革并不完全适用于中国。海威华芯有“三会四权”，即有“董事会、监事会、股东会”，“所有权、经营决策权、经营管理权、监督权”，符合西方经济学理论，公司规章制度也比较健全，但公司控制权管理失败，利益各方目标不一致，不能形成合力。董事会流于形式，监事会没有起到应有的作用，党内民主监督也几乎没有。合作方冲突造成决策效率低下，扯皮现象严重，人才不断流失，员工出工不出力，结果就是企业绩效及其在资本市场上的表现不佳。

第二，混合所有制改革重形式轻内容忽视治理机制的建立。混合所有制合作各方的经营理念、价值观念、目标诉求不一定相同，长期目标与短期目标可能会有冲突，多方深度融合比较困难。因此，混合所有制改革不是简单地变更合作方股权就能解决问题，混合所有制改革涉及利益关系分析及动态治理模式理论构建，要对不同经济主体的利益关系、劳动者在国企中的地位和利益关系等重要关系进行深入剖析。由于一切都是围绕经济利益这个轴心来的，因此设计治理模式时应重在设计利益平衡及机制协调。只有科学的治理机制，才能平衡国有资本发展政策和理念等社会目标与私有资本逐利的本性。

第三，国有企业混合所有制改革要特别注意资本属性与国家使命的关系处理，把握“控制权归属”的核心问题，应有一个“主心骨”而不能“一盘散沙”。此外，要正确判断国有资本与私有资本的性质、特征及行为规律，防止私有企业为一己之私挪用资金。2021 年中央经济工作会议提出，要正确认识和把握资本的特性和行为规律、防止私人资本无序扩张和疯狂生长，这说明社会主义市场经济下公有资本与私人资本有着不同的特征和行为规律。国有资本存在的意义更在于实现多元化的社会职能，国有资本不能仅对企业投资而全然不参与企业的生产经营决策，管理过多或过少都可能造成国有资本职能缺失或国有资本利益受损。

第四，公司没有聚焦主业，战线过长，资源分散。除芯片主业外，海威华芯还涉及航空全产业链的维修、培训、租赁等多种业务，而资本市场更关注的是公司高端芯片产业，对公司的多线业务并不看好，这也是海威华芯在资本市场走低的主要原因之一。海威华芯作为国内一家知名度颇高的半导体产业科技公司，应紧抓“国家持续加大集成电路产业支持力度，将第三代半导体列入‘十四五’规划”红利期这一历史机遇，把国家急需的高端芯片产业迅速做大做强，把传统的维修、培训、租赁业务转给母公司，由母公司收购。重整后的公司业务主要为高端芯片产业与高端装备制造产业。这样公司的估值才可能得到极大提升，实现大股东、中小股东、员工、社会、国家利益多赢的格局。

6.5 本章小结

本章分别选取了国有企业混合所有制改革成功与失败的案例，从正反两方面分析了国有企业混合所有制改革的经验和教训。

在成功案例方面，本章以四川省 2010 年 1 月—2020 年 12 月上市公司为研究对象，通过对股权结构多元化、前十大股东股权集中度、公司治理综合水平、全要素生产率、总资产收益率等多维度指标进行描述性与趋势性分析，揭示了混合所有制改革对四川省上市公司的影响程度及其趋势。

五粮液公司作为现阶段四川省首家成功地实施了员工持股计划的白酒国有上市公司，此次员工持股计划的实施对四川省白酒上市公司混合所有制改革以及其他白酒上市公司改革都具有示范意义。员工持股计划在优化股权结构、完善公司治理、增强人才吸引力、优化人力资本结构、提升公司内部激励强度等方面有一定的积极作用。

舍得酒业通过主动引入民营战略股东进行混合所有制改革在四川乃至全国范围都具有创新和引领性，但是事前双方目标不匹配、事中股权制衡与内部控制不完善以及相关外部监管缺失间接导致了国有资产流失、中小股东权益受到侵害。就战略投资者的选择而言，射洪县人民政府存在一定瑕疵，在引进天洋控股之后，并未能持续发挥自己作为战略投资者的作用，反而在引进之后，对企业造成了一系列的负面影响。

首先，建议各级政府部门结合本地企业在混合所有制改革过程中的现实情况，总结经验、发现问题，对现有员工持股计划模式以及通过资本市场引入战略投资者等进一步加强事前指导、遴选与甄别，同时切实强化事后监管与规制。其次，相关政策的制定需结合本地混合所有制改革的实际情况，因地制宜。各个省份、地市改革进度不同，发展水平各异，应从国家层面给予地方更多的改革自由裁量权，各地根据发展实际情况出台相关员工持股计划及混合所有制改革政策指引，只有这样才能实现政策的精准滴灌。最后，混合所有制改革企业应重视员工持股计划所带来的激励效应，在激励相容理念的指引下，通过精心设计给予内部员工、管理层科学合理的激励与约束，从而发挥其对公司治理、人力资本优化的作用并形成长效激励效应，推动国有企业形成竞争优势，实现国有资产的保值增值。

在失败案例方面，本章选择了半导体行业的高科技公司海威华芯。当前国家第三代半导体产业发展面临着产品开发与市场终端应用需求不匹配、产业链短时间爆发带来的人才与资金压力、全国各地项目无序发展等问题，企业本应按照多元股东协同共进、双向赋能共同发展的战略思路，充分依托各股东资源平台及彼此优势，通过改制进行良好合作，精诚团结、携手共进、和合双赢，而不是我行我素、毫无规则地争权夺利。改制失败的根源在于机制设计不科学、不合理。

综上所述，不是所有国有企业进行混合所有制改革都是成功的。企业改制成功固然可喜，但是改制不成功更值得反思和追根溯源。从混合所有制改革大数据情况、失败案例以及可查阅文献来看，当前混合所有制改革并没有形成一套适用的、成熟的理论，尤其涉及国有企业混合所有制改革的几个难点，比如：混合所有制改革国企控制权归属及管理边界在哪里？什么样的企业治理机制有利于协调国有资本和私有资本间的利益冲突，使国有资本社会目标实现与私有资本逐利平衡？如何构建和谐的企业劳动关系、实现国有资本与民营资本的深度融合？之前，国企改革包括混合所有制改革主要应用的是西方经济学产权理论，其对简单企业单一公有制改革、粗放型经济模式有一定效果，一些企业的绩效在产权改革、公司治理后确实有所提升，但同时也出现了国有资产流失等问题。随着中国国有企业改革（混合所有制改革）进入深水区，实践表明，西方经济学理论已越来越难以对复杂国情下的混合所有制改革提供解释力和指导力，这体现在国有企业混合所有制改革以来，一些难点（如控制权归属、不同经济体的融合等）问题至今没有解决。中国国有企业改革走的是一条与众不同的独特改革路径，“中国的改革实践应该有符合我国国情的新的理论解释”。

7 深化四川国有企业混合所有制改革的路径选择及对策建议

7.1 深化产权制度改革

国有企业混合所有制改革的重点之一是产权改革。产权改革、创新，不能简单地理解为把国有产权改为非国有产权，把原国有企业都改为股份制企业。产权创新首先表现为所有制上的创新，国有企业根据其职能定位，对不同类别的企业应实施不同的所有制。

混合所有制企业是指由不同所有制企业共同投资、组建的企业，其产权制度是指企业所有权和经营权的分配和管理机制。为了深化混合所有制企业改革，进一步优化产权制度，创新混合所有制企业的产权制度已成为当前的重要课题。

7.1.1 遵循市场化原则

混合所有制企业产权制度的创新应遵循市场原则，把市场作为资源配置的基础，以市场为导向，进行产权分割、流转和转让，增强企业的市场竞争力。在市场化的基础上，建立有利于企业发展的产权制度，促进企业的健康发展。

7.1.2 引入多元化投资主体

深化混合所有制企业产权制度改革需要引入多元化的投资主体，扩大投资主体的范围，增加企业的资源和资金来源。其中，适当引入社会资本（应对主业等进行评估）可以有效增强企业的投资实力和核心竞争力。在引入社会资本时，可以引入社会监督和评估机制，提高企业的透明度和公正性。

7.1.3 建立健全产权保护机制

深化混合所有制企业产权制度改革需要建立健全产权保护机制，明确产权的边界和保护范围，保障各方合法权益。同时，建立健全的产权交易市场，提高产权流转的透明度和公正性，增强企业的发展动力。

7.1.4 推进员工持股

为激励国有企业的利益相关者，应寻找一种与之切身利益密切相关的制度安排。员工持股，作为在众多行业规范实施的一种激励方式，已经在一些混合所有制企业中实施（不多），是混合所有制企业产权制度改革的创新实践。但在理论上鲜有研究。这里，我们从理论上来探讨其可能性及利弊。

首先，我们在理论上对员工持股的利益分享做一个探讨：

1. 模型假设及相关描述

劳动力市场发达，劳动力个体之间无差异，企业获得的利润 R（w，l）依赖于物质资源（W）和人力资源（L）的投入，即 $R=f$（W，L）。物质资本和人力资本在总投入中的分配权重分别用股份比例 w 和 l 来表示。如果企业利润或企业剩余能够被分享，则 $R=Rw+R_l$，其中，R 表示企业全部的利润或剩余，Rw 表示资本资源分享的利润或剩余；R_l表示人力资源分享的利润或剩余。可以把资方利益的分摊基数记为 w，企业员工利益分摊基数记为 l，一般来说，W、L 的变动往往也会带动 w 和 l 的变化。就资本的利益而言，资本的真实利润率应该是 Rw 与 W（或 R_l与 L）的比值。借用数学微积分的定义，物质资源的利益变化率可用 $Rw'=Rw/w$ 表示；人力资源的利益变化率用 $R_l'=R_l/l$ 表示企业资源配置的变化受到资本变化（用 ΔW 表示）和劳动变化（用 ΔL 表示）的影响。设 ΔR 为由于资源配置的变化而产生的利润变化，ΔRw 和 ΔR_l 分别是资方和劳方的利益变化，则有①

$$R+\Delta R=f(W+\Delta W, L+\Delta L), \Delta R=\Delta Rw+\Delta R_l$$

假定上述变量都是正增加量，即 ΔR，ΔW，ΔL，ΔRw，ΔR_l 都大于等于零。

2. 员工持股利益分享模型

（1）在企业效益增长的过程中，不仅产生利润，同时会产生边际成本。企业可持续发展的前提条件是边际收益高于边际成本，因此边际净收益 ΔR 应大于派生边际成本（$R_l'\times\Delta L+Rw'\times\Delta W$），即

$$\Delta R>(Rw'\times\Delta W+R_l'\times\Delta L)$$

或
$$\Delta R>(Rw'\times\Delta w+R_l'\times\Delta l)$$

借鉴张小宁的企业利润分享模型研究②，利益增长空间的简化采取数学偏微分的思想，不同时分析 ΔW 和 ΔL，先固定其中的一个，并让另一个变化。于是，如果仅增加劳动投入 ΔL，所产生的收益 ΔR 大于劳动预期分享利润，就说明在客观上具有了利益增长的空间；同样，如果仅增加资本投入 ΔW，所产生的收益 ΔR 大于这

① 王继翔. 我国国防军工企业制度创新研究［D］. 成都：西南财经大学，2010.

② 张小宁. 分享制企业激励制度的比较：利润分成、员工持股、EVA、分配权等的比较分析［J］. 中国工业经济，2003，10（10）：83-86.

部分资本预期分享利润，也说明在客观上存在有利益增长的空间。数学模型就是[①]：

若有 ΔL 和 ΔR 存在，且 $\Delta R - R_l' t_0 \times \Delta L$（或$\times \Delta l$）$> 0$（假设 $\Delta W = 0$） (7.1)

或　若有 ΔW 和 ΔR 存在，且 $\Delta R - Rw' t_0 \times \Delta W$（或$\times \Delta w$）$> 0$　（假设 $\Delta L = 0$） (7.2)

若（7.1）（7.2）两式成立，则表明有利益增长的空间。

当 $\Delta W = 0$ 时，有 $\Delta R - R_l' t_0 \times \Delta L > 0$ (7.3)

（2）在企业有效益增长空间的前提下，各利益分享者的既有利益指标应为上升而非下降，即存在所谓的正激励，就是可以调动员工的积极性去为企业创造效益并同时提高自身利益。用 t_0 表示资源配置调整以前，t_1 表示资源配置调整以后，在分享模式下的正激励的数学模型为[②]：

当 $\Delta W = 0$ 时，有 $\Delta R - R_l' t_0 \times \Delta L$（或$\times \Delta l$）$> 0$　（若有 ΔL 和 ΔR 存在,） (7.4)

或　当 $\Delta L = 0$ 时，且 $\Delta R - Rw' t_0 \times \Delta W$（或$\times \Delta w > 0$（若有 ΔW 和 ΔR 存在） (7.5)

那么，如果是正激励，则必有以下两式成立

判别式 1：$R_l' t_1 \geq R_l' t_0$　（给予激励） (7.6)

---

① 王继翔. 我国国防军工企业制度创新研究［D］. 成都：西南财经大学，2010.

② 王继翔. 我国国防军工企业制度创新研究［D］. 成都：西南财经大学，2010.

判别式 2：$Rw't_1 \geqslant Rw't_0$　（得到更大利益）（7.7）

展开式（7.6）、式（7.7）：

判别式 1：$(R_l+\Delta R_l) \div (L+\Delta L) \geqslant R_l't_0$　（7.8）

判别式 2：$(Rw+\Delta Rw) \div (W+\Delta W) \geqslant Rw't_0$　（7.9）

这两式也可改写为：

判别式 1：$\Delta R_l/\Delta L \geqslant R_l't_0$，或 $\Delta R_l/\Delta l \geqslant R_l't_0$

判别式 2：$\Delta Rw/\Delta W \geqslant Rw't_0$，或 $\Delta Rw/\Delta w \geqslant Rw't_0$

（3）探讨如果员工持股时：

在同股同利原则下，有 $R_l' = Rw' = r/w+l$　则有：

$R_l't_0 = R_l' = Rw' = r/(w+l)$

$R_l't_1 = (R+\Delta R_l)/(l+\Delta l+w)$　（7.10）

又∵ $\Delta R_l = (R+\Delta R) \times (l+\Delta l)/(l+\Delta l+w) - R_l$

$\rightarrow (R_l+\Delta R_l) = (R+\Delta R) \times (l+\Delta l)/(l+\Delta l+w)$

$\therefore (R+\Delta R)/(l+\Delta l+w) = (R_l+\Delta R_l)/(l+\Delta l)$

而 $(R_l+\Delta R_l)/(l+\Delta l) = \Delta R/\Delta l$　（7.11）

由式（7.3），得 $\Delta R/\Delta L > R_l't_0$，

所以　$\Delta R/\Delta l \geqslant r/(w+l)$　（7.12）

由式（7.10）、式（7.11）、式（7.12），则有

$R_l't_1 \geqslant r/(w+l) = R_l't_0$

那么，$R_l't_1 \geqslant R_l't_0$恒成立

从以上证明可以推论：员工持股作为一种激励制度，是正激励。也就是说，在员工分享收益的情况下，

企业同时可以获益[1]。

让员工成为企业的共同所有者，可以增强员工的归属感和责任感，提高企业的稳定性和发展潜力，为企业的健康发展提供有力保障。

7.2 深化企业治理结构改革

混合所有制企业改革是我国经济发展的重要举措，旨在促进企业的持续发展和提升企业的竞争力。与此同时，混合所有制企业改革也需要建立适合的治理结构，以确保企业能够在政治和经济方面取得较好的发展成果。

7.2.1 混合所有制企业治理结构的类型

在混合所有制企业中，企业治理结构的类型一般可以分为以下几种类型：

1. 董事会制度

董事会制度是一种常见的企业治理结构，由董事会、监事会和总经理构成。董事会是企业决策的核心，

① 王继翔. 我国国防军工企业制度创新研究［D］. 成都：西南财经大学，2010.

监事会对董事会进行监督，总经理则是企业的经营管理者。

2. 股权分散制度

股权分散制度是指企业的股权分散于众多股东手中，没有一个股东占据主导地位。在这种治理结构下，企业的管理和决策相对分散，需要通过多方协商来达成共识。

3. 控股制度

控股制度是指一个股东或一家企业掌握了企业的控制权。在这种治理结构下，控股方可以直接参与企业的决策和管理，但也容易导致资源过度集中和利益冲突。

4. 合资制度

合资制度是指两个或多个企业共同投资建立的企业，合资方共同参与企业的决策和管理，并共同承担风险和收益。

7.2.2 深化治理结构改革的具体举措

在混合所有制企业治理结构改革中，可以从以下几个方面实施深入改革：

1. 引入投资者代表

在混合所有制企业中引入投资者代表，可以提升投资者对企业决策和管理的参与程度。这种方式可以有效平衡各股东的利益和权益，使企业的治理更加公正和透明。

2. 建立多元化的决策机制

在混合所有制企业中建立多元化的决策机制，可以有效避免决策集中和利益冲突。这种机制由董事会、监事会、职工代表大会等构成，各方共同参与企业治理。

3. 完善内部控制机制

完善内部控制机制，可以有效监督企业的运营和管理。这种机制可以包括内部审计、风险管理、内部控制等方面，以对企业的经营风险进行有效识别和管理。

4. 引入社会资本

引入社会资本，可以增强企业的财力和技术力量。同时，在引入社会资本时，也可以引入社会监督和评估机制，提高企业管理的透明度和公正性。

7.2.3 引入社会监督和评估机制

混合所有制企业引入社会监督和评估机制可以保证混合所有制企业的健康发展。社会监督和评估机制可以帮助混合所有制企业及时发现并解决问题，进一步提高企业的社会责任感和公信力。

混合所有制企业引入社会监督和评估机制的途径主要有：

第一，建立社会监督机构。社会监督机构由政府、民间组织、专业人士等组成，对企业的经营管理、社会责任、环保情况等进行监督和评估。

第二，开展社会评估活动。混合所有制企业可以委托第三方机构开展社会评估活动，对企业的经营管理、社会责任、环保情况等进行评估，及时发现问题，并提出改进建议。

第三，建立投诉处理机制。混合所有制企业可以建立投诉处理机制，接受社会各界的投诉，及时处理投诉，并公开处理结果，增强企业的公信力。

第四，发布社会责任报告。混合所有制企业可以定期发布社会责任报告，公布企业的经营管理、社会责任、环保情况等信息，接受社会各界的监督和评估。

7.3 深化激励机制改革

7.3.1 深化股权激励

混合所有制企业的股权激励是提高员工工作积极性的重要手段。股权激励可以增强员工的参与感和归属感，从而激发员工的责任心和工作热情。针对混合所有制企业中不同股东的情况，应该制定不同的股权激励方案，以满足各方面的利益诉求。

国有资本股权激励：国有资本可以通过股权激励方式，吸引优秀的经营管理人才，提高企业的经营效率和竞争力。国有资本股权激励可以采取定向增发、员工持股计划等方式，以提高员工的工作积极性和士气。

非国有资本股权激励：非国有资本可以通过股权激励方式，吸引优秀的企业家和经理人才，提高企业的技术含量和市场竞争力。非国有资本股权激励可以采取股票期权、股份回购等方式，以提高员工的工作积极性和士气。

7.3.2 优化薪酬激励

混合所有制企业的薪酬激励是提高员工收入水平和激励员工创新的重要手段。薪酬激励应该根据企业经营状况和员工绩效情况进行动态调整，以保证员工的收入稳定增长，同时激励员工创新并创造价值。

1. 制定绩效考核制度

混合所有制企业应该建立科学、公正、透明的绩效考核制度，以保障员工的劳动报酬和薪酬分配公平合理。绩效考核制度应该根据不同岗位的职责和工作内容，制定不同的考核指标和权重，以保证员工的工作量和工作质量得到合理的评价。

2. 调整薪酬结构

混合所有制企业应该根据市场竞争状况和企业经营状况，适时调整薪酬结构，以保证员工的收入水平和激励机制的有效性。调整薪酬结构应该根据员工职务、工作年限、工作表现等因素进行合理分配，以激励员工创新并创造价值。

7.3.3 创新福利保障

混合所有制企业的福利保障是提高员工生活质量和工作积极性的必要手段。企业应该根据员工的实际需求和企业经营状况制定不同的福利政策和措施，以保障员工的权益和提高员工的生活质量。

1. 提高员工福利待遇

混合所有制企业应该适时提高员工的福利待遇，包括保险、医疗、住房等方面。提高员工福利待遇可以提高员工的工作积极性和士气，从而促进企业的发展。

2. 建立健全员工培训制度

混合所有制企业应该建立健全员工培训制度，提高员工的专业技能和职业素质。员工培训可以帮助员工更好地适应企业发展的需求，提高员工的工作效率和工作质量。

总之，混合所有制企业的激励机制创新是提高企业竞争力和员工工作积极性的重要手段。

7.4 明确混合所有制改革企业控制权的归属

企业控制权的归属是混合所有制改革企业至关重要的问题，也是混合所有制改革企业能否顺利运转的关键和抓手。

国有企业与非国有企业价值理念、经营理念不一定相同，目标和诉求也不一定相同。国有企业更看重长期目标，希望企业保值增值；非国有企业更看重短期目标，希望赚快钱，甚至好高骛远。国有企业强调按照流程、规章程序办事，非国有企业为了经济目标可能打破规章限制，有较大的随意性。尤其部分民营企业在从事自己企业的非主业项目时，认为企业资金有国有托底，即便失败自己亏损的成本也不大，因此多有较大冒险冲动，大胆投资相关或不相关领域、熟悉或不熟悉行业，甚至出现以借用为名挪用混合所有制改革企业资金的问题（实际已有发生），给混合所有制改革国企带来极大的风险和财务隐患。这也是国企需要掌握控制权的重要因素。社会主义市场经济下公有资本与私人资本有着不同的特性和行为规律。为此，2021 年中央经济工作会议明确提出，要正确认识和把握资本的特性和行为规律、防止私人资本无序扩张和疯狂生长。此外，混合所有制改革企业的多个股东由于利益分配，运行过程中可能出现相互扯皮、“抢班夺权”的情况，多个控制人即没有主心骨，权利争夺势必导致混乱及运营低效率的局面。因此，国有企业混合所有制改革过程务必重视企业控制权归属问题。

国有资本存在的意义更在于实现多元化的社会职能，国有资本不能不参与企业的生产经营决策，以往认为企业经营权可以完全交给非国有企业的认知是不妥当的。但管理过多或过少都会造成国有资本职能缺失或国有资本利益受损，因此国有控股时，需要界定国有资本管理边界。对一般性国有企业而言，如果私有资本掌握控制权，那么必须对私有资本的主业做出要求，并且有相应的规定协议，防止私有资本以混合所有制改革之名行掏国家财产之实。

7.5 把党的领导融入公司治理各环节

作为中国共产党领导下的国有企业，混合所有制改革中党的领导起着非常重要的作用。党的领导可以确保改革的方向和目标符合中国特色社会主义的要求，同时可以保证改革的实施过程遵守国家法律法规和政策规定，保障员工的权益，确保改革的平稳有序进行。此外，党的领导还可以发挥政治的引领作用，引导企业坚持正确的价值观和发展方向，促进企业的全面发展和繁荣，因此在混合所有制企业改革中坚持共产党的领导很有必要。

四川混合所有制企业只有把党的领导融入公司治理各环节，以“党的领导”重构“中国特色现代国有企业制度”，才能保证国有企业的正常发展方向，保证国有资产不流失，保证员工权益不受侵害。

7.5.1 建立党的领导与企业生产经营深度融合机制

“党的领导”是中国特色社会主义政治经济学的首要特征问题，社会主义生产关系“只有在无产阶级夺取政权之后才能建立”。非国有资本经营者与国家利益取向可能不一致，党的领导能从制度上确保国有企业的社会主义方向。

构建党的领导与企业生产经营深度融合的机制需要从以下几个方面入手：

1. 建立健全党组织领导体制

在混合所有制企业中，建立健全党组织领导体制是非常重要的。首先，要明确企业中党组织的地位和职责。其次，要制定完善的党组织工作制度和考核制度，确保党组织能够发挥领导和服务作用。同时，要加强党员队伍建设，提高党员的政治觉悟和业务素质，为企业发展提供坚强的保障。

2. 推进党领导下的企业治理

大力推进党领导下的企业治理，完善企业治理结构，确保党组织对企业的决策和管理具有决定性作用。具体来说，可以采取以下措施：建立党委领导下的企业管理委员会，明确企业的管理职责和权限；建立健全企业内部控制制度，加强对企业的监督和管理；加强对企业经营风险的识别和管理，确保企业的安全稳定运行。

3. 共促党建与企业文化建设

企业文化是企业发展的重要支撑，加强党建与企业文化建设，是深入推进党的领导与混合所有制企业生产经营深度融合的重要举措。在党建中推进文化建设，通过党建工作积极推进企业文化建设，在党建活动中打造企业文化品牌，营造出有利于企业发展的良好氛围。同时，以多种形式加强混合所有制企业员工的思想政治工作，站在员工立场多沟通、多交流，让员工认识到自身利益与公司利益的一致性，从而自觉地主动积极工作。

4. 加强党的政治领导，发挥党组织的作用

党的领导是混合所有制企业发展的重要保障，必须加强党的领导，发挥党组织的作用，确保企业的政治方向和经济效益之间的辩证统一。应加强党员队伍建设，提高混合所有制企业内员工的政治觉悟和业务素质，为企业发展提供坚强的保障。

7.5.2 党务活动应紧密围绕并配合企业的生产经营活动

党务活动是党的领导下的一项重要工作，旨在加强党的建设，推动党的各项工作顺利开展。在混合所有制企业中，党务活动应当围绕并配合企业的生产经营活动，为企业发展提供有力支持。

1. 积极参与企业生产经营活动

党组织应当积极参与企业生产经营活动，了解企业的生产经营状况，为企业提供决策参考和服务支持。具体来说，可以采取以下措施：建立健全党委领导下的企业治理机构，参与企业经营决策；设立党员服务窗口，为企业员工提供工作和生活服务；加大对企业员工的思想政治工作力度，提高员工的政治素质和文化素养。

2. 建立健全激励机制，凝聚人心

建立健全激励机制，是深入推进党的领导与混合所有制企业生产经营深度融合的重要举措。要制定激励政策，鼓励企业员工积极创新，提高工作效率和质量。同时，要建立健全员工考核制度，对员工的工作表现和贡献进行评估，为员工给予晋升和薪酬方面的激励。科学有效的激励机制可以鼓舞士气，凝聚人心。

7.5.3 党的领导下把握政治属性和经济属性的辩证统一

混合所有制企业是政治属性和经济属性辩证统一的产物，既有政治属性，又有经济属性。如何把握这两者的辩证统一，是混合所有制企业发展的关键之一。

一是要明确混合所有制企业的政治属性。政治属性是指企业必须始终坚持中国共产党的领导，落实党的各项方针政策，积极支持国家的发展战略和政策。因此，混合所有制企业必须认真贯彻落实党的政治路线，坚持"两个维护"，始终把握好企业的政治方向。

二是要认识混合所有制企业的经济属性。经济属性是指企业必须以经济效益为导向，不断提高企业的生产力和经济效益。因此，混合所有制企业必须坚持市场导向，加强品牌建设，提高产品质量，增强企业竞争力，实现经济效益最大化。

8 热点理论探讨：人工智能时代，企业生产模式引发的劳动价值论争议

人工智能作为当今世界最具影响力的技术之一，正深刻地改变着企业的生产方式和社会的经济结构。从无人工厂到智能车间，从自动化生产线到大数据驱动的生产决策，人工智能的应用使得生产效率大幅提升，生产成本显著降低。如今，人工智能设备普遍应用于企业生产环节，形成了企业工人数量越来越少甚至出现“无人工厂”而资本家利润反而指数增长的“怪现象”。为什么企业工人数量越来越少而资本家利润反而有所增长呢？难道非劳动要素也能创造价值？比如，富士康“关灯工厂”几乎无须工人参与生产，但通过机器人和物联网能实现高效产出。特斯拉柏林超级工厂 2023 年的汽车生产线自动化率达 95%，但企业利润率较传统工厂提

升 47%。随着生产方式的变革，智能机器人、算法系统的广泛应用，理论与现实的反差引发了人们对马克思劳动价值论的诸多质疑，一些人认为传统的劳动价值论在人工智能时代已经过时，无法解释新的经济现象，以致于部分学者将上述案例视为劳动价值论的“经验反例”，这种“工人消失而利润激增”的现象构成对劳动价值论最直观的挑战。

8.1 马克思劳动价值论的理论内涵

8.1.1 劳动价值论的基本逻辑

劳动创造价值，具体劳动创造使用价值，抽象劳动形成商品的价值。使用价值源于具体劳动的物质转化，而价值实体则凝结着无差别的人类抽象劳动，因而活劳动（尤其是工人的抽象劳动）是价值的唯一源泉。复杂劳动程度决定商品价值量；商品的价值量由生产商品的社会必要劳动时间决定。资本通过占有剩余价值实现剥削，资本有机构成提高导致利润率呈下降趋势。

8.1.2 劳动价值论的核心命题

（1）价值实体论。商品价值由凝结在商品中的无差别人类劳动决定，社会必要劳动时间是价值量的衡量尺度。

（2）劳动二重性。具体劳动创造使用价值，抽象劳动形成商品的价值。

（3）价值增值论。可变资本（劳动力）是价值增值的唯一来源，不变资本仅转移自身价值。

这一理论体系揭示了资本主义生产方式的剥削本质，将价值创造严格限定在活劳动范畴。

8.2 人工智能时代劳动价值论的争议焦点

AI 技术（自动化、算法、大数据）正在重塑企业生产模式，也引发了人们对传统劳动价值论的争议：

8.2.1 价值创造的源泉问题

劳动是否是创造价值的唯一源泉？资本、数据、算法等非劳动要素是否参与价值创造？传统劳动价值论认为，活劳动是价值的唯一源泉。然而，在人工智能时代，“无人工厂”的出现让不少人认为人工智能可以代替人力创造出价值，因为在生产过程中自动化生产线几乎不需要人类劳动的直接参与，也能够创造出巨大价值。有学者提出，商品的价值决定是市场供求实现均衡的过程，劳动、资本、土地、科学技术和经营管理等决定商品供给价值；社会生产力水平、需求水平、收入水平、社会阶级和阶层结构、风俗习惯和消费倾向等决定商品需求价值，并且这些要素在商品的价值决定中的地位、作用和彼此的相互关系是不断变化的。这种观点将劳动视作价值决定链条中的一个方面，认为只要是与商品生产有关的非劳动要素都可以参与价值形成，因而人工智能技术要素也应被视为价值创造的源泉之一。这种认可非劳动要素创造价值观点的形成遵循的是西方经济学研究范式，本质上是为要素所有者参与价值分配提供理论依据。

8.2.2 劳动者主体地位问题

具备自主学习能力的 AI 是否具有劳动主体资格？人工智能的广泛应用使得劳动者在生产过程中的地位发生了变化。在高度自动化的生产模式下，很多岗位不需要劳动者直接参与。随着人工智能技术的不断迭代发展，不少劳动者担心，他们将逐渐失去在生产过程中的主导地位，这种状况对劳动价值论的适用性产生了冲击。一些人认为，劳动者的工作可以削减甚至能被完全替代。这种观点引发了人们对劳动者主体地位的质疑。

8.2.3 价值分配的公平性问题

马克思劳动价值论告诉我们，价值是由劳动者所创造，因此价值分配也应该由劳动者共同享有。在人工智能时代，企业生产效率的提高和价值创造模式的转变，从现象上看使得价值分配格局也发生了变化。一些企业通过运用人工智能技术、自动化生产线获得了高额利润，但这些利润并没有完全给劳动者共享。相反，企业所有者和投资者往往获得了绝对的收益，而劳动者却面临着工资增长缓慢甚至失业的风险。这种价值分配的不公平现象引发了对劳动价值论在价值分配领域适用性的质疑。这种质疑忽略了价值分配的前提条件，即价值创造不等于价值分配，劳动创造价值，但价值分配并不取决于劳动者，而是取决于生产资料所有制。只有生产资料公有制前提下才是按劳分配。在生产资料私有制下，劳动创造的价值被资产阶级无偿占有，劳动者只能获得剩余价值分割为工资的一小部分，社会不可避免地陷入两极分化。AI 技术带来的分配不公实际上是一种假象。

8.3 人工智能时代企业生产模式的变化

人工智能（AI）的快速发展和广泛应用正在深刻重构企业生产模式的底层逻辑，从效率提升到价值创造，从组织管理到商业模式。其对企业生产模式的颠覆性影响，本质上是对工业革命以来以“人机协作”为核心的资本主义生产逻辑的彻底重构。这种重构既体现在生产方式的非线性变革方面，也表现在企业权力结构的去中心化转移方面。体现在生产方式的变革从“机械复制”到“智能涌现”：

8.3.1 生产过程的高度自动化与智能化，自动化取代人力

人类正从传统工业社会向 AI 时代迈进，以人工智能为核心驱动力的新一轮科技革命正在重塑生产方式和社会经济组织方式。在社会生活方面，人工智能在医疗、教育、公共交通领域内的应用，极大地压缩了时间和空间距离，改变了人们的生活方式，实现了资源共享和工具智能化，提高了人们的生活质量。在社会管理方面，电子政务、智能管理的普及，极大地提高了政府治理效能和公共安全应急处理能力。在生产方面，人工智

能生产正在逐步代替人的体力劳动，将人们从简单重复的流水线作业中解放出来，单位时间内生产的产品呈指数级增加，极大地提高了生产效率。在人工智能技术的推动下，企业生产过程实现了高度自动化和智能化。无人工厂和智能生产成为现实，自动化生产线或AI机器人承担了大量传统人力工作。例如，在汽车制造行业，自动化生产线上的机器人可以精确地完成焊接、喷漆、组装等工序，不仅速度快，而且质量稳定。这种高度自动化的生产方式极大地提高了生产效率，减少了对人力的依赖。

8.3.2 劳动形式的多样化与复杂化，劳动形式重构

人工智能时代，劳动形式不再局限于传统的体力劳动，脑力劳动和数据劳动等新型劳动形式的占比日益上升。

（1）脑力劳动比重上升。随着人工智能技术的发展，许多重复性、程序化的体力劳动被机器和智能系统所取代，人类劳动更多地转向脑力劳动。如在制造业中，工人的劳动不再是单一的操作机器，而是转向对生产流程的设计、优化和监控，对机器的编程和维护等，这些都需要运用复杂的专业知识和思维能力。

（2）创意劳动凸显。在人工智能时代，创意成为重要的劳动形式。例如在广告、影视、文学等领域，人们

需要不断创造出新颖独特的内容来满足市场和受众的需求。人工智能可以辅助创意过程，如提供灵感启发、生成初步创意草稿等，但真正具有深度和独特性的创意仍需要人类的智慧和创造力。

（3）数据劳动兴起。数据成为重要的生产要素，围绕数据的收集、整理、分析和应用等形成了一系列数据劳动。如数据标注员需要对大量的数据进行分类、标注，为人工智能模型的训练提供基础；数据分析师则通过对数据的深入挖掘和分析，为企业决策、市场预测等提供支持。

劳动形式的多样化与复杂化具有以下特点：

（1）技术复杂性提高。人工智能技术本身具有高度的复杂性，包括机器学习、深度学习、自然语言处理等多个领域和众多算法模型。劳动者需要不断学习和掌握这些复杂的技术，才能更好地运用人工智能工具进行劳动。例如，开发一个智能语音助手就涉及语音识别、自然语言理解、语音合成等多个复杂的技术环节。

（2）劳动分工精细化。人工智能的应用使得劳动分工更加精细化。在人工智能产业链中，从基础研究、技术研发、产品设计、数据处理到市场推广等各个环节都需要不同专业背景和技能的人员来完成。例如在自动驾驶领域，有专门的算法工程师负责开发自动驾驶算法，有硬件工程师负责设计车载传感器和计算平台，有测试工程师负责对自动驾驶系统进行测试和优化等。

（3）劳动协作多元化。劳动不再局限于单一的个体或团队，而是需要在更广泛的范围内进行协作。除了人与人之间的协作，还包括人与人工智能系统之间的协作。例如在智能工厂中，工人需要与机器人、自动化生产线以及智能管理系统等进行紧密协作，共同完成生产任务。此外，不同地区、不同国家之间的协作也更加频繁，形成全球化的劳动网络。

（4）劳动成果评估多元化。在人工智能时代，劳动成果的评估不再仅仅依据传统的数量和质量指标，还需要考虑创新性、影响力、用户体验等多个维度。例如对于一款人工智能产品，除了考察其功能是否完善、性能是否稳定外，还需要评估其是否具有创新性，是否能够满足用户的需求和期望，是否能对社会产生积极的影响等。

无论是脑力劳动、创意劳动还是数据劳动，都需要劳动者具备高度的专业知识和技能。同时，劳动者的工作方式也更加灵活，远程办公、自由职业等新型劳动形式不断涌现。

8.3.3 价值创造模式的转变，多环节深刻变革

人工智能技术的应用从多个方面改变了企业的价值创造模式，给企业运营等多方面带来深刻变革，体现在

产品研发环节、生产运营环节、市场营销环节、战略决策环节等。

（1）产品研发环节。人工智能能通过数据分析挖掘用户需求，辅助设计创新产品，还能模拟和优化产品性能，有助于企业开发出更符合市场需求的产品，从而创造价值。第一，精准洞察需求。借助人工智能分析海量市场数据和用户反馈，企业能精准把握需求，使产品更契合市场，从而提升竞争力。第二，辅助创新设计。人工智能可以生成初步设计草图、模拟性能，助力设计师快速优化产品。第三，优化产品性能。人工智能可以模拟不同工况，提前发现并解决问题，提升产品性能。

（2）生产运营环节。人工智能可以提高生产效率、降低成本、优化供应链等，进而提升企业价值。第一，智能排产与调度。人工智能可以综合考虑订单量、设备状态、人员配置等因素，制订科学的生产计划，并实时调整，提高生产效率。第二，质量检测与控制。人工智能可以快速精准地检测出产品缺陷，提高质量稳定性。第三，设备维护与管理。人工智能可以预测设备故障，提前安排维护，减少停机损失。第四，供应链优化。人工智能可以整合供应商、物流等信息，选择优质供应商，优化库存管理，降低库存成本。

（3）市场营销环节。人工智能可以通过分析消费者数据实现精准营销，能预测市场趋势，帮助企业提前布局，开启价值创造的新方式。第一，精准营销与个性化推荐。人工智能可以分析消费者行为数据，实现精准营销和个性化推荐，提高营销效果。第二，市场趋势预测。人工智能可以挖掘和分析市场数据，预测趋势，为企业提前布局提供依据。

（4）战略决策环节。人工智能可以通过分析内外部数据为企业提供决策支持，还能进行风险评估和预警，助力企业更好地创造价值。第一，数据分析与决策支持。人工智能可以处理海量数据，为战略决策提供科学依据。第二，风险评估与预警。人工智能可以实时监控市场和企业运营数据，提前预警风险，助力企业制定应对策略。

8.4 人工智能时代 AI 机器取代人力假象的原因

人的劳动具有二重性：一是具体劳动创造商品的使用价值，具有自然属性；二是抽象劳动形成商品的价值，具有社会属性。从劳动的二重性可以看出，人工智能"劳动"与人类劳动具有本质区别。从马克思主义政治经济学的视角来看，AI 机器能否取代人力的争论本质上涉及对"使用价值"和"价值"这对核心范畴的界定。AI 机器在生产中展现的高效使用价值创造能力，与其无法形成真正“价值”（劳动价值论意义上的价值）之间的矛盾，构成了“AI 取代人力”这一假象的根源。

8.4.1 自然属性：AI 机器高效生产使用价值的表象

高效的数据处理与分析能力。AI 机器具备强大的数据处理能力，能够快速从海量数据中提取有价值的信息，并进行精准分析。例如，AI 可以瞬间筛选大量客户数据，依据复杂算法精准评估风险等级，而人类分析师则需耗费大量时间和精力，且易受主观因素干扰。这使得在数据密集型任务中，人们更依赖 AI 机器，从而产生了 AI 取代人力的假象。

（1）不知疲倦的持续工作能力。AI 机器与人类不同，它无需休息，可 24 小时持续不间断地工作。在制造业生产线上，工业机器人能不知疲倦地进行高强度工作，不管强度不怕劳累，而人类工人则会因生理特点而不能长时间工作，因为造成的疲劳将可能导致安全问题或增加次品率和废品率。因此，企业为追求高效生产和高利润，更倾向于使用 AI 机器，进而造成 AI 取代人力的假象。

（2）精准的操作执行能力。AI 机器能按预设程序精准操作，不受主观因素影响。如在医疗手术领域，手术机器人可在狭小空间内精准完成复杂的手术动作，精度达毫米级，而即使水平再高级的人类医生，其手部稳定性因受多种因素影响，也难以确保每次操作都非常精准。这使得在一些高精度操作要求的工作中，AI 机器成为首选，给人一种取代了人力的假象。

8.4.2 社会属性：AI 机器无法形成价值的本质

（1）资本对利润最大化的追求。马克思劳动价值论指出，劳动是价值的唯一源泉，但 AI 机器的使用改变了价值创造的方式。企业为追求利润最大化，倾向于用 AI 机器替代人力，降低人力成本、提高生产效率和产品质量。例如，亚马逊大量使用自动化仓储机器人后，减少了人力成本，提高了货物分拣和配送效率，从而增强竞争力。这种资本逐利性促使企业扩大自动化应用，使 AI 机器在生产中占主导，造成了取代人力的假象。

（2）劳动力市场的结构性变化。AI 技术发展使劳动力市场结构变化，低技能、重复性岗位被 AI 取代，高技能、创新岗位需求增加。如传统电话客服行业，智能客服可自动回答常见问题，处理大量咨询，导致基础客服岗位减少，而处理复杂问题和提供个性化服务的高级客服人才稀缺。这种变化使部分劳动者因技能不足失业，加剧了 AI 取代了人力的假象。

（3）社会对技术进步的过度期待。社会对 AI 技术进步寄予厚望，认为其能解决传统难题并推动社会全面进步。这种过度期待使人们在应用 AI 机器时，过于关注其优势和潜力，忽视了人力在某些领域的独特价值。例如，在教育领域，智能教育系统虽能根据学生数据提供个性化学习方案，但教育还涉及情感交流、品德培养等人文因素，这些是 AI 难以替代的。然而，社会对 AI 的过度期待导致过度依赖，造成了 AI 取代人力的假象。

（4）价值范畴的社会关系本质。价值是人类抽象劳动的凝结，根据马克思的定义，价值是“凝结在商品中的无差别的一般人类劳动”。AI 作为死劳动（对象化劳动），只能转移自身包含的过去劳动价值（研发、制造、维护中的人类劳动），而不能创造新价值。而华尔街用 AI 高频交易创造巨额利润的假象，掩盖了其本质是对全球矿工、程序员、电力工人劳动的跨时空剥削，实质上是对价值源泉的认知扭曲。

8.5 AI 机器生产

8.5.1 AI 机器生产的实质

首先，从马克思劳动价值论的角度来看，AI 机器本质上是劳动资料的一种新形式，是人类智慧劳动的结晶和劳动工具的延伸。它与传统的劳动资料一样，都是人类为了更好地进行生产而创造出来的物质条件。例如，智能机器人在生产流水线上进行零部件的加工和装配，其操作的精准度和速度远超人类，但它们只是人类设计和制造出来的工具，是人类劳动的产物，其运行和维护仍然离不开人类劳动。

其次，AI 机器的生产和使用是人类劳动的成果。在生产阶段，科研人员投入大量的脑力劳动进行 AI 技术研发，工程师和工人进行机器的制造和组装；在使用阶段，AI 机器只是执行预设的程序和任务，辅助和增强人类的生产活动。整个过程，真正创造价值的是凝结在产品中的人类一般劳动，而 AI 机器自身并不能创造新的价值，只是将人类劳动以另一种形式进行转化和体现。

再次，在生产过程中，AI 机器作为一种劳动资料，将劳动者的劳动与劳动对象连接起来，使劳动得以在更高效率和更精准的层面上展开，它不过是劳动过程的中介。例如，在医疗手术中，手术机器人将医生的手术意图转化为精确的机械动作，帮助医生完成复杂的手术操作，提高了手术的成功率和安全性，但整个手术过程 AI 机器只能是辅助工具，医生才是劳动的主体，机器人只是劳动过程中的一个中介环节，其操作的每一步都离不开医生的指令和控制。没有医生的设计等指令，AI 机器不可能自主完成所有操作。

最后，人工智能的“劳动”能力是借助人创造的操作系统生成的，其“劳动”过程主要表现为获取数据、算法建模，完成既定的工作任务。作为生产资料，人工智能是人活动器官的延伸，从而放大和增强了人的劳动能力，使整个社会生产能力得到提高，创造大量物质财富。但是AI的使用只有依赖于高技能劳动者才能维持其正常工作和运转，AI的广泛运用，资本有机构成的提高反而强化了人类劳动在价值创造中的不可替代性。

8.5.2 对“AI取代人力”认识误区的批判

（1）人类劳动不可替代性

劳动是人类生存和发展的基础，是人类本质力量的对象化。AI机器虽然在某些方面能够模拟甚至超越人类的某些劳动能力，但它无法替代人类劳动所蕴含的创造性和情感性。例如，在艺术创作领域，画家通过画笔表达自己的情感和思想，创作出具有独特风格和内涵的艺术作品，而AI绘画软件只能根据已有的数据和算法生成类似的作品，缺乏人类艺术家所具有的情感深度和创造力。因此，认为AI机器能够完全取代人类劳动，是对劳动本质的一种误解，忽视了劳动中人类主观能动性和创造性的核心地位。

（2）人类劳动具有创造性

人类劳动是抽象劳动，能创造新价值，而AI机器只能在人类设定的程序和数据范围内进行操作，对人类已有的知识和劳动经验进行复制应用，无法像人类一样进行有目的、有“意识”的创新和探索。因此，将 AI 机器视为能够取代人类创造价值的主体，是对人类劳动创造性的否定，也是对 AI 机器本质的曲解。

8.6 人工智能能否创造新的价值?

8.6.1 从马克思劳动价值论看

人工智能使得企业生产模式发生了深刻的变革，然而，AI 机器并不能创造新价值。它可以在生产过程中辅助人类劳动，提高生产效率和产品质量，但它只是人类劳动的一种延伸和工具，其本身并不具备创造价值的能力，价值仍然来源于人类的劳动。

马克思劳动价值论认为，价值是凝结在商品中的无差别的人类劳动，只有人的劳动才是价值的源泉，而且活劳动是价值的唯一源泉。具体来说，是劳动者通过活劳动（即人类在生产过程中实际付出的劳动）在生产过程中耗费自己的体力和脑力所创造的。AI 机器、工具等作为生产资料，本身不创造价值，它们只是将自身原有的价值转移到产品中，是人类劳动的产物和工具，无法独立创造价值。例如，一台智能机器人在生产流水线上进行零部件的加工和装配，其操作的精准度和速度虽然远超人类，但它只是按照预设的程序执行任务，其运行和维护仍然离不开人类劳动。机器人本身并不能创造价值，只是将人类劳动以另一种形式进行转化和体现。

人工智能本质上是人类劳动的产物和工具，它本身不具备人类劳动的主体性、主观能动性和创造性，是人类通过编程、数据训练等手段开发出来的工具。它的运行依赖于电力、硬件和算法。AI 可以高效地处理数据、执行任务，但它本身并不具备“活劳动”的特性，因此从理论上讲，它无法创造新价值。AI 的作用主要体现在提高生产效率、优化资源配置、辅助人类劳动等方面。这些功能虽然不直接创造价值，但可以间接影响价值的创造过程，比如通过提升生产效率使人类劳动在单位时间内创造更多的价值。

8.6.2 从 AI 机器的本质来看

（1）AI 机器是劳动资料的延伸。AI 机器本质上是劳动资料的一种新形式，是人类劳动的结晶和工具的延伸。它与传统的劳动资料一样，都是人类为了更好地进行生产活动而创造出来的物质条件。例如，智能机器人在生产流水线上进行零部件的加工和装配，其操作的精准度和速度远超人类，但它们只是人类设计和制造出来的工具，是人类劳动的产物，其运行和维护仍然离不开人类劳动。

（2）AI 机器的运行依赖于人类劳动。AI 机器的运行和维护需要人类劳动的持续投入。例如，AI 机器需要人类工程师进行编程、调试和优化，需要人类技术人员进行故障排除和维修，需要人类操作人员进行监控和管理。没有人类劳动的介入，AI 机器将无法正常运行，更谈不上创造价值。

8.6.3 从价值创造的过程来看

价值的创造是一个复杂的社会过程。在社会生产中，价值的创造不仅涉及物质生产活动，还涉及各种社会关系和劳动分工。AI 机器的使用改变了劳动分工和协作方式，但并没有改变劳动关系的本质。例如，在一个自动化生产车间里，虽然许多工作由机器人完成，但仍然需要人类工程师进行机器的编程、维护和管理，需要人类质检员对产品质量进行把关，需要人类物流人员进行产品的运输和配送。这些不同的劳动岗位之间相互协作、相互依存，共同构成了一个有机的社会劳动体系。认为 AI 机器能够取代人力，忽视了劳动分工和社会协作的复杂性，将劳动简单地等同于机器的操作过程，是对社会劳动关系的一种片面理解。而且，人类劳动在价值创造过程中始终处于核心地位。AI 机器只能作为辅助工具，帮助人类更高效地完成生产任务，但不能取代人类劳动的核心作用。

可见，AI机器不能创造新价值。虽然AI机器在某些方面能够模拟甚至超越人类的某些劳动能力，但它无法替代人类劳动所蕴含的创造性和情感性。AI机器只是人类劳动的工具和延伸，其运行和维护仍然离不开人类劳动。在价值创造过程中，人类劳动始终处于核心地位，劳动的创造性和社会性是AI机器无法企及的。我们应该正确认识AI机器的作用，充分发挥其优势，同时重视和发挥人类劳动的独特价值，实现人与机器的协同发展。

结　论

中国改革的独特实践为我们提供了重要的理论基础。当前的新发展阶段面临着一系列新形势新问题，迫切需要有与之相适应的理论予以指导或支持。以坚持和完善社会主义基本经济制度为出发点，对国有企业混合所有制改革经验及时总结、深刻提炼，补充完善以马克思主义为指导的、立足中国实践的国有企业改革理论很有必要。本书围绕四川混合所有制企业如何发展这一中心议题，从理论和实践上分析、总结了改革的经验和教训。本书得到的主要结论如下：

（1）发展混合所有制的首要原则就是必须坚持社会主义方向，坚持发挥国有经济的引领作用，坚持做强做优做大国有企业的改革目标，明确混合所有制改革是社会主义性质的国企改革。

（2）本书总结出四大类资本市场混合所有制改革模式，通过实证分析得到以下主要结论：首先，不同产权性质的企业在盈利能力、营业收入增长性、盈利能力稳定性方面存在显著差异。非国有上市企业无论是在营业收入增长率、盈利能力波动性，还是在现金流波动性方面均显著高于国有企业。其次，国有企业和非国有企业终极股东两权分离度呈现明显差异化趋势，非国有企业在混合所有制改革进程中终极控股股东两权分离度有所下降，而国有企业两权分离度在近三年来通过交叉持股、宝塔形股权架构等方式呈现上升趋势。不同股权性质的企业其股权制衡度的趋势存在明显差异，非国有企业股权制衡度呈现逐年下降趋势，而国有企业股权制衡度呈现波动上升态势。最后，从预算约束角度来看，所有类型的企业融资约束水平 SA 指数都呈现下降趋势，从过度负债角度而言，国有企业过度负债水平高于非国有企业。国有绝对控股、国有相对控股的上市公司（国资股份占比 50% 以下），面临着更为严峻的金融去杠杆形势。

（3）多元化经营对于提高企业盈利能力和营收能力都具有非常重要的促进作用，这一点对于国有企业的促进作用更加明显。对于非国有企业来讲，多元化经营对于提高收入的作用并不显著，但是对于提高净利润有一定的帮助。相对来讲，多元化经营对于国有企业来讲意义更加重大，因此国有企业更加应该注重多元化经营。但是，调研发现，也不是所有企业都适合多元化经营。混合所有制企业多元化经营同样有利有弊，企业在进行多元化经营时需要谨慎，需要认真权衡其利弊，需要注意产品或服务之间的协调性和经济效益，避免盲目跟风，应合理规划企业发展战略，才能实现经营的成功和可持续发展，否则只会产生不好的效果。

（4）“正向混合所有制改革”被视为国有企业混合所有制改革的重要路径，而混合所有制是建立现代企业制度的重要实现路径。通过资本市场上市，国有企业能够便利地引入各类非公股东，从而达到多层次股权结构的交叉融合，实现企业治理结构科学化，提高企业治理水平，最终实现提升国有企业绩效、创新能力，并在国民经济中发挥更大的作用。

（5）国有资本存在的意义更在于实现多元化的社会职能，国有资本不能不参与企业的生产经营决策，以往认为企业经营权可以完全交给非国有企业的认知是不妥当的。社会主义市场经济下公有资本与私人资本有着不同的特性和行为规律，国有企业混合所有制改革过程务必重视企业控制权归属问题。如果私有资本掌握控制权，那么必须对私有资本的主业做出要求，并且有相应的规定协议，防止私有资本以混合所有制改革之名行掏国家财产之实。

（6）把党的领导融入公司治理各环节。非国有资本经营者与国家利益取向可能不一致，共产党的领导可以确保改革的方向和目标符合中国特色社会主义的要求，同时可以保证改革的实施过程遵守国家法律法规和政策规定，员工的权益有保障，从而确保改革的平稳有序进行。此外，党的领导还可以发挥政治的引领作用，引导企业坚持正确的价值观和发展方向，促进企业的全面发展和繁荣。

参考文献

巴泽尔，1997. 产权的经济学分析［M］. 上海：上海三联书店，上海人民出版社.

布坎南，2009. 公共物品的需求与供给［M］. 上海：上海人民出版社.

布坎南. 自由、市场和国家［M］. 北京：北京经济学院出版社，1988.

曹越，孙丽，郭天枭，等，2020. “国有企业混合所有制改革”与内部控制质量：来自上市国企的经验证据［J］. 会计研究（8）：144-158.

曾敏，李常青，李宇坤，2022. 国有资本参股何以影响民营企业现金持有?：基于合作优势和竞争制衡的双重视角［J］. 经济管理，44（4）：134-152.

陈德萍，陈永圣，2011. 股权集中度、股权制衡度与公司绩效关系研究：2007—2009 年中小企业板块的实证检验［J］. 会计研究（1）：38-43.

陈华，包也，孙汉 2021. 高管薪酬与社会责任报告的印象管理 [J]. 上海财经大学学报，23 (4)：76–90.

陈林，陈焕然，2021. 发展混合所有制经济的路径选择：基于“双向混改”模式的讨论 [J]. 学术研究 (5)：78–84.

陈林，万攀兵，许莹盈，2019. 混合所有制企业的股权结构与创新行为：基于自然实验与断点回归的实证检验 [J]. 管理世界，35 (10)：186–205.

陈清泰，1999. 中国国有企业改革的形势和途径 [J]. 管理世界，(6)：1–4.

陈郁，2006. 企业制度与市场组织：交易费用经济学文选 [M]. 上海：上海三联书店，上海人民出版社.

陈钊，2004. 经济转轨中的企业重构：产权改革与放松管制 [M]. 上海：上海三联书店，上海人民出版社.

大卫·哈维. 资本社会的 17 个矛盾 [M]. 北京：中信出版社，2016.

戴进，孙谦，2022. 员工持股计划与企业债务融资成本 [J]. 财经问题研究，(5)：109–118.

戴维斯，诺斯. 诱制性制度变迁理论 [M]. 科斯，等，1991. 财产权利与制度变迁：产权学派和新制度学派译文集. 上海：上海人民出版社.

戴维斯，诺斯. 制度变迁的理论：概念与原因

[M] //科斯，等，1991. 财产权利与制度变迁：产权学派和新制度学派译文集. 上海：上海人民出版社.

戴维斯，诺斯. 制度创新的理论：描述、类推与说明 [M]. //科斯，等，1991. 财产权利与制度变迁：产权学派和新制度学派译文集. 上海：上海人民出版社.

丁任重，王继翔，2010. 中国国有企业改革演进：另一种视角的解读：关于“国退民进”与“国进民退”争议的思考 [J]. 当代经济研究 (4)：35-40.

董成惠，2006. 从信息不对称看消费者知情权 [J]. 海南大学学报 (人文社会科学版)，(1)：42-47.

董美玲 2014,. 浅议我国基于激励相容的科技创新机制构建 [J]. 科技管理研究，34 (16)：18-21，26.

段文斌，2003. 产权、制度变迁与经济发展 [M]. 天津：南开大学出版社.

樊纲，2000. 论体制转轨的动态过程：非国有部门的成长与国有部门的改革 [J]. 经济研究 (1)：11-21，61-79.

弗鲁博顿，芮切特，2006. 新制度经济学：一个交易费用分析范式 [M]. 上海：上海三联书店，上海人民出版社.

福克斯. 数字劳动与卡尔·马克思 [M]. 北京：人民出版社，2020.

盖凯程，周永昇，刘璐，2019. “国进民进”：中国所有制结构演进的历时性特征：兼驳“国进民退”论［J］. 当代经济研究（10）：15–27，2，113.

高明华，刘波波，2022. 董事会治理是否促进了国有企业混合所有制改革？［J］. 上海经济研究，(5)：41–55.

顾海良，2020. 基本经济制度新概括与中国特色社会主义政治经济学新发展［J］. 毛泽东邓小平理论研究（1）：1–7，107.

哈耶克，1997. 通往奴役之路［M］. 北京：中国社会科学出版社.

郝阳，龚六堂，2017. 国有、民营混合参股与公司绩效改进［J］. 经济研究，52（3）：122–135.

何瑛，郭家荣，陈文晖，2022. 混改情境中非控股股东参与治理如何影响企业风险承担？［J］. 上海财经大学学报，24（2）：78–93.

何瑛，杨琳，2021. 改革开放以来国有企业混合所有制改革：历程、成效与展望［J］. 管理世界，37（7）：44–60，4.

胡洪曙，叶剑明，2004. 国有企业的性质、产权制度及国有企业改革［J］. 财政研究（8）：23–25.

胡际权，2022. 国有资本运营公司改革探索：逻辑框架与现实例证［J］. 西南大学学报（社会科学版），48（4）：121–129.

胡楠，薛付婧，王昊楠，2021. 管理者短视主义影响企业长期投资吗?：基于文本分析和机器学习［J］. 管理世界，37（5）：139-156，11，19-21.

胡宁，靳庆鲁，2018. 社会性负担与公司财务困境动态：基于ST制度的考察［J］. 会计研究（11）：28-35.

黄少安，2018. 国有企业改革40年：阶段演化、理论总结与未来思考［J］. 江海学刊（5）：99-106.

黄速建. 中国国有企业混合所有制改革研究［J］. 经济管理，2014，36（7）：1-10.

姜广省，卢建词，李维安，2021. 绿色投资者发挥作用吗?：来自企业参与绿色治理的经验研究［J］. 金融研究，（5）：117-134.

解维敏，吴浩，冯彦杰，2021. 数字金融是否缓解了民营企业融资约束？［J］. 系统工程理论与实践，41（12）：3129-3146.

金碚，等，2002. 国有企业根本改革论［M］. 北京：北京出版社.

卡布尔，2000. 产业经济学前沿问题［M］. 于立，王旬，译. 北京：中国税务出版社.

凯恩斯，2005. 就业、利息和货币通论［M］. 北京：华夏出版社.

科斯，2007. 企业的性质：起源、演变和发展［M］. 北京：商务印书馆.

科斯，阿尔钦，诺斯，1991. 财产权利与制度变迁［M］. 刘守英，等译. 上海：上海三联书店.

科斯，阿尔钦，诺斯，等，1991. 财产权利与制度变迁：产权学派与新制度学派译文集［M］. 上海：上海三联书店.

科斯. 社会成本问题［M］//科斯，等，1991. 财产权利与制度变迁：产权学派和新制度学派译文集. 上海：上海人民出版社.

克莱因. 不公平契约安排的交易费用决定［M］. 陈郁，2006. 企业制度与市场组织：交易费用经济学文选. 上海：上海三联书店，上海人民出版社.

拉坦. 诱致性制度变迁理论［M］//科斯，等，1991. 财产权利与制度变迁：产权学派和新制度学派译文集. 上海：上海人民出版社.

李萍，2001. 中国经济增长方式转变：制度的重要性［J］. 理论与改革（4）：59–60.

李瑞昌，马心怡，2020. 政府父爱主义：干预多少是适合的？［J］. 复旦政治学评论，（1）：173–196.

李姝，金振，谢雁翔，2022. 员工持股计划对企业全要素生产率的影响研究［J］. 管理学报，19（5）：758–767.

李增福，云锋，黄家惠等. 国有资本参股对非国有企业投资效率的影响研究［J］. 经济学家，2021（3）：

71-81.

林岗，刘元春，2000. 诺斯与马克思：关于制度的起源和本质的两种解释的比较［J］. 经济研究（6）：58-65，78.

林毅夫，蔡昉，李周，1997. 充分信息与国有企业改革［M］. 上海：上海三联书店，上海人民出版社.

林毅夫. 关于制度变迁的经济学理论：诱致性变迁与强制性变迁［M］//科斯，等，1991. 财产权利与制度变迁：产权学派和新制度学派译文集. 上海：上海人民出版社.

刘灿，1996. 现代公司的产权关系和治理结构研究［M］. 成都：西南财经大学出版社.

刘灿，1997. 马克思企业理论与科斯企业理论的比较和再认识［J］. 当代经济研究（3）：58-62.

刘灿，2007. 社会主义市场经济的产权正义［J］. 当代经济研究（11）：18-22，73.

刘灿，2020. 中国特色社会主义政治经济学要系统化研究社会主义基本经济制度的重大理论问题［J］. 政治经济学评论，11（1）：39-45.

刘灿，等，2007. 中国的经济改革与产权制度创新研究［M］. 成都：西南财经大学出版社.

刘汉民，齐宇，解晓晴，2018. 股权和控制权配置：从对等到非对等的逻辑：基于央属混合所有制上市公司的实证研究［J］. 经济研究，53（5）：175-189.

刘汉民，齐宇，解晓晴，2018. 股权和控制权配置：从对等到非对等的逻辑：基于央属混合所有制上市公司的实证研究［J］. 经济研究，53（5）：175-189.

刘圻，赵沪晓，2022. 员工持股计划能够改善企业劳动投资效率吗？［J］. 中南财经政法大学学报，（4）：3-15.

刘诗白，1993. 产权新论［M］. 成都：西南财经大学出版社.

刘伟，李绍荣，2001. 所有制变化与经济增长和要素效率提升［J］. 经济研究（1）：3-9，93.

刘小玄，1995. 国有企业与非国有企业的产权结构及其对效率的影响［J］. 经济研究（7）：11-20.

刘小玄，2003. 中国转轨过程中的产权和市场：关于市场产权行为和绩效的分析［M］. 上海：上海三联书店，上海人民出版社.

刘小玄，2003. 中国转轨经济中的产权结构和市场结构：产业绩效水平的决定因素［J］. 经济研究，（1）：21-29，92.

刘小玄，2008. 奠定中国市场经济的微观基础：企业革命 30 年［M］. 上海：格致出版社，上海人民出版社.

刘小玄，李利英. 企业产权变革的效率分析［J］.

中国社会科学，2005（2）：4-16，204.

刘小玄. 国有企业改制模式选择的理论基础［J］. 管理世界，2005（1）：102-110.

卢建词，姜广省，2018. 混合所有制与国有企业现金股利分配［J］. 经济管理，40（2）：5-20.

陆军荣，2008. 国有企业的产业特质：国际经验及治理启示［M］. 北京：经济科学出版社.

陆正飞，何捷，窦欢，2015. 谁更过度负债：国有还是非国有企业？［J］. 经济研究，50（12）：54-67.

罗时祥，2001. 员工持股：国企改革后的主要组织形式［J］. 新东方（5）：76-81.

吕薇，2002. 产业重组与竞争［M］. 北京：中国发展出版社.

吕政，黄速建，2008. 中国国有企业改革 30 年研究［M］. 北京：经济管理出版社.

马建堂，刘海泉，2000. 中国国有企业改革的回顾与展望［M］. 北京：首都经济贸易出版社.

马克思，1975. 资本论：第 1 卷.［M］. 北京：人民出版社.

马克思，恩格斯，1972. 马克思和恩格斯选集：第 2 卷，第 3 卷，第 36 卷［M］. 北京：人民出版社.

马克思，恩格斯，2009. 马克思恩格斯文集：第 1 卷，第 2 卷，第 4 卷，第 5 卷，第 8 卷［M］. 北京：人民出版社.

马克思，恩格斯，2009. 马克思恩格斯文集：第 1 卷，第 2 卷，第 8 卷，第 9 卷［M］. 北京：人民出版社.

茅铭晨，2007. 政府管制理论研究综述［J］. 管理世界（2）：137-150.

梅冬州，温兴春，吴娱，2021. 财政扩张、信用违约和民营企业融资困境［J］. 经济研究，56（3）：116-131.

倪宣明，贺英洁，彭方平，等，2022. 混合所有制改革对国有企业盈利水平影响及作用路径研究［J］. 管理评论，34（2）：33-45.

牛国良，2004. 现代企业制度［M］. 北京：北京大学出版社.

诺思，1992. 经济史上的结构和变革［M］. 北京：商务印书馆.

诺思，2008. 制度、制度变迁与经济绩效［M］. 上海：格致出版社，上海三联书店，上海人民出版社.

欧阳日辉，徐光东，2004. 新制度经济学：发展历程、方法论和研究纲领［J］. 南开经济研究（6）：3-9.

潘镇，崔雪，李健，2021. CEO 创始人身份、终极控股股东两权分离与企业国际化：基于控制权配置理论的研究［J］. 南大商学评论（3）：93-119.

彭罗斯. 企业成长理论［M］. 上海：上海三联书店，上海人民出版社，2007.

綦好东，郭骏超，朱炜，2017. 国有企业混合所有制改革：动力、阻力与实现路径［J］. 管理世界（10）：8-19.

綦好东，郭骏超，朱炜，2017. 国有企业混合所有制改革：动力、阻力与实现路径［J］. 管理世界（10）：8-19.

钱德勒，1987. 看得见的手：美国企业的管理革命［M］. 北京：商务印书馆.

钱津，2006. 突破点：走进市场的国有企业［M］. 北京：经济科学出版社.

钱伟荣，2003. 国有企业产权改革研究［M］. 北京：经济管理出版社.

钱颖一，1995. 企业的治理结构改革和融资结构改革［J］. 经济研究，（1）：20-29.

钱颖一，许成钢，董彦彬，1993. 中国的经济改革为什么与众不同：M 型的层级制和非国有部门的进入与扩张［J］. 经济社会体制比较，（1）：29-40.

青木昌彦，2001. 比较制度分析［M］. 上海：上海远东出版社.

任保显，2020. 中国省域经济高质量发展水平测度及实现路径：基于使用价值的微观视角［J］. 中国软科学，(10)：175-183.

任广乾，罗新新，刘莉，等，2022. 混合所有制改革、控制权配置与国有企业创新投入 [J]. 中国软科学 (2)：127-137.

任广乾，徐瑞，刘莉，等，2023. 制度环境、混合所有制改革与国有企业创新 [J]. 南开管理评论，26 (3)：53-65.

沈红波，张金清，张广婷. 国有企业混合所有制改革中的控制权安排：基于云南白药混改的案例研究 [J]. 管理世界，2019，35 (10)：206-217.

沈满洪，谢慧明，2009. 公共物品问题及其解决思路：公共物品理论文献综述 [J]. 浙江大学学报（人文社会科学版），39 (6)：133-144.

盛洪，2003. 制度经济学在中国的崛起 [M]. 北京：北京大学出版社.

盛洪，2009. 现代制度经济学 [M]. 北京：中国发展出版社.

斯蒂格利茨，1998. 政府为什么干预经济：政府在市场经济中的角色 [M]. 北京：中国物资出版社.

斯密，2007. 国民财富的性质和研究 [M]. 北京：商务印书馆.

宋波，康年，2021. 技术和制度创新驱动下国企混合所有制改革的绩效研究 [J]. 经济体制改革 (6)：90-97.

宋冬林，于群，2003. 国有经济的战略性调整与国有经济控制力［J］. 管理世界（8）：142-143.

宋增基，冯莉茗，谭兴民，2014. 国有股权、民营企业家参政与企业融资便利性：来自中国民营控股上市公司的经验证据［J］. 金融研究（12）：133-147.

谭云清，韩忠雪，朱荣林，2007. 产品市场竞争的公司治理效应研究综述［J］. 外国经济与管理（1）：54-59.

涂国前，刘峰，2010. 制衡股东性质与制衡效果：来自中国民营化上市公司的经验证据［J］. 管理世界（11）：132-142，188.

汪平，邹颖，兰京，2015. 异质股东的资本成本差异研究：兼论混合所有制改革的财务基础［J］. 中国工业经济（9）：129-144.

汪玉兰，窦笑晨，李井林，2020. 集团控制会导致企业过度负债吗［J］. 会计研究（4）：76-87.

王继翔，2010. 产权经济学与国企改制：我们需要怎样的国企改制［J］. 西华大学学报（哲学社会科学版），29（1）：125-128.

王健，杨小成. 制度变迁理论研究新进展［J］. 经济学动态，2006（7）：75-80.

王俊豪，2001. 政府管制经济学导论：基本理论及其在政府管制中的应用［M］. 北京：商务印书馆.

王亮亮，2018. 控股股东"掏空"与"支持"：企业所得税的影响［J］．金融研究（2）：172-189．

威廉姆森，2002．资本主义经济制度［M］．北京：商务印书馆．

威廉姆森，温特，2007．企业的性质起源、演变和发展［M］．北京：商务印书馆．

威廉姆森．交易费用经济学：契约关系的规制［M］//陈郁，2006．企业制度与市场组织：交易费用经济学文选．上海：上海三联书店，上海人民出版社．

韦登鲍姆，2006．全球市场中的企业与政府［M］．上海：上海三联书店，上海人民出版社．

韦伟，周耀东，2003．现代企业理论和产业组织理论［M］．北京：人民出版社．

卫兴华，何召鹏，2015．从理论和实践的结合上弄清和搞好混合所有制经济［J］．经济理论与经济管理（1）：15-21．

卫志民，2006．政府干预的理论与政策选择［M］．北京：北京大学出版社．

吴光炳，2008．转型经济学［M］．北京：北京大学出版社．

吴敬琏，1994．现代公司与企业改革［M］．天津：天津人民出版社．

吴晓求，何青，方明浩，2022．中国资本市场：第三种模式［J］．财贸经济，43（5）：19-35．

吴宣恭，等，2000. 产权理论比较：马克思主义与西方现代产权学派［M］. 北京：经济科学出版社.

吴易风，张宇，等，2002. 马克思的产权理论. 高级政治经济学：马克思主义经济学的最新发展［M］. 北京：经济科学出版社.

肖凤桐，2003. 国有企业改革调整与发展［M］. 北京：经济科学出版社.

肖红军，2021. 国有资本运营公司改革进展与深化方向［J］. 改革（11）：42-61.

谢德仁，2002. 企业的性质：要素使用权交易合约之履行过程［J］. 经济研究（4）：84-91，96.

谢自强，2004. 政府干预理论与政府经济职能［M］. 长沙：湖南大学出版社.

许晓芳，周茜，陆正飞，2020. 过度负债企业去杠杆：程度、持续性及政策效应：来自中国上市公司的证据［J］. 经济研究，55（8）：89-104.

薛云奎，白云霞，2008. 国家所有权、冗余雇员与公司业绩［J］. 管理世界（10）：96-105.

严若森，钱晶晶，祁浩，2018. 公司治理水平、媒体关注与企业税收激进［J］. 经济管理，40（7）：20-38.

晏智杰. 劳动价值论：反思与争论［J］. 经济评论，2004（3）：3-5.

杨斌，2002. 从停止国有股减持到理论反思［J］. 中国工业经济，(10)：12-19.

杨汝岱，2015. 中国制造业企业全要素生产率研究［J］. 经济研究，50（2）：61-74..

杨瑞龙，2018. 国有企业改革逻辑与实践的演变及反思［J］. 中国人民大学学报，32（5）：44-56.

杨瑞龙，2021. 探索国有制与市场经济相兼容的中国特色改革道路［J］. 中国人民大学学报，35（3）：10-14.

杨兴全，尹兴强，2018. 国企混改如何影响公司现金持有？［J］. 管理世界，34（11）：93-107.

余菁，等，2009. 国有企业公司治理问题研究：目标、治理与绩效［M］. 北京：经济管理出版社.

余明桂，回雅甫，潘红波，2010. 政治联系、寻租与地方政府财政补贴有效性［J］. 经济研究，45（3）：65-77.

张得修，2005. 经济转轨之路［M］. 北京：北京大学出版社.

张寒松，2010. "国进民退"之争：一个初步的述评［J］. 东岳论丛，31（4）：53-56.

张军，2003. 中国的工业改革与经济增长：问题与解释［M］. 上海：上海三联书店，上海人民出版社.

张连城，2004. 论国有企业的性质、制度性矛盾与法人地位［J］. 首都经济贸易大学学报（1）：11-15.

张连城. 论国有企业的性质、制度性矛盾与法人地位［J］. 首都经济贸易大学学报，2004（1）：11-15.

张双喜，朱必祥，2005. 西方制度经济学与马克思主义制度分析的比较［J］. 经济学家（5）：18-23.

张维迎，1996. 所有制、治理结构及委托—代理关系：兼评崔之元和周其仁的一些观点［J］. 经济研究（9）：3-15，53.

张维迎，1999. 企业理论与中国企业改革［M］. 北京：北京大学出版社.

张维迎，1999. 企业理论与中国企业改革［M］. 北京：北京大学出版社.

张维迎，2005. 产权、激励与公司治理［M］. 北京：经济科学出版社.

张维迎，吴有昌，马捷，1995. 公有制经济中的委托人—代理人关系：理论分析和政策含义［J］. 经济研究（4）：10-20.

张五常，2000. 经济解释：张五常经济论文选［M］. 北京：商务印书馆.

张小宁，2002. 经营者报酬、员工持股与上市公司绩效分析［J］. 世界经济（10）：57-64.

张小宁，2003. 分享制企业激励制度的比较：利润分成、员工持股、EVA、分配权等的比较分析［J］. 中国工业经济（10）：82-88.

张学勇，廖理，2010. 股权分置改革、自愿性信息披露与公司治理［J］. 经济研究，45（4）：28-39，53.

赵磊，赵晓磊. AI 正在危及人类的就业机会吗?：一个马克思主义的视角［J］. 河北经贸大学学报，2017，38（6）：17-22.

赵晓雷，2009. 中华人民共和国经济思想史纲［M］. 北京：首都经济贸易大学出版社.

郑忠华，汤雅雯，2021. 去杠杆政策、金融资产配置与企业脱实向虚［J］. 产业经济评论（1）：19-33.

中国社会科学院经济研究所课题组，黄群慧，2020.“十四五”时期我国所有制结构的变化趋势及优化政策研究［J］. 经济学动态（3）：3-21.

周其仁，1996. 市场里的企业：一个人力资本与非人力资本的特别合约［J］. 经济研究（6）：71-80.

周其仁，2000. 公有制企业的性质［J］. 经济研究（11）：3-12，78.

周其仁，2004. 产权与制度变迁：中国改革的经验研究［M］. 北京：北京大学出版社，.

周天勇，张弥，2005. 国有企业改革攻坚［M］. 北京：中国水利水电出版社.

周新城，2016. 谨防以推行混合所有制为名削弱国有经济［J］. 马克思主义研究（12）：144-149.

朱磊，陈曦，王春燕，2019. 国有企业混合所有制改革对企业创新的影响［J］. 经济管理，41（11）：72-91.

朱雪忠，胡成，2021. 专利是测度企业技术创新绩效的有效工具吗？［J］. 科学学研究，39（8）：1 498-1 503.

祝志勇，2007. 国有企业的市场目标和社会目标相融性探析［J］. 财经问题研究（1）：13-18.

庄明明，梁权熙，2021. 境外机构投资者能促进企业投资效率提升吗？［J］. 世界经济研究（2）：102-117，136.

ALCHIAN A A，DEMSETZ H，1972. Production，information costs，and economic organization［J］. The American economic review，62（5）：777-795.

ARROW K J，1975. Vertical integration and communication［J］. The Bell Journal of Economics：173-183.

ARTHUR L W，1955. The theory of economic growth［M］. London：Geroge Allon Urwin.

BARNEY J，1991. Firm resources and sustained competitive advantage［J］. Journal of Management，17（1）：99-120.

BARNEY J，WRIGHT M，KETCHEN JR D J，2001. The resource-based view of the firm：Ten years after 1991

[J]. Journal of Management, 27 (6): 625-641.

BAUMOL W J, 1977. On the proper cost tests for natural monopoly in a multiproduct industry [J]. The American economic review, 67 (5): 809-822.

BUCHANAN J M, Kafoglis M Z, 1963. A note on public goods supply [J]. The American Economic Review, 53 (3): 403-414.

CHEN R, EL GHOUL S, GUEDHAMI O, et al., 2017. Do state and foreign ownership affect investment efficiency? Evidence from privatizations [J]. Journal of Corporate Finance, 42: 408-421.

COASE R H, 1995. The nature of the firm [M]. London: Macmillan Education.

COASE R H, 2013. The problem of social cost [J]. The journal of Law and Economics, 56 (4): 837-877.

CROCKER K J, 1983. Vertical integration and the strategic use of private information [J]. The Bell Journal of Economics: 236-248.

DEMSETZ H, 1973. Industry structure, market rivalry, and public policy [J]. The Journal of Law and Economics, 16 (1): 1-9.

DIXIT A K, STIGLITZ J E, 1977. Monopolistic competition and optimum product diversity [J]. The American economic review, 67 (3): 297-308.

GREENHUT M L, OHTA H, 1976. Related market conditions and interindustrial mergers [J]. The American Economic Review, 66 (3): 267-277.

GROSSMAN S J, HART O D, 1986. The costs and benefits of ownership: A theory of vertical and lateral integration [J]. Journal of political economy, 94 (4): 691-719.

GROSSMAN S J, Hart O D, 1986. The costs and benefits of ownership: A theory of vertical and lateral integration [J]. Journal of political economy, 94 (4): 691-719.

HADLOCK C J, PIERCE J R, 2010. New evidence on measuring financial constraints: moving beyond the KZ index [J]. The Review of Financial Studies, 23 (5): 1909-1940.

HART O, 1995. Firms, contracts, and financial structure [M]. Oxford: Clarendon Press.

HART O, MOORE J, 1990. Propertyrights and the nature of the firm [J]. Journal of political economy, 98 (6): 1119-1158.

HART O, MOORE J, 1999. Foundations of incomplete contracts [J]. The Review of Economic Studies, 66 (1): 115-138.

HEYWOOD J S, YE G, 2009. Partial privatization in a

mixed duopoly with an R&D rivalry [J]. Bulletin of Economic Research, 61 (2): 165-178.

HOLMSTROM B R, TIROLE J, 1989. The theory of the firm [J]. Handbook of industrial organization (1): 61-133.

HOLMSTROM B, MILGROM P, 1991. Multitask principal-agent analyses: Incentive contracts, asset ownership, and job design [J]. The Journal of Law, Economics, and Organization, 7 (special_issue): 24-52.

HOLMSTROM B, MILGROM P, 1994. The firm as an incentive system [J]. The American economic review, 84 (4): 972-991.

HUANG Y, 2002. Managing Chinese bureaucrats: an institutional economics perspective [J]. Political Studies, 50 (1): 61-79.

LA PORTA R, LOPEZ-DE-SILANES F, SHLEIFER A, 1999. Corporate ownership around the world [J]. The Journal of Finance, 54 (2): 471-517.

MATTHEWS R C O, 1986. The economics of institutions and the sources of growth [J]. The Economic Journal, 96 (384): 903-918.

MILGROM P, ROBERTS J, 1988. Economic theories of the firm: past, present, and future [J]. Canadian Journal of Economics: 444-458.

MILGROM P, ROBERTS J, 1990. Bargaining costs, influence costs, and the organization of economic activity [J]. Perspectives on positive political economy (57): 60.

MILLWARD R, 1982. The comparative performance of public and private ownership, In Roll. E (ed.) [J]. The Mixed Economy, London: Macmillan: 58-93.

NELSON R R, 1991. Why do firms differ, and how does it matter? [J]. Strategic Management Journal, 12 (S2): 61-74.

NORTH D, 1990. Institutions, institutional change and economic performance [M]. Cambridge: Cambridge University Press.

OLIVER H, MOORE J, 1988. Incomplete contracts and renegotiation [J]. Econometrica (56): 755-785.

PERRY M K, 1978. Vertical integration: the monopsony case [J]. The American Economic Review, 68 (4): 561-570.

PETERAF M A, 1993. The cornerstones of competitive advantage: a resource-based view [J]. Strategic Management Journal, 14 (3): 179-191.

PRYKED R, 1972. Public enterprise in practice [M]. New York: St. Martin's Press.

QIAN Y, WEINGAST B R, 1997. Federalism as a commitment to preserving market incentives [J]. Journal of Economic perspectives, 11 (4): 83-92.

SCHULTZ, THEODORE W, 1978. Distortions of agricultural incentives [M]. Bloomington: Indiana University Press.

SHARKEY W W, 1982, The theory of natural monopoly [M]. Cambridge: Cambridge University Press.

SPENCE M, 1976. Product selection, fixed costs, and monopolistic competition [J]. The Review of economic studies, 43 (2): 217-235.

VERNON J M, GRAHAM D A, 1971. Profitability of monopolization by vertical integration [J]. Journal of Political Economy, 79 (4): 924-925.

WATERSON M, 1988. Regulation of the firm and natural monopoly [M]. Oxford: Basil Blackwell.

WERNERFELT B, 1984. A resource-based view ofthe firm [J]. Strategic Management Journal, 5 (2): 171-180.

YOUNO A A, 1928. Increasing returns and economic progress [J]. The Economic Journal, 38 (152): 527-542.

ZHANG X, YU M, CHEN G, 2020. Does mixed-ownership reform improve SOEs' innovation? Evidence from state ownership [J]. China Economic Review, 61: 101450.

附录　混合所有制改革制度文件

混合所有制改革于20世纪90年代提出，目的是引入民间资本来促进生产力发展。从20世纪90年代开始，我国允许国内民间资本和外资参与国有企业改组改革。经过20多年的深耕发展，实践证明，混合所有制能够有效促进生产力发展。

为提升本书的可信度与说服力，作者从国务院政策文件库、国资委、国家发展改革委、工业和信息化部等收集了2015—2022年相关国家层面有关国有企业混合所有制改革的相关制度文件。与此同时，也相应地从四川省人民政府官网、省发展改革委、省政府国有资产监督管理委员会等收集了相关的制度文件。从收集到的文件来看，要想促进国有企业混合所有制的改革，单靠一个部门发力是不可能的，需要各个部委相互配合。例如在加强和完善国有资产监管、推进国有资本投资、运营公司改革试点、促进国有资产保值增值方面，需要靠国务院国资委、财政部等按职责分工负责；在积极稳妥推进混合所有制改革方面，需要国家发展改革委、国务院国资委牵头；在完善公司治理结构、健全市场化经营机制、建立职业经理人等制度方面，需要国务院国资委牵头。此外，中央与地方要相协调，地方要因地制宜。具体来讲，各省、市、县要从实际出发。我省在实行国有企业混合所有制改革时，是采取先行试点、逐步推进的办法，来优化企业股权结构，健全企业内部治理结构，转换企业经营机制，实现省属国有企业发展混合所有制经济的市场化、制度化和常态化。国企通过混合所有制改革逐步建立起产权清晰、权责明确、政企分开、管理科学的现代企业制度。

国有企业混合所有制改革是一场长久之战，需要在各个时期与时俱进。

1　国家层面制度文件

发布时间	文件名
2015 年	国务院关于落实《政府工作报告》重点工作部门分工的意见（国发〔2015〕14 号）
	中共中央、国务院关于深化国有企业改革的指导意见。国务院公报 2015 年 27 号
	中共中央、国务院《关于深化国有企业改革的指导意见》（中发〔2015〕22 号）
	国务院批转国家发展改革委《关于 2015 年深化经济体制改革重点工作意见通知》（国发〔2015〕26 号）
	国务院《关于国有企业发展混合所有制经济的意见》（国发〔2015〕54 号）
2016 年	国务院批转国家发展改革委《关于 2016 年深化经济体制改革重点工作意见的通知》（国发〔2016〕21 号）
	关于印发《关于国有控股混合所有制企业开展员工持股试点的意见》的通知。（国资发改革［2016］133 号）
2018 年	《关于深化混合所有制改革试点若干政策的意见》（发改经体〔2017〕2057 号）
	关于做好 2018 年重点领域化解过剩产能工作的通知（发改运行〔2018〕554 号）
2019 年	国家发展改革委办公厅关于印发《国有企业混合所有制改革相关税收政策文件汇编》的通知（发改办经体〔2018〕947 号）
	国务院关于落实《政府工作报告》重点工作部门分工的意见（国发〔2019〕8 号）
	国务院《关于印发改革国有资本授权经营体制方案的通知》（国发〔2019〕9 号）
	国资委关于印发《中央企业混合所有制改革操作指引》的通知（国资产权〔2019〕653 号）
2020 年	国务院办公厅《关于推广第三批支持创新相关改革举措的通知》（国办发〔2020〕3 号）
	国务院印发《关于进一步提高上市公司质量的意见》（国发〔2019〕14 号）

2　四川省层面制度文件

发布时间	文件名
2016 年	四川省人民政府《关于省属国有企业发展混合所有制经济的意见》（川府发〔2016〕13 号）
	四川省人民政府批转省发展改革委《关于 2016 年深化经济体制改革重点工作意见的通知》（川府发〔2016〕33 号）
2017 年	四川省人民政府批转省发展改革委《关于 2017 年深化经济体制改革重点工作意见的通知》（川府发〔2017〕40 号）
2019 年	四川省人民政府办公厅《关于四川省国有企业高质量发展的指导意见》（川办发〔2019〕3 号）
	四川省政府国有资产监督管理委员会关于印发《四川省国资委所出资企业混合所有制改革操作指引（试行》的通知（国资委〔2019〕9 号）
2020 年	四川省人民政府办公厅《关于构建全省国资监管大格局协同推进国有企业改革发展的指导意见》（川办发〔2020〕38 号）

后 记

在倾注心力完成《混合所有制改革视阈下深化四川国有企业改革路径研究》这部著作之后，心中涌动着满足与成就的涟漪，对未来的改革前景亦满怀期待且充满信念。在此后记里，我愿与读者分享在撰稿过程中的学术洞见与个人感悟，同时向那些在背后默默支持我们的人致以深切的谢意。此外，亦将对混合所有制改革的未来进行分析与展望，期冀能为读者提供洞见与激发思考的火花。

首先，我要向家人们致以最深的敬意和感激，感谢他（她）们的理解、支持和付出；其次，我要感谢学生们的辛勤劳动，在讨论和交流中，提供了宝贵的意见和反馈，帮助不断深化和完善研究。特别感谢中国人民大学博士研究生肖瑞彤，以及四川农业大学硕士研究生罗月琴、朱虹燕、朱春艳、黄明佳，她们在数据收集、处理和分析方面为本书顺利完成做出了难能可贵的贡献；

还要感谢同事和学术界的同仁，他们的指导和建议起到了不可或缺的作用。在各种学术会议和研讨会上，与会者的提问和评论极大地促进了我对问题的思考，从而有助于拓展视野和充实研究内容。

本书的完成也离不开出版社和编辑团队的辛勤工作。他们对书籍的编辑、设计和推广付出了巨大的努力，让这部作品能够以很好的形式呈现给读者。他们的敬业精神和细致入微的工作态度，让我们深感敬佩和感激。

在内容构建上，本书深入剖析了推动国有企业混合所有制改革的历史脉络与时代背景，系统地分析了四川国有企业改革的目标与价值。通过广泛综述相关文献，本书构建了坚实的理论基础，为后续的实证研究提供了坚实的支撑与依据。本书详尽分析了我国混合所有制改革的总体态势，并借助资本市场的证据进行了深入剖析。通过实证研究“正向混合所有制改革”路径对国有企业绩效与创新的影响，本书揭示了混合所有制改革对企业绩效的显著促进作用。对四川省国有上市公司混合所有制改革的案例研究，为本书提供了丰富的实践案例与教训。这些案例分析不仅展示了改革的实践路径，也为其他地区国有企业的改革提供了宝贵的借鉴与参考。最终，本书对四川国有企业混合所有制改革的深化路径进行了系统研究，并提出了一系列具有针对性的、可操作的政策建议与措施。在研究方法上，本书采用了统计描述分析、实证研究、面板模型、调节效应、异质性分析及案例分析等多种研究方法，确保了研究结果的科学性与精确性。

随着本书的完成，我们希望能够为四川乃至全国的国有企业改革提供有益的参考和启示。同时，也期待读者和同行对本书提出宝贵的意见和建议，以便我们在未来的研究中不断改进和提高。在本书的写作过程中，学术研究的艰辛与乐趣尽在其中。每一次的资料收集、数据分析、理论推敲，都是对知识储备和思维能力的挑战。但同时，每当解开一道难题或是得出一个富有意义的结论时，那种成就感和喜悦也是无法言喻的。此外，我们也深刻认识到，任何一项研究都不是孤立的，它既需要一个团队的通力合作，也需要学术界的支持，更需要社会的理解和包容。

最后，要感谢这个时代，它为我们提供了如此丰富的研究素材与广阔的研究视野。混合所有制改革是一个涉及经济、政治、社会等多个层面的复杂系统工程。能够在这个领域展开深入研究，我们感到无比荣幸与自豪。

随着这本书的出版，我们的研究工作也将进入一个新阶段。我们将继续关注国有企业改革的进展，继续探索混合所有制改革的深层次问题。相信通过我们的共同努力，定能为国有企业的改革和发展贡献更多的智慧和力量。

对于混合所有制改革的未来，我们持审慎乐观的态度。随着“十四五”规划的深入实施，国有企业混合所有制改革将更加注重引入社会资本，构建多元化的法人治理结构，以市场化机制重塑国有企业的治理机制、运营机制、投资机制与管理机制，提升国有资本的供给水平与运作效能。改革将在自然垄断行业的非垄断环节逐步加大对社会资本的开放力度，推动改革层级由二、三级子公司和项目层面向集团公司和核心主业趋近。这将更注重不同资本之间的深度融合，在价值链深度合作中发挥多元产权资本的比较优势，实现携手共进、合作共赢，真正凸显混合所有制改革的政策效果。面对体制约束、机制障碍、结构欠佳、模式传统、文化差异与环境制约等现实问题，混合所有制改革需要精准施策，化解深层次矛盾与弥补不足。混合所有制改革不仅是对国有企业的改造，也是对民营经济的扶持。需要进一步消除“产权歧视”优化制度环境，为混合所有制发展奠定基础。混合所有制改革将促使国有经济与市场经济相结合，引导各种生产要素在不同所有制资本之间自由流动高效配置。混合所有制发展的改革意愿、产权保护、国有资产流失等现实问题亟须通过加速法治化建设来破局，提高政策文件的协调性，细化专项配套规则。

混合所有制改革或将得到更多的政策支持，包括税收优惠、投资激励、股权激励等，以激发各方资本参与改革的积极性。国有企业将通过混合所有制改革提升企业治理现代化和市场化水平，以增强活力、提高效率为中心深入实施国企改革深化提升行动。混合所有制改革将强化创新驱动发展，完善激励创新考核机制，促进资本、技术、人才、文化同步积累，加强关键核心技术协同攻关。随着改革的不断深入，国有企业将在市场中发挥更大的作用，同时为民营企业提供更多的发展机会，共同促进经济的繁荣和社会的进步。让我们一起期待并努力实现这一美好的未来。

再次感谢所有支持和帮助过我们的朋友，若没有你们，这部作品不可能问世。让我们共同期待国有企业混合所有制改革能为中国的经济发展注入新的活力和动力。

张剑　王继翔

2024 年 9 月 25 日